KB036283

Acting for Film & TV

영상 연기,
이해와
실천

이 도서의 국립중앙도서관 출판시도서목록(CIP)은 e-CIP홈페이지(http://www.nl.go.kr/ecip)에서 이용하실 수 있습니다. (CIP제어번호 : CIP2009002569)

Acting for Film & TV

영상 연기, 이해와 실천

배우들의 창조적인 작업의 시작은 배우가 등장인물을 살아있는 사람으로 인정하고 그를 활자 상태에서 형체와 영혼을 가진 인간으로 만들어낼 때다. 바로 이때, 배우의 상상의 세계 속에서만 존재하던 인물이 독자적인 삶을 가진 실재 인물처럼 살아나게 된다. _____ 배우가 연기를 만들어가는 것, 새로운 인물을 탄생시키는 것을 과학적인 방법으로만 접근한다면 많은 시간과 에너지가 필요할 것이다. 그것을 해결하는 방법은 직관을 통하는 것이 훨씬 빠르고 효과적인 방법이다. 배우가 연기를 풀어 가는 것이 과학적인 분석으로만 이루어질 수는 없다._____ 배우들은 자기 안에 있는 다양한 성격의 씨앗들 중에서 자신이 맡은 배역의 성격과 유사한 것을 찾아내어 그 씨앗에 물을 주고 가꾸어, 크게 키워 내어밖으로 드러나도록 한다. 배우가 자신이 맡은 배역의 성격을 만들려면 먼저 배역 속 인물의 성격을 철저히 분석하고, 자기 안에 있는 가능성을 찾아내야 한다. 그리고 거기에 상상력과 감정이입 등 다양한 방법을 동원해서 역할을 연기하는 것이다. _____ 대본에 인쇄되어 있는 인물은 생명이 없다. 그는 윤곽뿐이며 채워지기 위한 빈 그릇에 비할 수 있다. 이 빈 그릇은 배우의 노력으로 채워지고, 배우 자신의 활력을 부여함으로써 생동감 있게 살아나게 된다. _____ 어느 매체가 됐든 배우의 작업은 등장인물의 성격과 이미지를 연기해내는 것이지만, 세부적인 작업 방식과 방법은 각 매체의 특성과 작업환경 등에 따라 다르다. 매체가 바뀌면 배우의 작품 분석법, 표현법, 발성 등도 달라지는 것이다. _____ 영화와 텔레비전이 대중매체로 자리 잡기 시작하던 때에는 연극 무대 출신들이 영화나 텔레비전으로 이동하는 것이 관례였다. 요즘은 이런 관례가 많이 허물어져서, 연극 무대 경험이 없는 배우들이 영화나 텔레비전에서 연기를 시작해 좋은 평가를 받는 경우도 많고, 영화나 텔레비전에서 출발한 배우들이 연극 무대에서 활동하는 경우도 많다. 배우들이 어떤 특정 매체에서만 작업해야 한다는 법은 없으며, 다양한 매체를 넘나들며 자신의 역량을 발휘하는 것이 배우들에게는 매우 행복한 일이다. _____

심길중 지음

한울
아카데미

"이 책을 사랑하는 나의 스승 오사량 선생님께 바칩니다."

머리말

배우가 무대에서 눈을 껌벅이는 연기를 할 때 그의 눈꺼풀은 1~2cm 정도 움직일 것이다. 그러나 클로즈업된 배우가 영화 스크린에 비칠 때 그의 눈꺼풀은 1~2m 정도 움직인다.

이 책은 연기를 공부하려는 학생들에게 실질적인 지식을 제공하고자 지난 30여 년간 교육현장에서 직접 가르치고 또 공부했던 것들을 중심으로 정리한 책이다. 즉 배우가 되기 위해 꼭 필요하다고 판단되는 이론적 배경과 지식, 그리고 현장에서 창작 활동을 하는 데 필요한 실천적인 방법론들을 제시하고자 했다.

배우 교육은 본인 스스로 느끼며, 반복된 훈련을 통해 해결해 나가는 것이 언어를 통한 그 어떤 설명보다 훨씬 중요하다. 이는 연기가 실천적인 행위를 필수적으로 동반하는 예술이라서, 한두 권의 책으로 가르치고 배울 수 있는 것은 아니기 때문이다. 그러나 다른 예술분야와 마찬가지로 배움을 시작하는 교육 초기에 기본적인 이론과 방법론들을 익히는 것은 매우 중요하다. 이를 통해 배우가 무엇을 생각하고, 무엇을 훈련하며, 무엇을 실천해야 하는지를 알아두는 것은 필수적이라고 할 것이다.

흔히 영상연기와 연극연기의 기본은 같다고 말한다. 물론 배우로서의 철학이나 자세, 작품의 해석이나 접근방법 등은 동일하다고 할 수 있다. 그러나 영상매체와 연극은 그 매체의 수용이나 전달 방식 등에서 큰 차이가 있으며, 작업의 환경과 방법도 다르기 때문에 배우가 매체의 차이점에 대한 이해는 물론 매체별 연기의 차이점을 습득해두지 않는다면 실제 작업에 임할 때는 적지 않게 당황할 수밖에 없으며, 실제 현장에서 그런 일들이 종종 벌어지기도 한다.

이 책을 통해 필자가 그동안 교육현장에서, 창작현장에서 직접 경험하고 느낀 점들을 통해 실질적이고 체계적인 방법으로 연기예술의 세계로 들어가는 새로운 길을 열어보이고자 했다. 그리고 그 길에 꿈과 열정이 가득한 많은 배우 지망생들이 함께 하기를 기대한다.

이 책의 1부에서는 스타니슬랍스키를 비롯해 많은 연기 지도자들이 가르쳐온 연기 이론들에 필자의 경험과 생각들을 추가해서 정리했다. 그동안 수많은 연기 이론가들이 다양한 연기 방식과 방법론을 주장했고 서로 차이점도 많은데다가, 그 모든 관점과 방법을 소개하는 것이 이 책의 목적은 아니다. 이 책에서는 대부분의 연극, 영화, TV드라마 등의 작품들이 바탕으로 삼고 있는 사실주의, 즉 리얼리즘에 초점을 맞추어 스타니슬랍스키의 이론과 리 스트라스버그의 메소드 연기 등 리얼리즘 계열의 이론들을 중심으로 연기이론을 정리해보았다. 2부에서는 영화와 TV 등 영상작업 현장에서 필요한 공통적인 내용과 매체별 차이점 등의 실질적인 내용들을 정리했다.

훌륭한 배우가 되는 길에 지름길이나 왕도는 없다. 배우는 감성을 예민하게 유지하고 지성을 습득하며, 삶을 통해 그리고 수많은 연습을 통해 연기의 기술들을 익혀가야 한다. 이 책의 내용들이 여러분이 배우로서의 능력을 키워가는 데 바탕이 되었으면 한다. 배우로서 성장하는 길에는 때때로 시련과 실수도 있을 것이다. 타고난 재능은 신과 부모로부터 받은 것이지만 그것을 키우는 것은 바로 여러분의 몫이며, 꿈은 땀과 고통을 통해야만 현실이 된다. 이 평범한 진리를 깨닫는 것이 바로 행복한 배우가 되는 첫걸음이다.

감사의 글

이 책은 일일이 열거할 수 없을 정도로 많은 분들의 도움으로 만들 수 있었다. 먼저 내 삶을 붙잡아주신 오사량 선생님과 나의 멘토이신 유덕형, 안민수, 김효경 교수님, 그리고 Allan Rossman 교수님의 가르침과 격려가 없었다면 이 책은 생각조차 할 수 없었을 것이다.

그리고 많은 선배 이론가들과 그들의 책, 특히 *Acting is Believing*, *Acting for the Camera*, *On Method Acting*, *Directing Actors*, *Secrets of Screen Acting*, 『생각의 탄생』, 『배우수업*An Actor Prepares*』 등에서 많은 것들을 배웠고 또 인용할 수 있었다. 위의 책들을 번역하신 이승구, 이강렬, 오세필 선생 등에게 감사드리고, 흔쾌히 자신의 번역서를 참조하도록 허락해주신 박종호, 방은진 선생께 감사를 드린다. 언제나 영상연기에 대해 즐겁게 토론하고 아이디어를 주신 동료 교수님들과 자신의 많은 체험들을 나누어주신 김홍종 선배께도 감사의 마음을 전한다. 바쁘신 중에도 이 책 전체의 디자인을 맡아주신 구환영 교수께 큰 감사를 전하며, 문장력이 부족한 나의 원고를 꼼꼼하게 다듬어준 김혁, 조성동 씨에게도 감사하고, 사진 촬영에 참가해준 설정환, 김민철, 박주영, 이승훈, 김혜린, 그리고 나의 구술을 타이핑하고 원고를 정리하느라 진땀을 흘린 이승현 등 제자들 모두에게 사랑과 고마움을 전한다. 그 외에도 나에게 삶의 보람과 큰 힘이 되어주는 수많은 제자들의 사랑과 응원에 감사하다.

언제나 믿음과 사랑으로 후원해주는 가족들, 문용우 씨를 비롯한 도서출판 한울의 편집진, 언제나 믿음과 후원을 아끼지 않으시는 김종수 대표님께 감사드리며, 끝으로 나의 책을 사랑해주시는 독자들께 감사의 마음을 전한다.

일러두기

이 책을 쓰며 어떻게 하면 연기에 대해 쉽고 정확하게 이해하고 공부할 수 있도록 할 수 있을까 많은 고민을 했다. 그 결과로 첫째, 사진을 최소화했다. 연기에는 샘플 사진이란 없으며, 대본을 읽고 세상에서 유일한 인물을 창조하는 것이 배우의 임무이기 때문이며, 이 책을 독자들이 전철이나 버스 안에서 소설이나 대본을 읽듯이 읽으며 기억하고 창작에 활용해주기를 바라기 때문이다. 둘째, 훈련의 구체적인 방법은 최소화했다. 연기훈련은 대부분의 경우 지도자와 함께 하는 것이 효과적이기 때문이다. 셋째, 이 책에서 예로 든 작품이나 실명을 거론한 배우들은 충분히 검증되었다고 판단되는 작품과 배우들로 최소화했다. 넷째, 연극, 영화, TV 등 매체에서 같은 내용을 다르게 사용하는 용어들을 통일해서 사용했다. 예를 들어 배우, 연기자, 탤런트 등은 배우로, 연출, 감독 등은 감독으로, 관객, 시청자 등은 관객으로, 희곡, 시나리오, 대본 등은 대본으로 통일했다. 다섯째, 본문에 인용하거나 참조한 글들은 한글 번역판이 있는 경우에도 대개 영문판을 함께 확인했고, 한글판을 인용한 경우에도 원문을 참조해 독자들이 내용을 쉽게 이해할 수 있도록 문장을 조금 다듬었다.

영상 연기,

Acting for Film & TV

이해와 실천

CONTENTS

I. 연기의 이해

01. 연기와 예술	14
02. 연기와 커뮤니케이션	23
03. 연기와 스포츠	29
04. 감각의 기억	33
05. 정서기억과 반응	40
06. 관찰	55
07. 내적 성격 창조	62
08. 캐릭터 창조	76
09. 절대목표	91
10. 듣기와 교감	96
11. 몰입	107
12. 집중	115
13. 연기적 표현	125

II. 영상 연기의 실천

01. 매체 연기	144
02. 오디션	162
03. 캐스팅	176
04. 배우와 감독	182
05. 준비와 리허설	185
06. 발성과 사운드	200
07. 배우와 촬영	214
08. 배우와 편집	229
09. 의상과 분장	235

머리말	6
주석	254
참고문헌	256
찾아보기	259

I. 연기의 이해

I.

01. 연기와 예술
02. 연기와 커뮤니케이션
03. 연기와 스포츠
04. 감각의 기억
05. 정서기억과 반응
06. 관찰
07. 내적 성격 창조
08. 캐릭터 창조
09. 절대목표
10. 듣기와 교감
11. 몰입
12. 집중
13. 연기적 표현

01. 연기와 예술

세상에는 많은 학문과 이론이 있다. 어떤 행위나 현상이 학문이나 이론으로 정립되기까지는 오랜 시간과 더불어 우리가 '학자', '전문가'라고 부르는 수많은 관계자들의 노력이 필요하다. 인간 삶에 실질적인 도움을 주는 실용적인 학문과 인간의 정신세계를 탐구하는 인문학들은 수천 년의 역사를 통해 학문으로 정립되었다. 실용학문의 경우 사람들 사이에 실제적인 행위가 쌓여 이론이 되고 학문으로 발전했으며, 인문학의 경우 수많은 토론과 논의, 저작 등을 통해 조금씩 학문으로서 기틀이 잡혔다. 경제학의 예를 들자면, 경제행위는 수천 년간 인류의 삶 속에서 계속되어왔지만 경제학이라는 학문의 바탕이 되는 최초의 이론 서적이라고 할 애덤 스미스의 『국부론』이 저술된 것은 1776년의 일이다. 경제학의 시작도 약 200여 년 전 일인 것이다.

예술의 경우도 그것이 학문으로 발전된 과정은 다르지 않다. 대부분의 장르에서 예술은 삶의 기록과 자기 현시욕, 그리고 유희본능에서 출발해, 기술이 발달함에 따라 그 기술(영어에서 art는 원래 기술을 뜻하는 말이었다)을 바탕으로 한 직업으로 인정받기 시작했고, 오랫동안의 기술적인 행위를 통해 이론이 정립되기 시작했으며, 그 과정을 거쳐 단순한 유희를 넘어 감동을 주는 예술로 승화되었다. 이러한 배경으로 볼 때 연기행위가 예술로 인정받기 시작한 것은 그리 오래 되지 않았다. 연기행위는 수천 년 전부터 계속되어왔지만, 연기가 독립된 직업으로 인정받기 시작한 것은 19세기부터라고 볼 수 있다. 그리고 연기행위에 이론적 바탕이 마련된 것은 100년 남짓밖에 되지 않았다. 이때부터 놀이판에서 재주를 부리던 광대들이 예술가로 인정받기 시작한 것이다.

단순한 재능의 표현과 놀이 등이 예술적 행위와 차이가 있음을 인식하기 시작한 사람들은 **'예술이란 무엇인가'**라는 의문에 정의를 내리기 시작했다. 위대한 화가이자 조각가인 미켈란젤로는 "예술은 잉여물을 제거하는 데 존재한다. 완성된 작품은 거친 원석의 어딘가에 숨어 있는 것이다"라고 했다. 이러한 견해는 예술은 실생활을 재현하는 데 있다고 보는 견해와 비슷하다. 예술을 실생활의 재현 또는 모방이라 말할 수도 있는 것이다. 그러나 모방이라 할지라도 예술은 우리가 실제로 보는 것보다 사물의 정수를 우리에게 더욱 잘 보여줄 수도 있다. 우리가 일상생활에서 사용하는 수많은 말보다도 하나의 예술작품 속에 더 많은 정서와 아름답고 감동적인 이야기가 담겨 있는 경우가 많다.

더 나아가서, 창작의 근원에 대해 미국의 실용주의 철학자 존 듀이(John Dewey)는 예술을 일종의 경험으로 보았으며, 예술작품은 '경험을 정제시키고 강렬화시킨 형식'이라고 보았다. 경험으로서의 예술은 진정한 삶의 체험과 미적 경험의 연속성을 회복시킬 것을 강조한다. 미적인 것의 효용을 알려면 창작자나 감상자의 일상적 경험부터 살펴봐야 한다는 것이다. 듀이가 주장했던 예술과 경험, 예술과 대중의 공존을 위한 시도들은 현대 작가들에 의해 현실화되고 있다.

화가 막스 빌(Marx Bill)은 "예술이란 인간 정신의 표현이며,

마음속에 이미 존재하고 있는 막연한 심상을 구체적인 형태로 가시화시킨 것"이라고 말했다.

연기 이론의 시조라고 할 수 있는 콘스탄틴 스타니슬랍스키는 다음과 같이 말했다. "우리의 목적은 단지 인간 정신의 생활을 창조하는 것만이 아니고, '그것을 아름다운 예술적인 형식으로 표현하는 것'도 된다. 배우에게는 배역을 내면적으로 살고, 그리고 자신이 겪은 경험에 외적인 구체화를 부여한다는 의무가 부과되어 있다. 육체가 정신에 의존한다는 것이 우리 예술에서는 특히 중요하다. 배역 인물의 매우 미묘한 정신세계를 표현하기 위해서는 민감하고 잘 정비된 발성, 그리고 신체기관을 조절할 수 있는 힘이 필요하다. 배우의 몸은 구름을 잡는 듯한 매우 미묘한 감정을 예민하게 직접 표현할 수 있어야 한다. 우리 배우들이 배역의 생활을 창조하는 그의 내적 기관에 대해서나, 또는 정서의 창조적인 활동의 결과를 정밀하게 재현해야 할 그의 외적인 신체기관에 대해서나, 다른 장르의 예술가보다도 훨씬 더 많이 공부를 해야 하는 이유는 그 때문이다."[1]

소위 '창조적인 작업'을 할 때 과학자나 수학자, 예술가(작곡가, 작가, 조각가, 배우 등)는 우리가 '생각을 위한 도구'라고 부르는 공통된 연장을 사용한다. 이 도구들 속에는 정서적 느낌, 시각적 이미지, 몸의 감각, 재현 가능한 패턴, 유추 등이 포함된다. 그리고 상상을 동원하는 모든 사람들은 이 생각 도구를 가지고 얻어낸 주관적인 통찰을 객관적으로 표현하기 위해 공식적인 언어로 변환하는 방법을 배운다. 이를 통해서 그들의 생각은 다른 사람들의 마음속에 새로운 생각을 불러일으키게 된다.[2]

배우들의 창조적인 작업의 시작은 배우가 등장인물을 살아 있는 사람으로 인정하고 그를 활자 상태에서 형체와 영혼을 가진 인간으로 만들어낼 때다. 바로 이때, 배우의 상상의 세계 속에서만 존재하던 인물이 독자적인 삶을 가진 실재 인물처럼 살아나게 된다.

우리가 사는 세상은 시간과 공간으로 구성되어 있다. 우리는 그 속에서 시간과 공간을 활용하며 살아가고, 인간의 모든 행위는 시간과 공간의 영향을 받고 또 영향을 준다. 그 시간과 공간 속에 리듬이 들어가면 시간과 공간이 질서를 잡게 되고, 아름답게 느껴지게 되며, 그것이 예술로 통하게 된다. 시간이 지배적인 요소가 되는 예술, 즉 음악, 무용, 시, 연극, 영화 중 어느 예술 작품이든 시간의 경과에 대한 우리의 정신적인 감각은 리듬에 영향을 받게 된다. 그러나 정적인 예술, 즉 회화, 조각, 건축에도 리듬은 존재한다. 어느 정도 다른 종류의 리듬이지만 둘 사이에 유사성은 있다. 확실히 움직임과 시간은 서로 연관되어 있는 것이다. 왜냐하면 조각과 그림은 움직이지는 않지만 대부분의 조각이나 그림 속에는 움직임의 느낌이 있으며, 우리가 그것을 볼 때 하나의 모멘트로 모두를 파악하는 것은 아니기 때문이다. 우리가 그것을 탐구하는 데는 시간이 걸린다. 빙 돌아가면서 보기도 하고 그 속을 들여다보기도 한다. 이 움직임은 단순히 무의식이나 상상력일 수도 있지만 눈이 실제로 움직이는 것일 수도 있다. 건축물은 움직이지는 않지만 그것을 쳐다볼 때 우리는 물리적으로 혹은 정신적으로 움직이는 것이다.

예술가들은 자신의 가슴속에 떠오르는 어떤 것을 시간과 공간을 이용해 리드미컬(rhythmical)하게 표현하기 위해 각기 다른 표현의 소재와 재료들을 사용한다. 연주가에게는 피아노나 바이올린이 표현의 소재이고 화가에게는 물감이나 캔버스가 표현의 소재인 것처럼, 배우에는 육체가 표현의 소재라는 점을 분명하게 알아야 한다. 배우는 자신의 육체, 감성, 정서, 지성을 통해 연기를 창조해낸다. 악기 연주자는 연습을 통해 악기를 분명히 알게 되고, 마침내 악기가 만들어내는 음이나 코드의 한계에 도전하며 어울려 즐길 수 있게 된다.

화가는 캔버스의 크기나 붓의 성질, 물감의 특성과 섞임새를 충분히 익혔을 때 마음대로 그림을 그려나간다. 배우의 창작행위도 이와 다르지 않다.

배우의 악기는 몸이다. 그러므로 배우의 창작행위의 기초는 육체의 감각이나 흥분의 원인이 되는 여러 반응의 형태와 법칙을 연구하는 것이다. 이런 기본기는 혼자서 연습할 수 있는 다양한 훈련을 실행하면서 쌓인다. 학교나 전문 학원 같은 교육기관에서 수업을 받더라도, 이런 기초 훈련은 여전히 중요하다. 연주가가 매일 음계 연습을 하듯이 배우도 훈련의 수준과 종류를 늘려가며 혼자서 날마다 충실히 수많은 연습을 해야 한다.

배우의 감정 표현과 훈련

배우가 되려는 사람들에게 그 이유를 물을 때 가장 많이 듣는 대답이 '자기 이외의 다른 사람으로 살아보고 싶다는 욕망 때문'이라는 말이다. 이 욕망이 없었다면 연기가 예술로 존재하지 않았을 것이므로, 이 욕망은 배우에게 가장 중요한 부분이다. 연기를 하고 싶다는 욕망이나 마음의 움직임의 크기는 자신의 격정을 무대나 카메라 앞에서 표현할 수 있는 정도와 대단히 밀접하게 관련되어 있으며, 이것은 결코 이상한 일이 아니다.

그런데 배우가 되기 위해서는 더 중요한 것이 있다. 어떤 배역을 맡더라도 자신이 맡은 인물을 언제든 스스로 창조해낼 수 있도록 준비해야 한다는 점이다. 배우로서 심신을 충분히 훈련하려면 최소한 3년 이상의 시간이 필요하다. 물론 개인차는 아주 크며, 짧은 시간에 훈련을 마칠 수 있을 정도로 예민한 감수성과 지각력을 함께 가지고 있는 배우도 있다. 그렇지만 이런 경우는 매우 드물기 때문에 자신에 대한 냉정한 평가가 필요하다. 배우 지망생을 실망시키고자 하는 게 아니라, 연기도 다른 직업처럼 일관성 있는 교육과 훈련이 필요하다는 점을 강조하고 싶은 것뿐이다. 의사가 되려면 8년에서 12년을 인간의 육체와 정신에 대한 공부에 몰두해야 하고, 변호사나 판사가 되려고 해도 6년에서 8년은 걸린다. 그에 비하면 배우는 오히려 짧은 시간에 정신적 · 예술적 욕구를 충족시킬 수 있는 셈이다.

체험과 탐구

배우의 일상생활은 일반 직장인들의 단조로운 생활을 따라가서는 곤란하다. 배우는 다양한 형태의 삶을 체험해 창작의 재료를 얻도록 해야 한다. 스스로 다양한 체험을 하는 것은 배우 자신에게 지혜의 샘이 될 수 있기 때문이다. 직접 겪은 여러 삶의 방식과 방법의 수만큼 연기에 활용할 수 있는 재료는 늘어난다. 자기 흥미에 맞는 것만 골라 편식하듯이 흉내 내보는 정도로 만족해서는 안 된다. 배우는 주변의 모든 것에서 얻을 수 있는 재료에 탐욕스러울 만큼 욕심을 내야 한다.

배우라고 해서 예술 분야의 경험만 해야 한다고 생각하면 곤란하다. 평범한 일에서도 자신의 과거 체험에 비추어 생각해보고 재료를 구하면 많은 이익을 얻을 수 있다. 예술뿐 아니라 우리 주변의 다양한 세상사에 흥미를 가져야 한다는 말이다. 발레, 오페라, 콘서트, 미술관, 축제는 물론이고, 신문, 과학적 발명, 발견, 역사, 세계정세를 시대에 따라 추구하고 탐구하는 것은 배우의 창조성에 필요한 넓은 교양과 지식을 습득하는 데 큰 도움이 된다. 연기는 몸으로 익히는 공부다. 두말할 것도 없이, 연기 수업은 끝이 없다. 이렇게 축적된 체험이 있어야 배우의 목소리에 생기가 돌고, 정신이 맑고 또렷해진다.

단순히 인기 있는 배우가 아니라 진정한 예술가로 인정받고 싶다면, 무대 위나 카메라 앞은 물론 일상생활에서도 자기 신념의 중심을 유지하고 일생 동안 싸워나가야 한다. 인간이 실생활에서 자신도 모르게 만들어내고 실행하고 있는 모든 자연스러운 모습들을 작품에서 의미 있게 재현할 수 있을 때까지, 배우는 결코 만족해서는 안 된다.

배우란 별다른 인간이 아니다. 배우 역시 사람이기 때문에 가슴 속에 분명하거나 희미하게 고유한 내적 · 외적인 개성을 갖고 있다. 그리고 그 개성 안에서 어떤 인물의 극악성이나 또 다른 어떤 인물의 고귀성이 바로 드러나지는 않을지도 모른다. 그렇지만 그러한 성질의 씨앗은 그 자신의 속에 있을 것이니 자기 능력의 한계를 속단할 필요는 없다. 왜냐하면 인간은 누구나 좋든 나쁘든 다양한 인간적 특징의 요소들을 갖고 있기 때문이다. 배우는 자신의 정신이나 연기의 기술을 사용해서 자연스럽게 자기가 맡은 역할을 발전시킬 수 있는 요소를 발견해야 한다. 그렇게 하면 배우가 표현하려는 배역 인물의 영혼은 배우 자신의 개성과 결합될 것이다. 배우의 첫째 관심은 배우의 정서적 재료를 끌어들이고 흡수하는 방법을 발견하는 데 있어야 한다. 그리고 둘째 관심사는 자신이 맡은 역을 위해서 인간의 영혼이나 성격, 감정이나 정열의 무수한 조합을 만들어내는 방법을 탐구하고 찾아내는 일이어야 한다.

연기 — 가면과 분열의 예술

연기는 배우가 캐릭터라는 가면을 쓰고 정신분열적 상태에서 행하는 예술이다. 1970년 아카데미 남우주연상을 수상한 배우 조지 C. 스콧(George C. Scott)은 한 인터뷰에서 "배우가 되려면 세 가지 정신분열 과정을 거쳐야 합니다. 즉 세 명의 다른 사람이 되어야 하는 거죠. 먼저 인간이 되어야 하고, 맡은 배역의 인물이 되어야 하고, 그리고는 객석 열째 줄에 앉아서 자신을 관찰하며 비판하는 관객이 되어야 합니다. 그래서 우리 배우들은 시작부터 머리가 돈 사람 같고 좀 더 계속하면 미친 사람이 되어버립니다. 직업치고는 참 괴상한 직업이죠?"라고 말했다. 배우가 창조해낸 역할의 인물과 배우 자신의 이중적 의식, 그리고 연기하려는 의도, 이러한 것이 극중 인물의 복합적인 자의식을 이루게 되는데, 이 자의식은 고대에 가면을 쓰고 연기했던 배우가 경험했을 '홀림'과 비슷한 경지일 것이다. '자기 자신이면서 또 다른 사람'일 수 있는 어떤 상태는 일종의 정신분열증이다. 그러나 그것은 통제 가능한 정신분열증이므로 대단히 귀중하고 아름다울 수 있는 유익한 광기다.

이 복합적 자의식은 모든 연기의 특징이다. 작품이 아무리 두꺼운 가면을 요구한다 해도 관객이 배우의 본 얼굴을 전혀 못 보는 것은 아니며, 배우 역시 자신의 본성을 완전히 잃어버리지는 않는다. 만일 우리가 배우 자신의 면모를 전혀 보지 못한다면 이 배우라는 존재의 이중성에 대한 감각을 잃게 되고, 변신의 마력은 약화되어버린다. 배우가 자신의 독립된 본성에 대한 감각을 잃으면 미적 선택 능력도 잃게 되고, 따라서 그의 '유익한 광기'는 병적인 광기로 변하고 말 것이다.

그렇다고 가면의 면모를 완전히 없애버려서는 안 된다. 작품 속에서 아무리 '투명한' 가면을 요구한다 하더라도, 그리고 순간적으로 가면을 걷어 올리고 본얼굴을 내밀 경우라도 배우는 가면을 송두리째 벗어버려서는 안 된다. 배우가 가면을 완전히 벗는 순간 배우의 행위는 예술이 아니라 평범한 인간의 감정표현이 되기 때문이다.

02. 연기와 커뮤니케이션

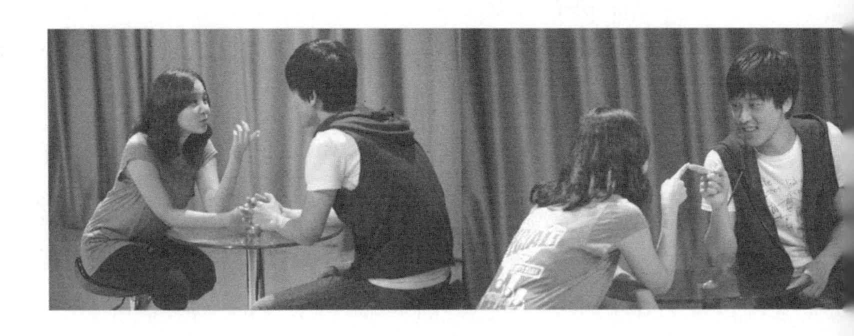

영국의 미학자인 I. A. 리차즈(Richads)는 "예술은 의사소통 활동의 최고의 형태다"라고 말했다. 이것은 예술이 커뮤니케이션의 구성 요소인 정보와 정서 외에도 형식을 갖춘 아름다움을 내포하고 있기 때문이라고 설명할 수 있을 것이다.

커뮤니케이션이란 전달, 소통 등을 의미하는 단어로, 사회생활을 영위하는 인간과 인간 사이에 이루어지는 생각의 교환과 전달, 인간의 기초적 사회 과정을 뜻한다. 즉 개인의 발달 및 집단 조직의 형성과 존속을 위해 없어서는 안 되는, 인간 사회의 기초라고 할 수 있다. 커뮤니케이션에 대해서 학자들은 많은 정의와 기능 등을 내놓고 있지만, 그 안에는 '사람들이 무엇인가(정보, 관념, 태도, 행동, 감정, 경험 등)를 공유하는 것'이라는 공통된 속성이 있다. 그리고 사람들은 그 무엇을 공유하는 데 상징(symbol)이나 기호(sign)를 사용한다. 인간을 포함한 모든 동물은 자신의 마음속에 있는 메시지를 상대에게 전달하기 위해 그것을 기호화하고 특정한 채널을 통해 전달하며, 상대방은 그 기호를 자신의 방법으로 해독해서 받아들인다. 이렇게 커뮤니케이션이 이루어진다. 사람이 아닌 동물의 경우, 어떤 동물이 소리와 냄새 등의 형태로 정보를 보내고 상대방이 감각기관을 통해 그 정보를 읽으면 커뮤니케이션은 성립된다. 어떤 동물이든 정보의 수신은 감각기관을 통해 이루어지지만, 구체적인 커뮤니케이션 방법은 동물에 따라 다르다. 동물들이 주로 이용하는 정보 전달 방법으로는 다음의 네 가지가 있다.

첫째, 청각에 의한 전달. 곤충이나 개구리의 소리, 새 소리, 사람의 음성, 고릴라가 가슴을 두드리는 행동 등이 여기에 해당한다. 곤충이나 개구리 등은 울음소리로 같은 종류임을 인지하고 이것을 나름의 사회활동과 생식활동에 사용한다. 인간의 경우, 잘 다듬어진 언어라는 기호를 통해 더 세밀하고 다양한 내용의 메시지를 주고받을 수 있다.

둘째, 시각 자극에 의한 전달. 빛깔, 형태, 움직임 등이 정보로서 전달된다. 새나 물고기는 깃털이나 비늘의 빛깔, 무늬 등을 통해 같은 종류라는 사실을 인지하고 생리적 상태를 전달한다. 위협이나 방어를 나타내는 일정한 행동 양식, 구애할 때의 몸짓, 인간과 원숭이에게서 볼 수 있는 복잡한 얼굴 표정들도 시각적인 자극이며, 이런 행동을 표현 행동이라고 한다. 인간은 표정, 행동, 제스처 등에 더해 문자라는 기호를 만들어 다른 동물에 비해 훨씬 더 많은 정보와 정서를 전달하고 기록할 수 있다.

셋째, 후각 자극에 의한 전달. 동물이 몸 밖으로 화학물질을 방출함으로써 정보가 전달되며, 정보를 수신하는 것이 같은 종류인 경우 일정한 행동이나 특이한 반응을 일으키게 하는데, 그 화학물질을 페로몬(pheromone)이라고 한다. 누에나방의 경우 암컷은 페로몬을 분비해서 수컷을 유인한다. 포유류의 경우는 분비물을 남기거나 피지선에서 나오는 분비물을 비벼대는 행동, 곧 마킹(영역표시) 행동을 해 자기 세력권을 과시하고 개체집단을 인지한다.

넷째, 촉각 자극에 의한 전달. 새가 날기 위해 날개를 가다듬는 것과 포유류가 동료를 끌어안는 행동이라든가 발과 입으로 깨끗이 하는 몸짓 등이다. 일본 원숭이의 경우 다른 개체와 털을 비벼대는 것이 집단 내에서 사회관계를 유지하는 데 중요한 역할을 한다.

어떤 정보를 전달할 때 이 네 가지 전달 방법 가운데 한 가지만 사용하는 경우도 있고, 몇 가지 방법을 함께 사용하는 경우도 있다. 인간의 커뮤니케이션 행위는 다른 동물들보다 훨씬 더 복잡하고 다양하며, 외양과 깊이에 커다란 차이가 있다.

커뮤니케이션 행위에서 가장 어려운 점은 내 마음속에 있는 메시지를 상대방에게 정확하게 전달하는 방법을 찾는 것이다. 내 마음속에 있는 어떤 것을 복사하듯이 상대방의 마음속에 옮길 수 있다면 커뮤니케이션은 쉬워지고 우리 사회의 많은 문제들이 쉽게 해결될 것이다. 역사적으로 많은 사람들이 이 문제에 대해서 고민해왔으며, 그 방법을 찾으려고 노력해왔다. 그래서 만들어낸 것이 이미지 또는 기호라고 하는 것이다. 그림이나 도형의 형태뿐 아니라, 말, 동작, 음악, 춤 등 다양한 형태가 기호에 포함된다.

소설가 마거릿 드래블(Magaret Drabble)은 예술이 이미지를 전달하는 수단으로 활용되는 데 대해 회의적이었다. "화가들과 마찬가지로 작가들도 그림으로 사고하는 경향이 있다. 비록 시각예술이나 문학, 영화가 사적이고 내밀한 심상들을 보여주는 것이기는 하나, 이것들 역시 아무리 능숙하게 표현한다 해도 간접적인 전달형태라는 한계에서 벗어나지 못한다"라고 그녀는 쓰고 있다. 그래서 드래블은 일종의 꿈꾸는 기계를 상상한다. "자신이 꿈꾼 상(像)들을 바로바로 기록해주고, 눈을 뜨자마자 그것들을 조회해볼 수 있게 하는 기계" 말이다.

에디슨과 비견되는 과학자이자 발명가 니콜라 테슬라(Nikola Tesla)도 같은 생각을 갖고 있었다. 그는 "언젠가는 마음속에 품고 있는 이미지를 스크린에 투사해서 보이도록 하는 것이 가능할 것"이라고 생각했다. "만일 그런 진보가 이루어진다면 모든 인간관계에 혁명적인 변화가 일어날 것이다. 이런 놀라운 일은 제때 이루어질 것이고, 그럴 수 있다고 확신한다. 그렇게 되도록 나는 많은 생각을 쏟아부을 것이다"라고 그는 말했다.3)

커뮤니케이션에서 우리가 사용하는 이미지나 기호는 의미 자체가 아니라 기호이기 때문에 지역에 따라 많은 차이를 보인다. 예를 들어 우리나라에서는 돼지 울음소리를 '꿀꿀'이라고 표현하고, 중국에서는 '롤롤로 롤롤로', 영국에서는 '오잉크 오잉크'라고 표현한다. 그러나 돼지의 소리는 꿀꿀도, 롤롤로도, 오잉크도 아니다. 우리가 어떤 지역이나 국가를 파악하기 위해 사용하는 지도도 마찬가지다. 지도는 영토 그 자체는 아니며 하나의 기호일 뿐이다. 작곡가들이 그리는 악보도 기호이지 음악이 아니다. 모든 예술가들이 행하는 창작행위들은 커뮤니케이션을 위한 기호를 만들어내는 것이지 의미나 정서 그 자체는 아니다. 테슬라가 꿈꾸었던 기계가 발명될 때까지는 우리 인간들은 커뮤니케이션을 위해 계속적으로 기호를 생산해야 하며, 그 기호를 통해 소통할 수밖에 없다.

예술가들이 생산하는 작품은 그 자체를 기호라고 볼 수 있으며, 때에 따라 소통을 위한 채널이 되기도 한다. 예술에서 소통의 채널이라는 것은 예술의 장르로 구분되기도 한다. 음악이라는 채널은 다양한 악기와 목소리로 소통하는 것이고, 미술이라는 채널은 다양한 형태와 색으로 소통하는 것이며, 영상은 움직이는 그림과 소리로 소통하는 것이다. 영상이라는 채널에서 배우는 소리와 움직임을 만들어내는 표현의 주체다. 배우가 자신의 몸을 얼마나 효율적으로 사용하느냐에 따라 연기는 소통을 넘어 정서의 공유와 감동으로 발전할 수 있다. 다시 말해 배우는 자신의 소리와 움직임을 만들어내는 육체,

그리고 그 소리와 움직임에 담길 수 있는 정서를 발현할 때 수용자인 관객과 효과적인 커뮤니케이션을 할 수 있는 것이다. 그러므로 배우는 언어뿐 아니라 다양한 동작, 춤 등 온몸과 목소리, 노래 그리고 육감까지 동원해 많은 훈련을 해야 한다.

영상의 소통과 기억

커뮤니케이션에서 소통되는 것을 이성적인 것과 감성적인 것으로 분류해볼 수도 있다. 문자 커뮤니케이션의 경우는 감성적인 부분도 많지만 이성적인 부분이 더 많고, 음악의 경우는 감성적인 측면이 훨씬 강하며, 그림은 차분한 감성이라고 표현할 만하다. 영상 커뮤니케이션은 이성적인 부분보다는 감성적인 부분이 훨씬 많고, 그것들의 기억에도 상당한 차이가 있다. 문자나 그림의 경우는 언제든지 쉽게 반복적으로 접할 수 있지만 연극이나 영상 매체의 내용들은 문자처럼 기억되기는 힘들다는 특성이 있다.

영상 커뮤니케이션의 특성을 이해하기 위해 우리의 일상생활 속에서 하루하루 살아가며 보고 느끼는 일들을 되새겨볼 필요가 있다. 우리는 하루에도 수백 수천의 영상 이미지들을 경험하고 살며 이것들 중 대부분은 잊혀지고 그중 일부만이 기억에 남게 된다. 잊혀지는 것은 어떤 것이고 기억되는 것은 어떤 것인가. 우리가 경험하는 순간 강렬한 느낌을 받는 것들은 강한 인상으로 기억에 남고, 느낌이 약한 이미지들은 대체로 쉽게 기억에서 사라진다. 요즘 같은 이미지의 홍수 시대에는 처음에는 강력한 인상을 받은 이미지라 할지라도 그것이 반복되지 않으면 오래 기억되지 못하는 것이 보통이다. 인간은 오래 전부터 이러한 문제를 해결하려고 그림, 문자 등을 통해 반복해서 보고 기억하려 노력했다. 그러나 이러한 기록방식은 실체를 그대로 기록한 것이 아닌 기호화된 것들로, 수용자에 따라 해석상의 차이를 일으킬 수 있다는 문제가 있다. 이러한 문제를 해소하기 위해 발명된 것이 영상매체다. 영상매체는 대상의 실체를 기록하고 움직임, 즉 시간까지 기록할 수 있게 되었다. 그러나 영상매체의 이미지는 그 자체에 너무 많은 정보를 포함하고 있어서 기억하기가 쉽지 않다.

시지각은 시각기관과 두뇌의 상호작용으로 이루어지는 것으로, 시각기관을 통해 입력된 이미지는 두뇌 속에 이미 저장되어 있는 이미지와 새로운 연관관계를 통해 새로운 이미지로 기억된다. 이때 우리 두뇌는 입력된 시각정보들을 다양한 형태로 분류하고 선택해 그중 필요한 것들을 기억하게 된다. 이러한 과정은 목적을 가진 의식적인 행위로, 단순히 보는 것보다 더 집중을 해야 한다. 의식적인 행위란 날카로운 정신적 활동으로, 새로운 영상 이미지와 기존의 이미지가 충돌해 화학작용을 일으켜 새로운 이미지로 뇌에 각인되는 것이다. 그러므로 우리의 두뇌 속에 저장되어 있는 정보가 많을수록 더 많이 지각하게 되고, 더 많이 지각할수록 더 많이 기억하고 배우게 된다. 각종 스포츠 중계에서 해설을 맡은 사람들은 같은 경기를 관람하더라도 일반 관중들보다 더 많은 정보를 알게 되고 이해하며 느끼고 배운다.

예술가로서 우리는 이미지 소비자이기도 하고 제작자이기도 하다. 누구 못지않게 기억에 남는 이미지를 보고 싶어 하고, 만들고 싶어 한다. 예술가들은 자신의 창조 행위가 커뮤니케이션 행위의 일종이라는 것을 인식하고, 효과적인 커뮤니케이션 방법을 연구할 필요가 있다. 영상작품을 만드는 데 참여하는 배우들은 모든 사람의 기억에 남을 이미지를 만드는 방법을 공부해야 할 것이다.

03. 연기와 스포츠

스포츠는 인간이 즐거움을 얻기 위해 스스로 행하는, 경기적 요소가 있는 신체운동을 뜻한다. 우리는 사람들이 원시시대부터 수렵이나 어로를 위한 기술을 향상시키거나 외적(外敵)으로부터 몸을 지키기 위한 기능을 강화시키려고 끊임없이 훈련했을 것이라고 상상할 수 있다. 이런 실용적인 목적에 유희로서의 성격이 덧붙어 스포츠로 발전했다는 설이 있다. 한편으로는 스포츠가 종교 행사의 일부로서 실행된 경우도 있었다. 이러한 스포츠의 기원설은 예술의 기원설과 일맥상통하는 부분이 많다.

스포츠는 건강을 유지하고 체력을 증진하는 데 도움이 된다. 단체경기를 통해서 용맹심 · 공정성 · 팀워크(teamwork) · 절제 등의 인격적 덕목을 형성하고 규칙의 준수와 협동심 등을 통해 사회 규범을 교육하는 데 매우 긍정적으로 작용할 수도 있다. 또한 스포츠는 신체활동 그 자체에서 기쁨이나 즐거움 등의 특유의 경험을 찾아서 실시되는 자기 목적적 활동이기도 하다.

스포츠는 문화의 구성요소이며, 문화적 소산의 하나다. 그러나 과거에는 스포츠에서의 기능이나 기록은 예술이나 학문 등의 업적과 비교될 때 전통적으로 그 가치가 낮게 인식되었으며, 스포츠에 대한 문화적 평가에는 편견과 멸시가 존재했다. 이와 같은 차별은 다양한 역사적 · 사회적 조건에서 유래했는데, 특히 심신이원론에 근거를 둔 신체의 멸시가 큰 영향을 주었다고 볼 수 있다. 심신이원론은 정신은 선(善)한 것이고 인간성을 완성하는 데 봉사하는 것이며, 신체는 악(惡)한 것으로 사악한 욕망이 깃들었다고 보는 것을 말한다. 그러나 이러한 심신이원론이 쇠퇴하고 신체의 아름다움과 중요성이 새롭게 인식되기 시작하면서 오늘날에는 스포츠가 문화로서 확립되어가고 있다.

18세기 말부터 19세기까지 이어진 산업혁명 때 이래로 의식주를 비롯한 인간의 기본적인 삶이 풍요로워짐에 따라 사람들은 스포츠에 더욱 관심을 갖게 되었고, 대량 전달매체, 특히 전파매체가 우리 일상 속에 자리를 차지하면서부터 스포츠는 비약적으로 발전해 우리 삶에 깊숙이 들어와 주요한 여가 생활이 되었다. 전파매체, 특히 텔레비전은 스포츠의 프로화를 촉진했고, 전파매체의 전달 영역이 전 세계로 넓어지면서 스포츠는 국경을 초월한 큰 산업으로 발전했다. 이렇게 스포츠는 국가와 국가 사이의 교류와 관계 개선 등에 기여했으며, 스포츠 스타들을 현대의 영웅으로 만들었다. 현대인들은 스포츠를 관람하면서 삶에서 많은 교훈과 정서적 순화를 얻고 있고, 또 직접 스포츠 활동에 참여하면서 그 과정에서 느끼는 육체적 · 정신적 쾌감에 빠져들고 있다.

스포츠는 우리의 몸을 움직여서 행하는 것으로, 움직임을 뜻하는 '연기(acting)'라는 말과 본질적으로 통하는 면이 많다. 각 스포츠의 단위 경기들은 사전 약속 없이 진행되지만, 경기는 연극이나 영화처럼 극적 요소를 많이 포함하고 있어서 필자는 오래 전부터 "스포츠는 대본 없는 강력한 드라마"라고 생각해왔다. 예를 들어 야구의 9회말 역전극을 보며 사람들은 이 살아 있는 드라마에 열광한다.

스포츠를 관람하고 스포츠에 참여하는 행위는 예술을 감상하고 참여하는 행위와 비슷한 점이 아주 많다. 스포츠 관람행위는 동시에 수많은 사람들에게 열광적 반응과 감탄, 감동을 자아낼 수 있으며, 사람들의 삶에 큰 영향을 준다. 예를 들어 2002년 월드컵 당시 우리 태극전사들이 만들어내는 드라마를 통해 모든 국민들은 한 달 동안 행복한 시간을 보냈고, 모두 하나가 되었다. 그리고 그때의 감동은 오랫동안 지속되고 있다.

스포츠에 참여하는 사람들은 예술가들의 창작행위, 특히 배우의 연기활동과 매우 유사한 동기와 느낌을 가지며, 이를 통해 얻는 만족감 또한 비슷하다. 운동선수와 배우는 시작부터 성장해가는 과정이 닮았다. 운동선수가 성장하기 위해서는 많은 훈련과 실전경험이 필요하듯이 배우도 많은 훈련과 실전경험이 필요한 것이다. 이들의 훈련과정 또한 기초 훈련의 반복, 기술적 훈련, 게임(작업)의 운영방법, 심리적 측면 등으로 유사하다. 운동선수가 경기 중에 겪는 다양한 신체활동과 몰입, 집중, 협동, 상황에 대한 대응 등은 배우가 무대나 카메라 앞에서 겪는 그것과 아주 닮아 있다.

배우들이 스포츠를 하는 것은 근력과 지구력 등 기초체력을 기르고 몸을 자유롭게 움직이는 데에도 도움이 되므로 권장할 일이다. 하지만 한 종류의 스포츠만을 오랫동안 하면 체형과 몸 움직임이 자신도 모르게 그 종목의 독특한 움직임에 따라가므로 조심해야 한다. 예를 들어 수영을 오래 하면 어깨 근육이 발달해 어깨가 넓어 보일 수 있고, 태권도를 오래 하면 움직임이 직선적이 될 수도 있다. 배우가 보디빌딩을 지나치게 한 경우 관객들은 배우의 정서적 표현보다는 몸에 관심을 갖게 된다. 따라서 다양한 스포츠 활동으로 자유롭고 유연하게 움직일 수 있는 몸을 만들고, 육체 운동으로 정신력을 강화하는 것이 현명한 방법이다.

배우들에게 권장하고 싶은 스포츠 종목은 몸 전체를 움직이며 그 움직임에 리듬이 있는 것들이다. 일부 체조 종목, 피겨스케이팅, 수중발레 등도 음악에 맞추어 율동을 하는 거의 무용에 가까운 스포츠들이므로 배우에게 큰 도움이 될 수 있다. 때때로 격한 움직임이나 전투장면 등을 연기해야 할 때가 있으므로 격투기 종류를 익혀두는 것도 좋은데, 특히 신체 움직임에 리듬감이 살아 있는 태껸, 태권도 품새, 태극권, 검도, 펜싱 등을 배워두는 것이 여러 모로 도움이 될 것이다.

04. 감각의 기억

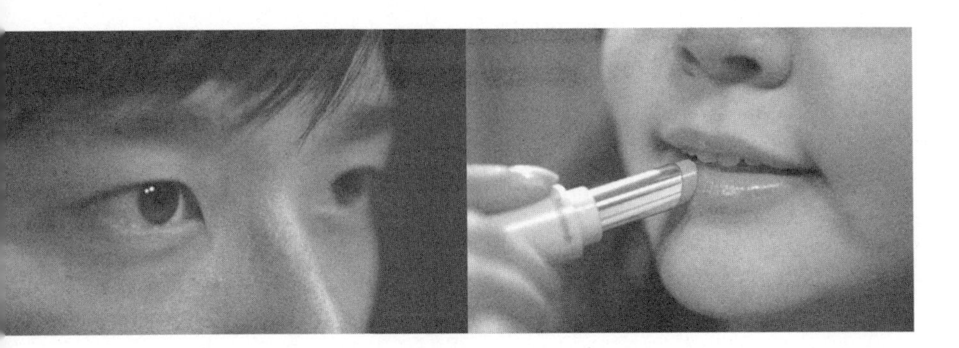

감각이란 말 그대로 느껴(感) 깨닫는(覺) 것이다. 인간이 세상과 접촉하는 첫 번째 단계로 보통 오감(五感)이라고 부르는 다섯 가지 감각기관, 즉 눈으로 보는 시각, 귀로 듣는 청각, 혀로 맛보는 미각, 피부로 느끼는 촉각, 코로 맡는 후각을 꼽는다. 그리고 다섯 가지 감각 이외에 어떤 연유에선가 느낌이 오는 것을 우리는 여섯 번째 감각, 즉 육감(六感)이라고 부르며, 흔히 이것을 영적인 것으로 간주한다. 우리는 이러한 감각기관을 통해 들어오는 느낌을 뇌의 작용에 의해 이해하게 되며, 그 이해를 바탕으로 세상을 파악하고 행동한다. 그러나 모든 감각이 반드시 독립적으로만 작용하는 것은 아니다. 때에 따라서는 시각적인 자극이 촉각에 영향을 줄 때도 있고, 청각적 자극이 시각적 효과를 내는 경우도 있다. 이러한 것을 심리학에서는 공감각(共感覺)이라 부르며, 이러한 공감각 현상이 일어날 때 그 감각들이 커다란 정서적 반응으로 전환되는 경우가 많다.

딸아이가 다섯 살쯤 되었을 때의 일이다. 필자는 집에서 새로 구입한 음반을 듣고 있었다. 함께 듣던 딸아이가 물었다. "아빠, 저 노래가 뭐야?" 대답을 하려다 궁금증이 일어서 딸아이에게 역으로 질문을 했다. "왜 물어보니?" 멈칫거리던 딸아이는 이렇게 대답했다.

"아빠, 소리가 따뜻해." 필자는 그 말을 듣고 깜짝 놀랐다. 소리라는 청각을 통해 따뜻하다는 촉각이 자극을 받은 것이다. 그때 들었던 음악은 비발디의 '사계' 중 「봄」이었다. 딸이 음악의 천재인 게 아니라, 따뜻한 봄날의 느낌을 소리로 표현한 비발디의 비범함이 순진한 어린아이의 감각과 만나 공감각 현상을 일으킨 것이다. 이렇듯 감각이 교감을 일으킬 때 우리는 그 현상을 오래도록 기억하며, 이것이 더 발전하면 감동으로 이어지고 정서에 깊이 각인된다.

우리는 시, 소설과 같은 문학작품을 통해 감각기관과는 전혀 다른 표현들을 만날 수 있다. 예를 들어 달콤한 목소리, 차가운 눈빛, 시원시원한 걸음걸이 등의 표현을 흔히 볼 수 있지만, 사실은 목소리에 진짜 '맛'이 있지도 않고, 눈빛의 온도가 달라지는 것도 아니며, 걸음걸이의 모양새를 피부로 느낄 수 있는 것도 아니다. 그러나 우리는 이러한 표현들을 자연스럽게 받아들이고 느끼며 교감한다. 배우는 연기에서 몸짓과 대사를 이용해 이런 감각들을 표현하고, 그것이 성공했을 때 교감을 일으킬 수 있다.

연기를 통해 교감을 일으키기 위해 배우들은 모든 감각에 예민해야 하며, 그 감각을 기억해 연기에 사용해야 한다. 일상생활에서 우리가 반응하며 살아가는 감각적인 것들에 대해 기억해두고 자신의 자료창고에 보관해야 한다. 연극이나 영화에서 배우가 독한 술을 마시는 장면을 예로 들어보자. 특히 거칠고 사나이다운 남자의 역할일 때는 술을 단숨에 털어 넣고 꿀꺽 삼켜버리는 식으로 표현한다. 소품담당자가 준비한 색이 든 물이나 차를 술인 척하며 마시는 것이다. 이때 연기가 진짜라고 느끼지 못하는 관객들은 "그 정도로 해서 진짜 독한 술을 마시는 것처럼 보이겠어요?" 하면서 불만을 토로할 수도 있다. 꼭 그렇게밖에 연기하지 못하니까 그런 말을 들어도 할 말은 없다. 사소한 동작 하나하나에서도 관객을 만족시키려면, 배우는 특정 상황의 감각을 분석하고 정리해 체현하는 감각훈련을 하는 습관을 길러야 한다.

술 마시는 행동을 분석해보자. 먼저 술잔을 입에 가져갔을 때 독한 술의 향기를 맡고 싶어 하는 것이 일반적이다. 다음에 술이 입술에 닿고 입안에 흘러들어 입술의 안쪽이나 혀의 둘레나 목구멍으로 흘러들어가는 느낌을 상상해낼 수 있다. 더구나 식도에 내려갈 때에도 독한 술의 독특한 감촉이 있을 것이다. 특히 아주 독한 술을 들이마시면 술이 지나가는 길을 따라 목이 타들어가는 듯한 느낌이 난다. 즉 실제 생활에서 차나 물을 마시듯이 독한 술을 마실 리는 없다. 술을 마시는 행위는 삼킨 것으로 끝나지 않는다. 미처 목구멍으로 넘어가지 못한 술이 입안에 얼마간 남아 있을 수도 있다. 그렇다면 맛도 그동안 남게 된다. 알코올의 짜릿짜릿한 감촉이 여운을 남기고 있을 수도 있다. 이런 것들을 자신의 체험을 통해 기억해두어야 하는데, 그 결과들은 정형화된 형식이나 형태가 있는 것이 아니고 각자 다르다. 그러니 스스로 해보고 개인적 경험을 잘 간직해 결과를 정리해야 한다.

배우가 이러한 개인적 경험들을 시간과 노력을 들여 잘 정리해놓으면 그 배우가 취하기 시작하는 시늉만 보여도 관객은 믿고 따라오게 된다. 즉 미리 체험을 잘 기억하고 연기로 소화해두어야만 술에 취한 효과도 제대로 낼 수가 있는 것이다. 이러한 감각적 기억을 축적하는 것은 배우로서 자산을 축적하는 일이 된다.

그렇게 기억 창고에 보관된 감각들을 우리가 작업에서 적용하기 위해 다시 꺼내어 사용하려면 첫째, 자신의 시각적 · 청각적, 기타 감각적 이미지를 인식해보면 된다. 방금 열쇠를 어디에 두고 왔는지 마음의 눈으로 보고, 읽고 있는 소설을 마치 영화로 보는 것처럼, 아니면 그것을 라디오로 듣고 있는 것처럼 머릿속에 생생하게 떠올려

보는 것이다. 바나나, 눈, 고양이를 상상할 때 머릿속에서 그것들을 보고 듣고 냄새 맡고, 심지어 맛까지 보려고 노력해봐야 하는 것이다.

둘째, 하고 싶은 것을 무엇이든 마음껏 해봐야 한다. 자신이 가장 좋아하는 영화 장면을 다시 떠올리고 싶다면 그것이 완전히 자신의 것이 될 때까지 머릿속으로 다시 쓰고 다시 '보라'. 만일 소리를 이미지 형태로 사고하고 싶다면 가장 좋아하는 노래나 협주곡의 선율뿐 아니라 화성을 머릿속에서 떠올리거나 들으려고 해야 한다.

셋째, 예술을 해야 한다. 그러나 음악이나 춤, 회화나 요리에 관한 것을 '배우기만' 하지 말고 직접 그려보고, 연주하고, 시를 쓰고, 음식을 만들어보라. 그러는 가운데 이미지가 저절로 떠오를 것이고, 어느 순간부터 색으로 사고하지 않고서는 그림의 색을 고르지 못할 것이며, 소리로 또는 소리에 관해 사고하지 않고는 피아노 건반 위의 선율을 짚어낼 수 없을 것이다. 닭고기와 어울리는 맛에 관해 생각하지 않고는 닭고기 요리를 완성하지 못할 것이다. 이렇듯 행위를 하기 전에 과정을 먼저 상상하고 그 과정을 떠올리려고 노력해야 한다.[4)]

우리는 생소한 기능, 이를테면 자전거 타기나 야구하기, 망치나 드라이버 다루기, 새로운 악기 연주하기, 스웨터 뜨기, 유리 불기 같은 일을 처음 배울 때는 행동 하나 하나를 대단히 의식하게 된다. 이런 기능에 숙달되려면 상당히 오랜 시간 동안 의식적으로 배우고 연습해야 한다. 그러다 자전거 타기나 피아노 치기 같은 동작이 완전히 몸에 익으면 점차 기술적인 문제들을 의식하지 않고도 그 일들을 할 수 있다. 공을 어떻게 맞힐까를 궁리하지 않고도 테니스를 즐길 수 있으며, 손가락을 어디에 어떻게 대야 하는지 기억해낼 필요도 없이 곡을 연주할 수 있다. 피아니스트들은 근육이 음표와 소나타를 기억한다고 말한다. 이들은 손가락에 이 기억들을 저장한다. 이것은 배우들이 몸의 근육 속에 자세와 몸짓의 기억을 저장하는 것과 같다.

배우가 어떤 인물을 즉흥적으로 연기할 때, 그 기억된 몸짓들은 쉽고 자연스럽게 몸 밖으로 흘러나온다. 피아니스트의 경우도 마찬가지다. 만일 피아니스트가 작곡도 함께 한다면 연주 동작에 맞춰 악상을 떠올릴 것이다. 예를 들면, 모차르트는 공공연히 손과 입을 움직이며 곡을 썼다고 한다. 생각하고 창조하기 위해 근육의 움직임과 긴장, 촉감 등이 불려나오는 순간이 바로 '몸의 상상력(body imagination)'이 작동하는 때다.5)

이러한 상상력을 표현하려 할 때, 배우는 물건이 어떻게 보인다, 어떤 느낌이 난다, 어떤 맛이 난다 하면서 그것을 남에게 보여주려고 해서는 안 된다. 자신이 지금 무엇을 하고 있다고 의식하는 것이 가장 중요하다. 현실 생활에서는 뜨거운 커피를 마시고 있어도 커피가 뜨겁다는 것이 얼굴에 나타나지 않는다. 커피가 뜨겁다는 것을 감각이 알고 있다면 의식적인 자각이 없어도 저절로 반응하기 때문에, 내가 커피를 마시는 모습을 보는 사람은 커피가 뜨겁다는 것을 알 수 있게 된다.

배우가 무엇을 의식하고 있는지 관객은 결코 정확하게 알아보지는 못한다. 실생활에서 우리의 행동은 내적인 감정과 기분에 따라서 무의식적으로 만들어진다. 따라서 배우도 당연히 그래야만 한다. 다만 다른 것은 배우는 이런 감정과 기분을 의식적으로 취급한다는 것이다. 그것이 이루어질 경우 무대나 카메라 앞에서 움직임이 살아있게 되고, 그렇게 해서 관객들의 마음을 움직일 만한 설득력이 생긴다. 또한 어느 순간의 느낌을 표현하려면 심신이 자유로워야 한다. 처음부터 결과를 만들어놓고 그에 얽매일 필요는 없다. 자연스럽게 진행하면 저절로 좋은 결과에 이르게 될 것이다.

감각적 체험은 상상과 관찰의 수단들에 생명을 불어넣는 데에도 필수적이다. 어떤 영화가 중세시대를 배경으로 한다고 가정하자.

배우는 자신의 물리적 삶에 대한 아이디어를 얻으려고 독서를 하고 조사를 할 것이다. 다시 말해서 전적으로 상상에 바탕을 두어 물리적 삶을 구성하는 것이다. 하지만 그러한 상상 활동들은 감각적이어야 한다. 배우가 중세시대의 나무 의자에 앉아 있는 상상을 할 때 그는 엉덩이에 맞닿은 거친 나무를 느끼도록 해야 한다. 갑옷을 입고 있는 상상을 할 때에는 갑옷에 대해 단지 생각만 해서는 안 되고 몸에 느껴지는 갑옷의 무게를 실제로 느껴야 한다. 배우가 이렇게 감각적 체험에 뿌리를 두어 자신의 상상을 적절히 통제하지 않는다면, 그 배우의 연기는 도식적이고 과장스러워질 것이다.

관찰에 기반을 둔 캐릭터 탐구(character work) 역시 감각적 체험에 뿌리를 두어야 한다. 배우가 발을 절름거리는 인물을 연기할 경우, 비틀거리는 발걸음의 겉모습만을 모방하거나 과시해 보이려는 유혹이 일기 쉽다. 절뚝거림을 감각적이게 만든다는 것은 구체적이게 만든다는 것을 의미한다. 막연한 절뚝거림이 아니라 엉덩이나 무릎 관절의 구체적인 뻣뻣함이나 상처의 통증에 집중력을 쏟아야 하지만, 그것을 느끼려고 힘을 주거나 의무감을 가져서는 안 된다.

감각기억 연습은 배우들을 매우 자유롭게 해줄 수 있다. 감각기억 연습을 하면서 긴장하거나 실패에 대한 두려움을 가지지만 않는다면 배우들은 자신들의 창의적인 정신을 억압하는 일상생활의 스트레스에서 일종의 해방감을 누릴 수 있다는 것이다. 이 연습은 우리에게 아주 단순한 것들(가령 조개껍질의 안쪽 색깔, 장미 잎의 질감, 혹은 우리 손안에서 식어가는 찻잔의 온도 따위)에 집중할 수 있는 어린아이와 같은 감각 상태를 회복시켜준다.

감각기억은 배우들에게 매우 실용적이다. 어떤 장면에서 등장인물이 뜨거운 난로에 손을 델 경우, 그 역을 연기하는 배우는 실제로 뜨거운 난로에 손을 갖다 대지는 않는다. 배우는 마치 뜨거운 양

차가운 난로를 만질 것이다. 정교한 특수효과 촬영을 할 때, 배우는 블루 스크린 앞에 서서 마치 절벽 위나 비행기 날개에 서 있다는 듯이 연기해야 한다.

관찰을 통해 연기를 창조하는 방식을 선호하는 배우들은 자신의 축적된 관찰을 뒤져서 뜨거운 난로를 건드린 사람의 신체동작을 떠올린 뒤 그것을 빌려오거나 모방할 것이다. 하지만 자신의 감각적 기억을 활용하는 배우는 손을 데는 느낌에 대한 감각기억을 찾아낸 뒤 손이 스스로 충동에 따라 움직이도록 내버려둘 것이다. 다시 말해서 창조되고 상상된 자극에 반응하면서 몸이 마음껏 움직이도록 두는 것이다. 영화, 특히 대형 화면에서는 감각기억 방법이 더 신빙성 있게 보인다는 것을 알게 될 것이다.[6]

05. 정서기억과 반응

우리는 가끔 감정이라는 말과 정서라는 말을 혼동하며 살아간다. 사전적 의미를 살펴보면 감정이라는 말은 '사물에 느끼어 움직이는 마음의 작용'이라는 뜻이며, 정서라는 말은 '어떤 사물에 부딪쳐서 일어나는 온갖 감정'이라는 뜻이다. 사전적 의미는 비슷하지만, 우리가 일상생활에서 사용할 때 감정은 마음속의 것이며, 정서는 감정 상태에 대한 반응을 포함하는 의미로 사용하는 것이 일반적이다. 예를 들어 정서 불안이라는 말은 바깥세계의 자극에 대응해 정상적인 반응을 보이지 못하는 상태를 의미한다. 배우는 감정 상태에 따른 반응을 창작에 활용해야 하는 것이니, 정서라는 말을 사용하는 것이 더 적합하다. 그러나 사람에 따라 감정이라는 단어와 정서라는 단어를 엄밀히 구별하지 않고 쓴다는 것 또한 이해하고 있어야 한다.

한 가지 예를 들어보자. 두 사람의 여행자가 거센 풍랑으로 인해 표류하다 무인도에 고립되었고 그 후 구조되어 자신들이 겪은 경험을 말하게 되었다. 그중 한 사람은 자기가 겪었던 사소한 일까지도 모조리 기억하고 있었다. 어느 지점에 도착했고, 어디로 이동했으며, 그 거리는 얼마나 되고, 어디를 기어오르고, 어디로 기어 내렸으며, 무엇을 먹었고, 무엇 때문에 놀랐는지 하는 사실을 모두 정확하게 기억하고 설명했다. 또 다른 사람은 장소와 공간 등에 대한 기억은 거의 없고, 기억하는 것이라고는 무인도에 도착했을 때의 불안감과 공포, 바위 절벽을 오르내릴 때의 절망감, 구조될 것이라는 희망과 구조되었을 때의 기쁨 같은 정서적인 내용들이었다. 전자의 경우 정확한 관찰을 했지만 그로 인한 정서적 발현은 없었다. 후자는 자신이 겪은 대상 자체보다는 대상으로부터 겪은 정서적 반응을 중요하게 기억하는 경우로, 예술가에 가까운 사고방식이라고 할 수 있겠다.

'정서의 기억과 반응'이란 '자신의 과거를 돌이켜보고 기억되어 있는 정서를 의식적으로 만들고 작품에 형상화되어야 할 배역에 그것을 적용하는 것'을 말한다. 정서적 기억이나 시각적 기억이 어떤 잊고 있던 사물이나 장소, 인간의 내적 이미지를 재구성할 수 있는 것처럼, 배우의 정서적 기억은 배우가 이전에 경험한 감정을 되살릴 수 있다.

정서적 기억이라는 것은 현실의 정확한 모사(模寫)는 아니다. 처음 경험할 때보다 뚜렷한 경우도 있지만 대개는 그렇게 뚜렷하지 못하다. 물론 때에 따라서는 한 번 받은 인상이 우리 내부에 계속 남아서 성장하고 심화되는 일도 있다. 이를테면 새로운 감정을 자극할 때 미완성된 세세한 부분들을 부풀게 하거나 전혀 새로운 것을 암시하는 식이다. 그러나 대부분의 경우 시간은 우리가 기억하고 있는 감정의 훌륭한 필터다. 시간은 단순히 우리의 감정을 정화시킬 뿐 아니라, 참혹하리만큼 사실적인 기억까지도 아름다운 시처럼 바꾸어버릴 수 있는 대예술가인 것이다.

예술가는 자신들이 실생활에서 보고 들었던 중요한 것을 기억하고 재생할 뿐 아니라 직접 보고 듣지 못한 것까지도 상상을 통해 만들어낼 수 있다. 시각적 기억형의 배우들의 경우, 배역을 창조해내기 위해 요구되는 어떤 것을 보고 싶다고 생각하면 즉시 정서가 반응을 일으킨다. 청각적 기억형의 배우는 자기가 표현하려는 인간의 목소리나 어떤 특정한 소리를 듣고 싶어 하는 경우도 있다. 이들에게 감정에 대한 제2의 자극은 청각적 기억에서 오는 것이다.

우리는 일상생활에서 가끔 "그분이 오셨다"라는 표현을 농담처럼 사용한다. 이것은 뜻밖의 행운이 찾아왔다는 말로 해석할 수도 있고, 갑자기 말로 표현하기 어려운 어떤 느낌이 나를 감싸 평소에 할 수 없던 일을 하거나 어려운 일들을 처리하는 경우를 가리키기도 한다. 배우들도 '그분'이 오시는 순간 연기가 저절로 풀려나가며 막혔던 도로가 갑자기 확 뚫리는 것처럼 시원해진다. 이 순간이 배우의 어떤 정서적 기억이 육감으로 전달되어 자신이 원하는 일들이 한꺼번에 해결되는 순간이다. 배우가 연기를 만들어가는 것, 새로운 인물을 탄생시키는 것을 과학적인 방법으로만 접근한다면 많은 시간과 에너지가 필요할 것이다. 그것을 해결하는 방법은 직관을 통하는 쪽이 훨씬 빠르고 효과적일 때가 많다. 배우가 연기를 풀어가는 것이 과학적인 분석으로만 이루어질 수는 없다.

배우의 정서적 반응이 좀 더 강력한 경우에는 육감을 통해 영감(靈感)으로 나타날 수도 있다. 그렇다고 해서 한 차례 나타났던 영감을 좇아 시간을 낭비해서는 안 된다. 그것은 어제 일처럼, 또는 어린 시절의 즐거움처럼, 또는 첫사랑의 기억처럼 언제나 우리가 원하는 때에 찾아오는 것은 아니다. 그렇기 때문에 오늘을 위해 새로운 영감을 창조하는 데 최선의 노력을 경주(傾注)해야 한다. 오늘의 새로운 영감이 과거의 것보다 부족하거나 약하다고 볼 수는 없다. 그것이 과거의 것보다 더 훌륭하지 않다 하더라도 배우는 그것을 오늘 가지고 있다는 이점이 있다. 그것은 배우의 내면에서 창조의 불꽃을 피우기 위해 영혼의 깊은 곳에서 자연스럽게 일어난 것이다. 어느 쪽의 영감이 우월한 것인지 누가 말할 수 있겠는가? 만약에 그런 것들이 영감에 의해서 주어진 것이라고 한다면, 그것은 모두 각자의 가치를 지닌 훌륭한 것들이다.

그러나 직접적이고 강력하며 뚜렷한 영감과 정서는 무대나 카메라 앞에 서면 쉽게 그 모습을 나타내지 않는다. 나타난다 해도 대개 오래 지속되지 못해서, 짧은 에피소드나 개개의 순간에 잠깐 번뜩이고는 이내 사라지고 만다. 그런 형태의 것들은 그것만으로 만족해야 할 것들이다. 우리는 그것이 자주 나타나 창조 활동의 가장 귀중한 요소 가운데 하나인 정서의 성실성을 도와주기를 바랄 뿐이다. 영감의 자연스러운 발생은 저항하기 어려운 힘을 지니고 있다. 이러한 에너지를 느낄 때 배우는 그것에 저항하지 말고 자신을 내맡기는 것이 좋다.

그러나 불행히도 이런 영감은 마음대로 조절할 수 있는 것이 아니다. 오히려 그쪽이 우리를 조종하는 경우가 대부분이다. 그래서 우리는 하는 수 없이 자연에 순응하는 태도로 이렇게 말할 수 있을 뿐이다. "오려거든 오게 내버려두자. 우리는 그것이 우리가 창조하려는 배역과 합치되기를 바랄 뿐이다." 물론 생각지도 않은 무의식적인 감정이 주입되는 것은 매우 유혹적인 사건이다. 그것은 배우가 동경하는 일이며, 예술에서의 창조에 가장 좋은 것이기 때문이다. 그렇다고 해서 정서적 기억에서 끄집어내는 되풀이 감정을 조금이라도 멸시해서는 안 된다. 오히려 완전히 거기에 몸을 맡겨야 한다. 배우가 어느 정도라도 영감에 영향을 줄 수 있는 유일한 수단은 그것밖에 없는 경우가 많기 때문이다.

배우가 되려는 사람들이나 배우와 함께 일하는 사람들은 배우들의 근본적인 작업의 과정과 원리를 이해해야 한다. 배우는 의식적인 수단을 매개로 해서 잠재의식에 도달한다는 말이다. 또 한 가지, 우리가 그러한 되풀이 정서를 소중히 해야 할 이유는 배우는 극중 인물을 아무것이나 가지고 창조해서는 안 된다는 것이다. 자기 기억 속에서 아주 주의 깊게 필요한 것들을 선택한 다음, 자신의 산 경험으로부터 가장 마음이 이끌리는 것을 골라내야 한다. 배우는 자신이 표현하려는 인간의 영혼을 자기 일상의 느낌보다도 훨씬 치밀한 정서로 짜나가는 것이다. 예술가는 자기 내부에 있는 가장 좋은 것을 골라 그것을 표현에 사용한다. 그 외적 모습은 작품의 성질에 따라 달라지겠지만, 예술가의 인간적인 정서는 계속해서 살아 있을 것이다. 그것은 다른 어떤 것과도 바꿀 수 없다.

배우는 필요한 때에 자신의 감정을 자유자재로 구사할 수 있도록 훈련해야 한다. 남의 것이 아니라 자기 육체를 사용하기 때문이다. 자신이 창조하려는 인물의 감정에 맞게 반응할 수 있도록 자기의 정서를 훈련하는 것이 배우가 할 수 있는 최상이자 최선의 일이다. 그렇기 때문에 배우는 자기 신체의 각 부분을 모두 독립적으로 훈련시켜야 한다. 감정을 발견하고 그것을 잘 다루어서 마지막에는 그 감정을 높이거나 낮추거나 또는 적당히 뒤섞어 변화시켜 자유자재로 재현되도록 해야 하는 것이다. 우리는 모두 마음에서 기인한 몸의 고통이나 쾌락을 겪은 적이 있다. 그 반대의 경우도 마찬가지다. 마음과 몸은 하나다. 따라서 우리는 이러한 상호연계성을 어떻게 이용하고 촉진시켜야 할지를 배우고 훈련해야 할 것이다.

또 한 가지 중요한 훈련이 있다. 무대나 카메라 앞에서 결코 자신을 잃지 않도록 하는 것이다. 언제나 배우 자신으로서, 한 사람의 예술가로서 행동해야 한다. 배우는 결코 배우 자신에게서 떨어질 수는 없는 것이다. 배우가 무대나 카메라 앞에서 배우 자신을 잃는 순간은 자신이 연기하는 극중 인물로서 생활하기를 포기하고 과장된 거짓 연기를 시작할 때다. 그러기에 배우가 아무리 많이 연기하더라도, 즉 아무리 많은 배역을 연기한다 해도 배우는 자신의 정서를 사용한다는 규칙에 결코 예외를 허용해서는 안 된다. 그 규칙을 깨뜨리는 것은 배우가 표현하려는 인간을 죽이는 것과 같다. 왜냐하면 배우는 배역이라는, 생활과 관련된 진정한 근원이고 맥박이 뛰는 살아 있는 인간의 영혼을 그 자신에게서 가져오기 때문이다.

무대나 카메라 앞에 서 있는 동안 배우는 언제나 자기 자신으로 연기해야 한다. 다만 그것은 무한히 변화하는 목표의 조화 속에서, 그리고 배우가 배역을 위해 자신의 정서적 기억의 용광로 속에 용해시켰던 요소들이 제대로 담금질될 수 있을 때 새롭게 창조될 것이다. 정서적 기억은 내적 창조를 위한 가장 중요하고 진정한 재료가 되는 것이므로 그것을 사용하는 것 외에 어떤 다른 근원을 기대해서는 안 된다. 그러므로 배우의 정서적 기억이 많으면 많을수록 배우의 내적 창조의 재료는 더욱 풍부해진다.

공연이나 촬영을 반복하다보면 배우는 아주 하찮은 계기로부터 진짜 감정이 어디에서인지 모르게 생겨날 때가 가끔 있다. 그러면 배우는 마음이 홀가분해져 자기가 맡은 역에 집중해 진실성 있게 배역을 창조했다고 느낄 수 있게 된다. 이런 영감이 일어나는 순간이 배우에게는 매우 소중한 경험이다. 이것은 배우의 상상력이 작용하고 있다는 것과 배우의 내적 감정이 작품과 잘 조화를 이루고 있다는 것의 증명이기도 하다.

그러나 어느 순간 자신도 모르게 정서가 고갈되는 것 같은 느낌을 받을 때가 있다. 한번 소진된 정서는 시들어진 꽃처럼 다시 소생시키기가 어렵다. 시들어버린 꽃은 잊어버리고, 새로운 꽃을 피우도록 뿌리에 물을 주거나 새로운 씨앗을 뿌리는 편이 낫다. 대개의 배우들은 반복되는 연기를 할 때 과거에 경험한 것과 같은 감정, 같은 감동을 표현해내려는 욕심에 자연스러운 정서의 발현을 시도하기보다는 억지감정을 자아내려고 노력하곤 한다. 이럴 때에는 그 감정 자체를 생각하거나 흥분해 재현하는 것은 불가능하다는 것을 먼저 명심하고, 감정을 일으키는 원인과 그 감정이 일어났을 때의 상황과 지각의 느낌에 집중적으로 빠져들려고 노력해야 한다. 결과로부터 시작해서는 안 된다. 결과란 그것에 선행된 어떤 일의 논리적 귀결로서 언젠가는 나타나게 마련이기 때문이다.

훌륭한 시인이나 예술가는 자연으로부터 창작에 필요한 모든 것을 끌어낸다. 그러나 이들이 자연을 있는 그대로 사진 찍듯이 하는 것은 아니다. 이들의 작품은 개성이라는 여과지를 통과해 걸러진 것들이며, 자연은 이들의 정서적 기억의 저장 창고로부터 얻어진 것에 산 재료를 제공하는 것이다.

자기 내부에서 그 변화가 일어나는 것을 느끼는 순간부터 배우는 실제로 작품에서 능동적인 당사자가 되고, 인간의 생생한 감정이 그의 내부에 일어난다. 인간적인 동정으로부터 등장인물의 리얼한 감정으로의 이 변형은 자연히 일어날 때가 많다.

예술가들은 창작 작업의 재료로써 우리 자신의 과거 정서를 사용할 수 있을 뿐 아니라 우리가 다른 사람의 정서에 동감함으로써 맛보는 감정까지도 사용할 수 있다는 것을 경험을 통해 알 수 있다. 배우들은 작품 생활을 통해 모든 배역에 적용할 수 있는 자신의 정서적 재료를 갖는다는 게 불가능하다는 것을 알게 된다. 혼자서 살인이나 자신의 죽음을 포함해 온갖 인간적 경험을 겪은 우주의 영혼이 될 수 있는 사람이란 있을 수 없다. 그렇지만 우리는 작품 속에서 그런 모든 것을 생활해야 한다. 그래서 우리는 타인을 연구하고 그들의 정서에 대한 공감이 우리들 자신의 감정으로 변형될 때까지 가능한 한 정서적으로 그들에게 가까이 머물러야 한다.

정서기억의 훈련과 주의(注意)할 것들

배역의 캐릭터를 만들어가는 과정에서 정서적 기억을 활용하고자 할 때, 심리적 충격이 강한 감정은 그것이 마음에 든다고 해도 되도록 피하는 것이 좋다. 이를테면 가장 사랑하는 사람의 죽음처럼 심한 정신적 고통을 가져오는 경험도 여기에 포함된다. 이러한 예외적인 경험을 선택해야만 할 경우에는 충분히 시간이 지난 것을 고르는 것이 현명하다. 감정은 아직 충분히 남아 있겠지만, 패닉 상태에 도달할 만큼 격정적인 감정은 배우 스스로 조절해 억제할 수 있기 때문이다. 인물을 만들기 위해 정서적 기억을 사용할 때는 마음속에 뚜렷하게 인상이 남아 있지 않은 것을 선택하는 것이 좋고, 그것을 어떻게 사용할지는 작품과 배역에 따라 조심스럽게 결정해야 한다.

배우가 인물을 연기하는 데 부담이나 불안을 일으키도록 하는 요소가 조금이라도 있을 때 그것을 억지로 극복하려 하거나 특별하게 표현하려고 하지 말고 그대로 놓아두는 편이 좋은 때가 많다. 다행스럽게도 '정서의 기억'이 성공한 예술가적 성격의 배우라면 만족스러운 연기와 자기치유라는 이중의 감동을 경험할 수 있다. 진짜 눈물이 나는 경지에 도달하면 자신이 분명하게 현실이나 진실을 창조해내고 있다는 것을 느낄 수 있고, 눈물과 함께 마음의 아픔을 토해내 자기치유 효과도 볼 수 있다. 이러한 미묘한 정서를 표현할 때의 쾌감 때문에 배우는 고된 훈련에도 불구하고 정열을 쏟을 수 있게 된다.

일상생활에서 울 때 우리는 크게 소리 내어 울지 않으려고 애쓴다. 그것이 보는 사람들에게는 더욱 슬프게 우는 것처럼 보인다. 울면서 동시에 아무렇지도 않은 목소리로 말하려고 노력하는 모습이 더욱더 슬픔을 느끼게 한다. 오히려 큰 소리로 울어대면 가짜라는 인상을 줄 수 있다. 정서의 기억에 관한 연습을 하면서 큰 소리로 울며 소리치거나 이상한 신음소리를 내면 심한 히스테리와 같은 인상을 주게 된다. 그러므로 연습 중에는 단순함을 유지하는 것이 좋다.

이 훈련을 할 때, 배우가 저장하고 있는 정서적 기억의 양이라는 문제를 간과해서는 안 된다. 배우는 끊임없이 그 정서적 기억의 양을 늘려야 한다는 것을 명심해야 한다. 이 목적을 위해서 배우들은 먼저 자신의 인상이나 감정이나 경험에 의지하게 될 것이다. 그리고 현실과 상상, 그리고 주위 생활에서, 즉 책이나 예술이나 과학이나 모든 종류의 지식으로부터, 나아가서 여행이나 박물관의 관람이나 타인과의 만남에서도 정서적 기억의 재료를 얻게 된다.

배우가 가지고 있는 과거의 체험과 작가의 대사라는 두 가지 다른 정서적 요소들을 어떻게 해서 한꺼번에 마음속에 담을 수 있을까 하고 의심스럽게 생각할지 모르겠다. 물론 처음에는 좀 어렵다. 몸과 마음이 그렇게 될 수 있기까지 훈련하는 데에는 많은 노력이 필요하지만, 우리는 일상생활에서 이러한 경우를 많이 겪고 있으므로 배우들은 그러한 상황들을 기억하고 재료로 활용할 수 있도록 해야 한다. 예를 들어, 나는 정서적으로 매우 우울한 상태인데 즐거운 여행에서 돌아온 친구가 행복한 여행에 대한 수다를 떨 때 어쩔 수 없이 맞장구를 치지만 정서적으로 통하기는 어렵다. 이러한 일상의 경험을 연기에 어떻게 적용하고 활용할 수 있는지 고민하는 것도 배우에게는 중요한 훈련이다.

정서적 반응과 행동

배우가 자기 자신과 아주 흡사한 인물을 연기해낼 때는 사전 조사나 인물분석 같은 의식적인 준비가 거의 없이 자신도 모르게 배역 인물을 연기할 수도 있을 것이다. 이러한 일치로 배우는 과거의 체험이라는 배경을 통해 곧바로 배역이 원하는 바와 처신해야 될 것을 이해할 수 있게 된다. 어떻게 해서 그 인물을 창조해냈는지 물어본다면, 아마도 그 배우는 정확히 어떠한 체험들이 이해를 도왔는지 쉽게 분석해낼 수 있을 것이다.

이처럼 분석을 거치지 않은 거의 본능적인 접근 방법은 무의식 세계에서 체험을 기억하고 적용하는 것이다. 이 경우 배역의 창조는 영감에 의존하는 문제라는 것을 알게 된다. 영감에 의존하는 방법은 때로는 굉장히 훌륭한 결과를 만들어낸다. 그러나 영감은 보장할 수 없는 것이고, 또 게으른 배우에게 즉흥적인 연기를 하는 핑곗거리가 될 수도 있다.

— 체험

아주 평범한 일에 지나지 않는 것들이라도 타고난 능력이 뛰어난 배우는 거기서 어떤 의미를 느끼고 그것을 자기 기억 속에 간직해둔다. 이런 배우는 일상생활에서의 인간적 체험에 대해 무관심하지 않고 예민하게 정서적으로 반응하는 것이다.

흔히들 젊은 배우들에게 "연기를 하기 전에 먼저 인생의 고통을 알아야 한다"라고 말한다. 이 얘기는 다시 말해서 "자네의 체험이 부족해서 자네가 하려고 하는 배역을 소화해내기 어렵다"라는 말이다. 그러나 배우 자신을 위한 이런 고통이란 배우를 위한 훈련 방법으로는 너무 황당무계한 것이다. 배우가 연기를 위해 일부러 불행이나 충격적인 사건을 반드시 겪어야 할 필요는 없다. 예민한 배우라면 복잡한 현대생활 자체 또는 위대한 문학작품들이나 다른 사람에 대한 관찰 등에서 얻은 안목에서 아주 적당한 연기 표현의 배경을 얻을 수 있을 것이다.

— 체험의 축적과 환기

선천적으로 자기 주위에서 일어나고 있는 일을 예민하게 느끼고 지각하는 사람은 과거의 일을 다른 사람들보다 잘 기억하게 된다. 체험을 마음속에 생생히 간직하는 데 도움이 되는 어떤 방법들(일기, 그림, 사진, 동영상 등)을 각자가 개발할 가치가 있는 것이다.

어떤 배역이 배우의 과거 삶과 유사점이 많지 않을 때는 어떤 방법이 있을까? 과거 경험에서 의지할 만한 방법을 찾을 때는 우선 구체적으로 어떤 체험을 환기하고자 하는지 생각해볼 필요가 있다. 이때 배우는 자기가 표현해내고자 하는 인물의 경우와 가장 흡사한 일들을 과거 기억에서 찾게 된다.

배역과 딱 들어맞을 만큼 아주 비슷한 자기 과거의 경험을 발견하지 못할 수도 있다. 자기에게 맡겨지는 모든 인물과 똑같은 체험을 할 수는 없기 때문이다. 그런 경우 자기가 원하는 자극을 얻을 만큼 꼭 맞는 상황은 아니더라도 자기 욕구를 자극할 유사한 체험을 이용하는 것이 좋다.

어떤 특정한 인물의 행동에 신뢰감을 갖도록 하기 위한 방법으로 자신의 과거 경험을 환기할 때, '어떻게 느꼈었나'보다는 그 상황에서 '어떻게 행동했나'가 훨씬 더 중요하다. 배우는 의식적으로 느낌이 아니라 행동과 관련해 자신을 생각한다. 특정한 행동은 특정한 느낌을 표현하고 전달하는 경우가 많기 때문이다.

연기는 배우의 내적인 느낌에서 끝나는 것이 아니라 외적인 행동으로 표현한 것을 관객이 내적으로 느끼도록 하는 것이다.

— 연기의 기초로서의 체험

배우가 어떤 특정한 감정적인 것에 몰두하는 것은 좋지 않다. 물론 감정은 배우의 기본재료지만, 그런 슬픔이나 분노 같은 감정

상태를 만들어내려는 데 관심을 집중하면 안 된다. 배우는 감정상태의 구체적 원인에 관심을 두고 그것을 찾아내고 확보하는 데 집중해야 한다. 다시 말해서, 배우는 실제 생활에서 자신에게 그런 일이 일어났을 때 자기가 취할 법한 행동을 해내는 것이다.

배우는 바로 이러한 감정의 동기를 다루려는 태도에서 가장 큰 도움을 얻는다. 배우가 자신에게 '무엇을 느껴야 하느냐'라고 스스로 질문을 한다면 그저 가장 일반적인 의미의 도움만 얻어낼 뿐이다. 그러나 '무엇을 원하느냐'라고 묻는다면 구체적인 답을 얻어서 명확하게 표현할 수 있게 된다. 감정의 동기를 살피는 날카로운 탐구로부터 얻어지는 명확한 행동이야말로 배우가 관객에게 갖는 책무, 즉 관객이 배우가 연기하는 인물을 믿을 수 있도록 만드는 수단인 것이다. 관객은 자신이 보는 것을 통해 확신을 갖는다.

배우가 어떻게 자기 체험을 환기해 행동의 기초로 삼을 수 있는지를 관찰해보면 다음과 같이 정리해볼 수 있다.7)

- 배우는 막연히 어떤 감정을 느낄 수 있는 것이 아니라, 감정의 구체적 동기에 주의를 집중해야 한다.
- 감정의 동기에 주의를 집중함으로써 자연스럽게 얻어지는 정확하고 강렬한 욕구를 갖게 된다.
- 자기 체험에 비추어 옳고 진실하다고 믿는 행동을 통해서 이 욕구를 실현시킨다.

정서적 반응과 행동

무대 위나 카메라 앞에서 배역 인물은 배우 자신에게나 관객에게 모두 행동함으로써 존재한다. 배우는 배역 인물의 특정한 감정은 잊어버리고 자기에게 닥친 상황이 필요로 하는 행동에 주의를 돌림으로써 배역 인물에 다다르게 된다.

일상생활에서와 마찬가지로 무대나 카메라 앞에서 인물은 어떤 자극에 대해 감정적인 반응을 일으킨 원인이 되는 그것 때문에 화가 나고 아픔을 느낀다. 따라서 작품에서 배우는 이미 일어난 일과 관계를 갖지만, 이때 배우는 동기에만 집중함으로써 정서적 반응은 그것에 따라 저절로 오도록 내버려두면 된다. 정서는 행위와 뗄 수 없는 관계이며 현실과 직면할 때 자연히 나타나는 것으로, 우리가 그것을 억제하지 못하면 우리의 의식 속으로 들어가 상황에 따라 겉으로 드러난다.

젊은 배우들은 종종 자기 자신도 주체할 수 없는 강한 정서표현을 찬양한다. 그러나 이렇듯 강렬한 감정을 경험하는 것이 목적이 되어서는 안 된다는 것을 기억해야 한다. 관객들이 눈물을 흘린다면 배우의 연기가 빼어난 것이라고 볼 수 있지만, 그 눈물이 작품 전체를 알차고 생생하게, 그리고 완벽하게 이해한 데서 나왔다고 말할 수는 없다. 우수한 작품의 성패는 단순히 작품의 정서적인 힘에 있는 것이 아니라 예술로서의 작품 전체에 기여하는 완벽성에 기인하는 것이다. 배우에게는 정서가 목표에 대한 수단일 뿐, 결코 정서 자체가 목적일 수는 없다.

정서의 가장 적절한 극적 목적은 작품의 연출방향을 설정하고 관객에게 좀 더 빨리 그 의미를 전달하는 것이며, 관객이 등장인물의 상황과 행위를 더 생생하게 경험하도록 하는 것이다. 작품마다 정서를 사용하는 법이 다르다. 어떤 것은 감성에 호소하며, 다른 것은 심오한 정열에 호소하며, 심지어 어떤 것은 이성에 그 초점을 맞추어 감정을 배제하는 경우도 있다. 어쨌든 모든 작품에서 관객이 어떠한 반응을 보이든지 간에, 인물묘사의 일부인 감정은 연기에 풍부함과 생기가 깃들도록 돕는 역할을 하는 것이다.[8)]

섬세한 감각을 더함으로써 배우의 선택을 심화시키고 신선하게 유지할 수 있다. 정서 기억 기법이 뛰어난 이유는 어떤 정서적 사건을 떠올릴 때 정서 그 자체("나는 두려움을 느꼈다"라는 식의), 또는 사건 그 자체("어머니가 비명을 질렀다" 등)를 생각하는 것보다 감각적 체험(가령 벽지무늬, 롤러코스터의 공포, 옆방에서 들려오는 목소리)을 기억하는 것이 훨씬 더 생생하다는 것이다.

정서적 대체작업을 할 때는 자신의 정서적 기억을 뒤져서 대체해 집어넣는 사람 또는 사건에 대한 진실한 감각을 세밀하게 떠올리기 위해 편안한 상태에서 자신의 오감을 모두 활용해야 한다. 가령 미술감독이 가져다 놓은 식탁 대신 자신이 어린 시절 쓰던 식탁을 집어넣는다면 배우는 그것의 색깔, 그것의 긁힌 자국, 여동생이 아래에 붙여놓은 껌 따위를 떠올려야 한다.9)

정서적 기억을 활용하는 것은 소중한 연기 수단이다. 반복연습도 연기의 발전에 많은 도움이 되며, 자신의 상상력을 일깨우고 가동하도록 할 수만 있다면 어떠한 방법이라도 찾아내야 한다. 기억과 상상의 경계는 사실 아주 희박한 경우가 많다. 실제로 배우들은 대개 개인적인 체험과 상상을 모두 연기에 활용한다. 또한 관찰도 활용하며, 직접체험도 활용한다. 배우는 정교한 감각기억 작업, 또는 상상작업을 통해 텅 빈 가방을 마치 무거운 것처럼 운반할 수도 있을 것이다. 하지만 실제로 무거운 물건을 가득 채워 운반할 수도 있다. 배역을 창조해나가는 어느 시점에 이르러 배우는 개인적 경험 및 연상을 탐구해야 한다. 이런 식으로 정직하게 작업할 때 자유로운 상상이 펼쳐질 수 있다. 정서기억과 반응연습 그 자체는 일종의 상상력 연습이다. 이 모든 연기 기법들은 상상의 불꽃을 피우기 위한 것이다.

배우가 자신의 내부에 가지고 있는 어떤 것은 바로 자신만의 체험이므로 배우의 내적 자원이라고 말할 수 있으며, 이 자원은 배우가 이미 보고 느끼고 생각했던 모든 것을 말한다. 배우가 인물을 창조하는 데에는 자신의 지식과 느낌을 통해서 이해하고 있는 것 이외의 무엇을 사용하기는 힘들다. 배우가 자신의 느낌을 표출하는 데 자신의 목소리와 육체에 의지한다면, 이 느낌의 자원은 바로 자기 내부에 축적된 정서적 체험일 수밖에 없는 것이다.

06. 관찰

젊은 시절 동료배우에게 들은 이야기다. 당시 20대 청년이었던 그 배우는 어느 날 70대 노인 역할을 맡고는 노인 캐릭터를 만들기 위해 대본 속의 인물과 유사한 인물을 찾으러 경로당을 찾아갔다. 그리고 많은 노인들 가운데 작품에서 자신이 그리던 캐릭터와 닮은 인물을 발견하고는 그 노인의 말투와 행동, 걸음걸이 등을 유심히 관찰하다 자신도 모르게 그 노인의 행동을 흉내 내게 되었다. 어느 순간 이 배우의 행동을 알아차린 노인은 몹시 화를 냈고, 그 배우는 경로당에서 쫓겨났다고 한다. 경험이 많은 배우들은 이와 비슷한 체험을 한 경우가 많고, 실제로 이러한 관찰행위는 배우가 인물을 만들 때 아주 중요한 과정 중 하나다.

모든 사람들은 일상을 살아가면서 다양한 역할을 수행한다. 직장의 중간 간부인 남자를 예로 들어보면, 이 사람은 직장에서 아랫사람들에게는 상사이고 윗사람에게는 부하직원이며, 집에 가면 한 여자의 남편이자 아이들의 아버지이며, 집안 형제들 중에서도 위치가 있고, 친구들을 만나거나 모임에 참석하면 그들 중 일원이고, 동네 가게에 가면 동네 아저씨다. 이처럼 우리 모두가 여러 가지 역할을 알게 모르게 수행하면서 살고 있듯이 배우도 다양한 역할과 만나게 되므로 평소 다양한 역할을 수행하며 각 역할에서 느낀 여러 느낌을 기억해야 하고, 주변에서 역할을 수행하는 사람들을 관찰하며 그들의 반응과 행동, 그리고 정서적 반응들을 기억해두는 것이 배우의 자산 또는 자료를 축적하는 일이다.

프랑스의 대배우들은 극중 인물을 연기할 때 정확하고 빈틈없는 기교로 관객을 사로잡는 것으로 유명했다. 이들 중 코크랑(Constant Coquelin)은 "무대 위에서 재현시킬 수 있는 것이면 무엇이나 즉각적으로 파악하고 포착할 수 있는 것이 배우의 필수 조건 중 하나다"라고 쓴 적이 있다. 이 '파악하고 포착'하는 것은 일반적으로 '관찰'이라 불리는 연기 기술의 일부다. 이러한 관찰력을 활용하는 능력은 배우의 필수적인 기교이기도 하다.

광범위한 유형의 인물들을 성공적으로 연기할 수 있는 지식은 배우 자신의 개인적인 체험에 담겨 있다. 따라서 배우는 그것을 의식하고 자기 주변에서 자신이 관찰할 수 있는 것을 항상 활용해야 한다. 무대나 카메라 앞에서 재현할 만한 것은 무엇이든 파악하고 포착하는 훈련을 쌓아야 하고, 한 걸음 더 나아가 재현하거나 그럴 여지가 있는 것을 이해하는 데 도움을 줄 만하고 또 진실을 드러낼 수 있는 것까지도 포착하고 파악하는 훈련을 쌓아야 하는 것이다.

자신의 경험 이외에, 다른 사람들을 관찰하는 것도 배역 인물에 대한 행동의 동기를 이해하는 데 도움이 된다. 자신과 차이점이 많은 등장인물을 연기할 경우, 배우는 다른 사람들의 행동과 신체적 특징들에 대해 자신이 관찰했던 것들을 활용할 수 있다. 배우는 특정 사회적 계급, 또는 직업을 가진 인물을 연기할 때가 있다. 그럴 경우 가령 평생을 공장 노동자로 살아온 사람의 신체적 특징을 찾아내야 할 때도 있다. 즉 평생을 사무직으로 일한 사람과는 구별되는 몸짓과 행동을 포착해야 한다는 말이다. 작품 속에서 나이를 먹어가는 등장인물을 맡을 경우, 배우는 노인들을 관찰해 공통된 신체적 특징을 찾아내고 그런 특징을 드러내는 동작을 만들어내야 한다. 일반적으로 노인들은 몸놀림이 뻣뻣한 경우가 많으며, 다리를 넓게 벌린 채 걷거나 서 있는 경향이 있다. 또한 배우는 지금까지 보아왔던 여러 술 취한 사람들의 상태(얌전하게 취한 술꾼, 주정부리는 술꾼, 눈물을 흘리는 술꾼, 화를 내는 술꾼)를 기억함으로써 자신이 맡은 등장인물에 적합하다고 생각되는 유형의 특정 신체동작을 만들어낼 수 있다.

자기 주변에 있는 다양한 사람들을 계속 관찰하는 습관을 가지는 것이 좋다. 버스나 지하철에서 옆자리에 앉은 승객의 독특한 행동이나 습관이 다음번에 연기해야 할 배역에 정확하게 어울리는 버릇일 수도 있다. 어떤 사람이 담배를 피우는 방법이 그 사람의 성격을 드러내 보일 수도 있으며, 관찰력 있는 배우에게 자신이 표현해야 할 유형의 인간을 이해할 기회를 마련해줄 수도 있는 것이다. 따라서 배우는 자기 주위에 있는 사람들의 행동을 섬세하게 관찰하는 습관을 길러야 하며, 정서와 행동의 상세한 부분들을 기억 속에 간직해 이러한 세부적인 것들을 특정한 인물을 형상화하는 데 활용할 수 있도록 훈련을 쌓아야 한다.

등장인물을 창조하고 연기하기 위해 자신이 아는 누군가를 떠올려 활용할 수도 있다. 그럴 경우 그 사람의 신체적 · 감정적 반응과 행동을 활용하면 된다. 때때로 배우는 자신이 아는 어떤 사람의 성격 틀을 완전히 빌려올 수도 있다. 텔레비전 드라마에서 역을 맡았을 때, 배우는 그 역을 자기 어머니처럼 연기할 수도 있다. 성격 틀을 빌려오는 인물은 (실제 관계에 있어서든, 상상을 통해서든) 배우가 깊은 관심을 느끼는 사람이어야 한다. 그것은 일종의 감정전이 또는 감정이입과도 같은데, 단 신체와 움직임의 관찰에 바탕을 두어야 한다.

〈춘향전〉에서 월매로 배역이 정해졌다고 가정해보자. 이 인물을 어떻게 이해하고, 궁극적으로는 이 인물에 대해 신빙성을 갖게 끔 하는 데 우리의 관찰력이 얼마나 도움을 줄 수 있는지 살펴보자. 월매는 어떤 유형의 사람인가?

그녀는 전직 기생으로 늙었다, 수다스럽다, 자식을 뽐내기를 좋아한다, 마음이 좋다, 기회주의자다, 걸쭉한 입담의 소유자다, 진정한 윤리개념이 없다, 춘향이를 사랑한다.

이 배역은 젊은 배우로서는 자연스럽게 연기하기 어렵다. 배우가 자신의 경험에서 적어도 이 특성의 핵심을 어느 정도 보여줄 수도 있겠지만, 배우 자신의 내적 자원이 무대에서 더욱 정밀하고 강하게 표현되어야 할 필요가 있다는 데에서 연기에 문제가 있을 수 있다는 것이다. 이 걸쭉한 입담을 구사하는 퇴기를 묘사할 때 어떤 방법으로 여러분 자신을 준비해야 할까?

성격이나 외모가 월매와 흡사하다고 판단되는 인물을 자신이 아는 사람들 중에서 찾을 수 있다면 대답은 간단해진다. 그 사람을 주의 깊게 관찰하자. 걸을 때 이리저리 몸을 흔드는 모습이라든지, 웃을 때 배를 움켜잡고 머리를 흔드는 습관 같은 것들을 파악해 포착하라. 이러한 습성들을 흉내 내고, 특징이 되는 행동들을 정확하게 재현할 수 있을 때까지 연습한다. 겉으로 드러난 모습들이 정확하고 틀림없다는 것을 일단은 알기 때문에, 이 인물의 내적 정서를 매번 재현할 때마다 몸으로 이물감 없이 표현할 수 있을 때까지 계속 실습하도록 한다.

상상을 통해 등장인물을 만들어나가야 할 경우, 조사를 철저히 하는 것도 좋은 방법이다. 어느 배우가 다큐멘터리 드라마에서 실존했던 인물의 세세한 신체적 특징들을 아주 생생하게 재현해 연기했는데, 이 생생한 연기를 위해서 이 배우는 실존했던 그 인물의 수많은 동영상 자료와 생전의 인터뷰 모습을 담은 많은 영상들을 연구했다. 또한 특정 지역의 사투리와 억양을 조사하고 연구해 캐릭터에 반영하는 것도 생동감을 살리는 데 큰 몫을 했다. 다른 예를 들자면, 경찰 역에 캐스팅된 배우들은 종종 실제 경찰관과 순찰차를 같이 타고 다니면서 경찰들이 자신의 직업과 관련된 복장과 도구들(제복, 권총 따위)을 어떻게 다루는지 연구한다. 장애인을 연기하기 위해서 장애인들을 위한 봉사활동을 하며 장애인들의 행동과 언어습관 등을 관찰해 훌륭한 연기를 해낸 경우도 있다.

세상의 많은 지식과 예술은 관찰에서 시작된 것이 많다. 작품 속에 문자로만 존재하는 인물과 사건을 실제 존재하는 사람과 사건처럼 묘사해야 하는 배우들은 세상을 정밀하게 관찰할 수 있어야 한다. 그래야만 행동의 패턴들을 구분해내고, 패턴으로부터 원리들을 추출해내고, 인물과 사물들이 가진 특징에서 유사성을 이끌어내고, 행위 모형을 창출해낼 수 있으며, 효과적으로 표현할 수 있다. 관찰은 후천적으로 습득할 수 있는 연기의 중요한 기술이다.

수많은 사람들이 숱하게 욕조에 들어가면서도 몸을 담글 때 수면이 높아지는 것을 중요하게 생각하지 않았다. 물질의 비중이 배수량과 관련 있음을 간파한 사람은 수학자 아르키메데스였다. 많은 사람들이 망치질을 했지만 그 소리를 유념해서 듣지는 않았다. 쇠막대기건, 마림바의 나무키건, 첼로의 현이건 간에, 물체의 길이가 음의 높낮이와 관련이 있음을 맨 처음 알아낸 것은 대장장이의 망치질 소리를 주의 깊게 듣고 있던 피타고라스였다.[10)]

'관찰'은 '생각'의 한 형태이고 생각은 관찰의 한 형태다. 결국 관찰행위의 목적은 감각적 경험과 지적 의식을 가능한 한 가깝게 연결하는 데 있다. 조각가 베벌리 페퍼는 "어떤 것을 그릴 수 있다고 해서, 그리는 행위가 당신을 화가로 만들어주는 게 아니다. 예술은 당신 머릿속에 있는 것이고 그것은 당신이 어떻게, 무엇을 생각하느냐의 문제다"라고 말하고 있다. 이와 비슷하게 생화학자 스젠트 기요르기는 "발견은 모든 사람들이 보는 것을 '보고', 아무도 생각하지 않는 것을 '생각하는' 것으로 이루어져 있다"라고 말한다. 이처럼 '관찰'은 감각작용을 '이해'하는 일이다.[11]

『배우수업』에서 스타니슬랍스키는 일상생활에서 부딪치는 모든 것들을 예민하게 감지할 수 있어야 한다고 주장한다. "그것들은 배우의 감각과 근육에 기억으로 저장된다. 배우의 영감을 자극하는 유일한 것은 그가 매일매일 살아가면서 행하는 지속적이고 예리한 관찰이다."

배우들은 집중을 유발시키기 위해 일상생활에서 '집중력'을 배양해야 하며, 보통사람들보다 훨씬 더 깊이 실생활의 여러 측면들을 보아 관찰력과 관계가 있는 강한 '집중'을 만드는 데 도움을 줘야 한다. 흥미를 끄는 대상과 만났을 때 일반 사람과는 다른 시각에서 주의를 집중해 관찰력을 높이려고 노력해야 한다. 대상을 조사하고 탐구하는 것을 두려워하지 말아야 한다. 몇 번 강조하지만, 세심한 관찰에 의해 연기에 필요하고 참고가 될 여러 소재에 대한 통찰력이 생기고, 연기에 필요한 자원을 축적할 수 있기 때문이다.

물건들을 수집하는 것, 이를테면 우표, 동전, 곤충, 단추, 야구카드, 엽서, 책, 사진, 인쇄물, 그림 같은 것들을 모으는 것도 시각적 관찰력을 증대시키는 아주 좋은 방법이다. 진정한 수집가가 되려면 물건의 질과 종류의 차이를 잘 감별하는 능력이 필요하다. 그러려면 평가와 수집에 필요한 눈과 마음 모두를 길러야 한다. 만일 돌이나 조개껍질, 깃털, 뼈, 직물, 털실, 만년필 등을 수집한다면 촉각을 발달시킬 수 있을 것이다. 또 뒤뜰이나 숲, 동물원에 있는 동물이나 새소리, 도시의 소음, 포크송, 록 음악, 재즈 등의 소리를 녹음하는 행위를 통해 청각을 발달시킬 수 있을 것이다. 향수가게나 야채가게에서 나는 다양한 종류의 냄새를 기억하거나 맛과 냄새만 가지고 치즈나 초콜릿, 커피와 차, 포도주의 종류를 알아맞혀보려고 시도해보는 것도 좋다.12)

배우들은 앞서 "감각의 기억"에서 이야기했던 공감각 현상을 기억할 필요가 있다. 우리는 일반적으로 육체의 눈과 귀로 보고 듣지만 마음의 눈과 귀로 보고 들을 때도 있으며, 어떤 충격적인 대상을 보거나 소리를 들으면 피부의 촉각이 반응하고 미각이 움직일 때도 있다. 이러한 오감의 느낌은 어느 순간 '상상'의 영역으로 발전되기도 한다. 이러한 상상은 창조적 행동의 중요한 요소다. 관찰은 상상을 일으키고 상상은 형상화로 이어져 창조적 행위의 외형을 만든다.

관찰의 과정이란 이런저런 계기로 만나게 된 다양한 사람들에게서 얻은 여러 가지 사항들을 서로 연결시키는 것으로 구성될 수도 있다. 관찰된 사실과 상상적인 상황을 결합시키는 것은 배우의 중요한 자극제 중 하나다. 순수하게 믿을 수 있는 실질적인 목표물을 마련한다는 것은 연기를 설계하고 표현하는 데 매우 효과적인 수단이다.

07. 내적 성격 창조

연극, 영화, 텔레비전에서 다양한 여인과 어머니상을 연기했던 배우 김혜자 씨는 한 인터뷰에서 다양한 성격을 연기할 때 어떤 방법으로 성격을 만드느냐는 질문을 받고 “우리 마음속에는 좋고, 나쁘고, 선하고, 악하고, 정직하고, 비열한 다양한 성격들이 같이 존재한다고 생각해요. 나는 어떤 배역을 맡으면 그중 하나의 성격을 꺼내어서 배역의 성격을 만들어가요”라고 말했다. 이 말은 대다수의 배우들에게 해당되는 말로, 배우들은 자기 안에 있는 다양한 성격의 씨앗들 중에서 자신이 맡은 배역의 성격과 유사한 것을 찾아내어 그 씨앗에 물을 주고 가꾸어 크게 키워내어서 밖으로 드러나도록 한다는 말이다.

배우가 자신이 맡은 배역의 성격을 만들려면 먼저 배역 속 인물의 성격을 철저히 분석하고, 자기 안에 있는 가능성을 찾아내야 한다. 그리고 거기에 상상력과 감정이입 등 다양한 방법을 동원해서 역할을 연기하는 것이다.

성격 분석

배역 인물의 내적 성격을 창조하려면 먼저 인물의 배경과 좋아하는 일 등을 다양하게 분석해야 한다. 인물을 분석하려면 대본을 꼼꼼하게 읽으며 필요한 사항들을 찾아내고 논리적이며 구체적으로 답을 얻어내야 한다. 예를 들면, 내가 만들어가야 할 인물은 어떤 성격을 가진 인간인가? 특별히 좋아하는 것과 싫어하는 것이 있는가? 어떤 취미를 가지고 있는가? 신앙이 있는가? 있다면 어떤 종교를 갖고 있는가? 어떤 배경이 있는가? 부모의 출신지는 어디이고, 무엇을 하며 생계를 이끌고 있는가? 어릴 때는 어떤 환경에서 성장했는가? 주거의 형태와 크기는? 오늘은 무엇을 했는가? 누구에게 말을 걸었던가? 작품 속의 또 다른 인물과의 기본적인 관계는 무엇인가? 작품 속에서 세계정세에 관한 지식의 견해와 정치적 의견은 어떠한 것인가? 등등……. 여러 가지를 생각해보았지만 극중 인물에 대한 질문은 아직도 산더미처럼 많다. 이러한 의문에 대한 답을 찾아내고 진실함이 생겨나기 시작하면, 그 배우는 극중 인물의 생활 속에서 살기 시작한 것이다. 이제 다음 작업은 이미 축적된 연기의 기술을 이용해 작가의 생각에서 나온 상황을 만드는 것이다.

배우는 극중 인물이 실제로 살아 있는 것처럼 사고, 감정, 신념, 개인적인 습관, 특성에 따라 행동하는 것을 익혀나가야 한다. 그 과정에서 잊지 말아야 할 것은, 내적 감정은 사실적이고 진실된 생각에 의해 만들어져야 하며, 멋대로 가장해서는 안 된다는 것이다. 조금이라도 과장되거나 빗나가게 되면 모든 것이 끝나버린다. 따라서 움직임을 포함한 모든 행동을 끝까지 내적 생활에서 찾아야 하며, 잘못된 판단이나 상상, 지시에 따라서는 안 된다.

다른 예술의 감상을 통해 뛰어난 가능성을 모을 수 있다는 것도 기억해야 한다. 어떤 인물의 외적 생활을 그린 그림을 자기의 것으로 보며 내적 생활의 생생한 실마리를 잡게 되는 경우도 있다. 이러한 등장인물은 어떤 성향의 음악을 좋아할까 하고 자신에게 물어보는 것도 좋다. 그 성향을 찾아내게 되면 등장인물이 즐겨 들을 만한 음악을 찾아 익숙해질 때까지 들어본다. '내적 성격'에 대한 이해가 예리하고 명료해짐에 따라 배우 자신의 신체가 배역 인물과 융합되어가는 것을 느낄 수 있게 된다. 성격 분석을 제대로 하게 되면 정신과 신체의 편안함과 집중, 그리고 감각의 예민한 반응도 저절로 생겨난다.

상상력

대부분의 무대나 영화, 텔레비전 드라마 등은 극작가에 의해 만들어진 허구의 세계이기 때문에 실제로 존재하는 사실은 하나도 없다. 예술은 극작가의 작품이 그래야 되는 것처럼 상상력의 산물인 것이다. 배우의 목적은 자기의 연기 기술을 구사해서 극작가의 대본을 무대나 영상적인 사실성으로 전환시키는 일이다. 그 과정에서 상상력이 커다란 역할을 한다.

상상 속의 이미지를 우리 내부에 있는 것처럼 느끼는 일이 옳은 것일까? 우리는 사물의 이미지를 만들어냄으로써 있지도 않는 것을 볼 수 있는 능력을 갖고 있다. 로댕의 조각 〈생각하는 사람〉을 예로 들자. 그것은 우리의 외부에 존재하고 있다. 이것을 유심히 바라보고 있으면, 우리는 마치 그쪽으로 시각적 촉각이라고나 할까, 그런 무엇을 쭉 뻗치고 있는 느낌이 든다. 이번엔 두 눈을 감는다. 그러면 〈생각하는 사람〉은 이제 우리의 내적 시각의 스크린 위에 비친다.

그와 같은 과정은 우리가 소리를 다루고 있을 때에도 일어난다. 우리는 상상의 소리를 마음의 귀로 듣지만, 대개의 경우 그 소리의 진원은 외부에 있는 것처럼 느낀다.

상상력을 의식적으로, 논리적으로 접근하고 분석하는 것은 흔히 생활 속에 살아 있는 느낌이 없는 겉치레 묘사가 될 수도 있다. 그것은 진정한 연극이나 영상작품에는 이롭지 못하다. 우리의 예술은 배우의 본성 전체가 능동적으로 포함되어야 하며, 심신이 함께 배역에 몰입할 것을 요구한다. 구체적이고 실질적인 모양을 갖고 있지 않은 상상력은 우리의 신체적 본능을 반사적으로 움직이고 거기에 따라 기계적으로 행동하게 할 수 있기 때문에, 행동에 대한 도전을 머리뿐 아니라 몸으로도 느껴야 한다. 이 능력이 배우의 내적 정서를 표현하는 기술에서는 매우 중요한 것이다. 그래서 배우가 무대나 카메라 앞에서 행하는 모든 움직임과 대사는 모두 배우의 상상력을 올바르게 표현하는 행동의 결과인 것이다.

만약에 배우가 대사를 말할 때 또는 어떤 동작을 할 때 자기가 누구며, 어디에서 왔는가, 어째서인가, 무엇을 바라고 있는가, 어디로 가려고 하는가, 거기에 가면 무엇을 하는 건가 하는 것을 충분히 이해하지 않고 기계적으로 처리한다면, 그것은 상상력 없이 연기하는 것이 되고 만다. 그것이 한 마디든 한 동작이든 그동안 배우의 연기는 생생하지 않고, 배우는 감정 없는 로봇이 된다. 배역 인물의 내적 성격이 상상력을 통해 신장되고, 이것이 배우의 움직임에 배어 나와야 진정한 연기다.

연기란 그것이 진실을 반영할 때에만 정당한 목적을 다 해내며, 진실이 예기치 않은 중요성을 가지고 정면으로 다가갈 때 관객들은 흔쾌히 수용하게 되는 것이다. 우리는 보통 일상생활에서 눈에 익은 것들은 채 느끼지 못하고 그냥 지나치기 때문에, 상투적이고 그냥 그런 식으로 표현된 껍데기 진실로는 관객을 감동시키지 못한다. 배우의 상상력은 일상적인 것과 우리가 익숙해 있는 것으로부터 날카롭게 진실의 요소를 추출해낼 수 있어서 우리의 주의를 새롭게 자극하고 그 의미를 생생히 알게 해주는 것이다. 상상력은 첫째, 배우가 행동을 할 수 있게 자극해주는 환경(상황)을 만들어주고, 둘째, 자기가 무대나 카메라 앞에서 하는 것을 믿도록 해주며, 셋째, 관찰과 분석을 통해 진실을 발견케 해준다.

상상의 조정

배우들은 일상생활에서 자연스럽게 또는 우연히 만나게 되는 일들을 상상력을 통해 의식적으로 되새김질할 수 있다. 자기 의지로 상상력을 조종할 수 있다는 얘기다. 이런 힘을 이용해 '언제나 필요할 때면' 의식 속에 연기에 필요한 그림을 떠올릴 수 있는 것이다. 배우가 자신의 통찰력과 체험의 배경을 자기가 연기하는 인물에 딱 맞출 수 있다면, 그 상상력을 통해서 불러일으킨 머릿속의 그림들은 정도 차이는 있을지 몰라도 그 질은 실제 생활에서의 그것과 다르지 않다.

상상력은 의지의 주인으로, 행동과 믿음, 그리고 느낌을 불러일으키는 힘이다. 이것에 의해서 배우는 창조적 마음의 상태에 이를 수 있으며, 그러한 상태라야 배우는 무대나 카메라 앞에서 자신이 창조한 인물의 내적 성격을 표현하는 것을 스스로 믿게 된다. 그리고 이러한 믿음에 대한 조절 수단이 배우의 기술에서 가장 중요한 것 중 하나가 된다.

내적 성격의 표현

배우는 반드시 배역을 느껴야만 한다. 그러면 곧 배우 내부의 악기들은 모두 조율이 될 것이며, 배우들의 표현을 위한 육체의 모든 부분이 표현을 위한 활동을 개시할 것이다. 그렇게 함으로써 우리가 의지할 수 있고 또 반드시 필요한 요소가 발견되는데, 그것이 바로 '감정'이다. 그러나 감정은 우리가 그것을 필요로 할 때 항상 우리를 찾아오지는 않는다. 감정은 예기치 않았던 순간에 불쑥 찾아오기도 하고, 우리가 지극히 원하는 순간에 외면하는 경우도 많다. 그러므로 연기를 하려고 할 때 상황에 적절한 감정이 나타나지 않는다면, 이때 배우가 의지할 것은 '지적 판단'이다. 창작을 위한 지성적 판단을 통해 목표에 다다르려는 욕구를 환기시켜 작업에 임할 수도 있다. 나머지 요소는 '의지'다. 배우가 자신의 역할을 연기하는 데에 대한 절실한 마음이 창작을 위한 신체기관을 활동시키고, 그것을 정신적으로 조절하는 의지가 중요한 요소다. 이 세 가지 요소들이 배우의 정신세계에서 추진력을 만들고, 악기를 연주하듯이 창작행위를 할 수 있도록 만드는 것이다. 이 세 요소는 독립적으로 작용하는 경우도 있지만, 대개 복합적으로 작용한다.

배우가 '죽느냐, 사느냐' 하는 독백을 하고 있을 때, 그는 다만 작가의 상상만을 우리 앞에 내놓고 또한 감독으로부터 지시받은 동작만을 하고 있는 것은 아닐 것이다. 이 배우는 대사에 자신의 인생관을 주입하는 것이다. 그는 햄릿을 상상의 인간으로서 말하고 있는 것이 아니다. 작가의 사상이나 감정, 관념 등을 배우 그 자신의 것으로 바꾸어내, 대본에 의해 창조된 인간으로서 스스로 말하는 것이다. 그리고 그의 목적은 관객이 대사를 이해할 수 있도록 말하는 것이 아니다. 그는 관객이 자신이 말하고 있는 것과 자신의 내적 정서를 느끼고 교감하기를 원하는 것이다. 관객은 배우의 창조적인 의지나 욕망에 따라와야 한다. 그런 경우에 배우의 정신적 에너지는 행동으로써 표현되고 정신과 육체가 서로 융합되고 고양되는 상황에 놓이게 되는 것이다.

의지와 감정은 두 얼굴을 가진 야누스와도 같다. 어떤 때에는 감정, 즉 정서가 우세하며 어떤 때에는 의지, 즉 욕망이 우세하다. 그러기에 어떤 목표는 감정보다도 의지 쪽을 좌우하며, 또 어떤 목표는 욕망을 희생시켜서 정서 쪽을 강화한다. 어느 쪽이건 직접적으로나 간접적으로나 내적 성격의 표현은 굉장한 자극이어서 배우들이 많이 사용하려 하는 것이다.

배우가 움직이는 내적인 힘을 따라간다면 그것은 어디로 갈까? 피아니스트는 어떤 방법으로 자신의 정서를 표현할까? 그는 피아노로 향할 것이다. 또한 화가는 어디로 갈 것인가? 캔버스, 그리고 붓이나 그림물감일 것이다. 그와 마찬가지로 배우는 자신의 정신적·신체적 창조 도구로 향할 것이다. 지성과 의지, 그리고 감정과 협력해서 자신의 내적 '요소'의 전부를 동원하는 것이다.

이러한 요소 간의 상호작용은 대본이라는 허구(fiction)로부터 생활을 끌어내고 그것을 실제로 존재하는 것처럼 보이게 해서 그 목표를 좀 더 근거 있는 것으로 만든다. 이것은 모두 배우가 역의 근본적인 진실성을 느끼고 무대와 카메라 앞에서 일어나고 있는 일의 현실적인 가능성을 믿도록 도와준다.

기분과 창조

무대 위에서나 카메라 앞에서 배우들은 일상생활에서는 느끼지 못하는 '군중 앞의 고독'이라는 감정을 품게 되는 경우가 많다. 이것은 불가사의한 느낌이다. 무대의 경우, 관객이 들어찬 극장은 배우들에게 훌륭한 반사판이 되기도 하는데, 무대 위의 진실한 감정에 대해서는 시시각각으로 반응이 있기 때문이다. 눈에 보이지 않는 수많은 시선과 관심이 커다란 에너지로 파도처럼 배우들에게 밀려오는 것이다. 관객이라는 군중은 배우를 압박하고 공포를 주지만, 배우의 진실한 창조적 에너지를 불러일으키기도 한다. 이렇게 따뜻한 정서라는 커다란 에너지가 전해지면, 배우들은 자신과 자신의 일에 대한 신뢰를 갖게 되고 기분이 한껏 고양된다.

불행히도 자연스러운 창조적 기분은 자발적으로 일어나는 일이 거의 없다. 그것이 저절로 찾아온다는 예외적인 경우가 있다면 배우는 굉장한 연기를 하게 될 것이다. 흔히 있는 일이지만, 배우가 올바른 내면 상태에 들어갈 수 없을 때 그는 이렇게 말한다. 기분이 안 난다고. 이것은 이 배우의 창조 기관이 올바르게 활동하지 않거나, 전혀 활동하지 않거나, 또는 기계적인 습관으로 굳어져 있기 때문이다. 이 배우의 기능을 뒤틀리게 한 것은 무대나 카메라 공포증일까? 아니면 그가 역을 제대로 준비하지 못한 채 자신조차도 믿을 수 없는 대사나 행동으로 관객 앞에 나타난 탓일까?

배우가 충분히 준비하고 있더라도 진부한 역을 신선함 없이 진부하게 연기하는 경우도 있을 수 있다. 그러나 배우는 자신이 역을 연기할 때마다 감정, 의지, 지적 판단 등 무엇을 동원해서라도 최선을 다해 내적 정서를 표현해야 한다. 그렇지 않고서는 단지 껍데기만을 보이게 될 것이다.

배우는 관객을 앞에 두고 무대에 서거나 카메라 앞에서 연기를 해야 할 때 두려움이나 마음의 위축, 수줍음이나 흥분, 책임감이나 극복하기 어려운 곤란한 상황으로 인해 침착성을 잃을 때가 있다.

이런 순간에는 평소처럼 자연스럽게 말하는 것도, 듣는 것도, 보는 것도, 생각하는 것도, 바라는 것도, 느끼는 것도, 걷는 것도, 움직이는 것조차도 제대로 되지 않는다. 그는 관객을 즐겁게 해주고, 자신을 자랑하며, 자기 상태를 감추고 싶은 신경질적인 욕구를 느낀다.

그렇게 되면 그의 내적 성격의 구성 요소는 해체되고 분리되어버린다. 물론 그런 일이 항상 일어나는 것은 아니다. 실생활에서와 마찬가지로, 무대나 카메라 앞에서 내적 성격의 구성 요소들은 불가분의 것이어야 한다. 문제는 극장이나 촬영장에서의 작업 환경이 창조적 기분을 불안정한 것으로 만드는 한 가지 원인이 될 수도 있다는 점이다. 이런 경우 배우는 정해진 목표나 방향에서 벗어나 되는대로 흘러가는 분위기에 자신을 맡기고, 극중 상대역 대신에 관객과 접촉하게 된다. 그는 이 관객들의 즐거움에 적응하고 자기 생각이나 감정을 동료 배우에게 나눠준다는 임무에 충실하지 않는 것이다. 불행히도 내적 성격 표현의 부족함은 눈에 잘 보이지 않는다. 관객은 그것을 보지 않고 다만 느낄 뿐이다. 그것을 이해하는 것은 전문가들뿐이다. 대개의 관객들이 배우들의 연기가 그들과 교감이 안 되면 두 번 다시 관심을 갖지 않는 것도 그 때문이다.

만약 구성 요소 중 하나가 결여되어 있거나 좋지 못하면 전체가 쓸모없어진다는 사실에 주목해야 한다. 모든 구성 요소들이 제대로 작동한다면 배우들은 잘 훈련되고 조율된 오케스트라처럼 완전한 화음을 이루며 협력하는 상태를 만들어낼 수 있다. 그러나 하나라도 그릇된 요소가 들어오면 전체의 화음은 엉망이 되어버린다. 그러한 바람직스럽지 못한 것을 한꺼번에 섞는다면 배우들은 그런 속에서는 한시도 살기 어려울 것이다. 몸을 비틀거나 무엇인가 흉내를 내거나 하는 것 이외에는 전혀 아무짝에도 쓸모없는 분위기를 만들어낼 테니 말이다.

경험과 기술이 없는 초보 배우들은 개인의 습관에 빠지기 쉽다. 이들은 쉽게 고의적인 습관을 몸에 붙인다. 만약 이런 배우들이 보편적이고 인간적인 상태를 만들어낸다면, 그것은 우연일 것이다.

배우는 당나귀와 마찬가지여서, 물가에까지 끌고 갈 수는 있지만 물을 마시게 할 수는 없다. 그 자신이 물을 마시고 싶은 욕구가 일어나지 않으면 안 되는 것이다. 그런 욕구가 일어나면 그는 표현을 하기 위한 행동을 만들어내기 위해서 자기가 필요로 하는 재료를 찾게 될 것이다. 그러면 그는 자기에게 주어진 것을 흡수하고 그것을 그 자신의 것으로 할 것이다. 배우에게 자기 배역에 생명을 불어넣는 섬세한 요소들을 찾을 수 있도록 도와주는 것이 감독의 역할이다.

배우는 배역을 학술적으로 분석하려고 이런 섬세한 요소들을 찾아내려고 하지는 않는다. 자기에게 주어진 실제 목표를 수행하기 위해서 그것을 바랄 뿐이다. 그러므로 목적을 달성하는 데 직접 필요하지도 않은 지식이나 재료들은 모두 그 배우의 머리를 혼란시키고 작업을 방해하게 된다. 배우는 그것을 피하도록 주의해야 한다. 특히 창조의 초기에는 더욱 그렇다.

감정이입

배우가 배역의 내적 성격을 만들어내는 좋은 방법 중 하나가 감정이입이다. 감정이입은 연기뿐 아니라 다른 많은 분야에서 활용이 되고 있는 방법으로, 감정이입에 대한 훈련을 하는 것이 배우들에게도 성격을 표현하는 데 큰 도움이 될 것이다.

사냥을 잘하려면 사냥감의 습성과 행동을 잘 알아야 한다. 낚시는 물고기의 습성을 잘 알아야 하고, 범죄를 수사하는 경찰은 범인의 입장에서 생각하는 것이 중요한 요소다. 이것은 교육에서도 활용되는 역할놀이의 바탕이다. 어린 아이들에게 사냥놀이를 제안해 각각 사냥꾼과 사냥감의 역할을 맡겨 자기 역할에 맞는 흉내를 내보게 하는 것이 감정이입 훈련의 시작이 될 수 있다.

소설가 알퐁스 도데(Alphonse Daudet) 역시 이 같은 경험을 수차례 했는데, 이러한 경험 끝에 도데는 "작가는 묘사하고 있는 인물 속으로 들어가야 한다. 그의 몸속으로 들어가서 그의 눈으로 세상을 보고 그의 감각으로 세상을 느껴야 한다"라고 말했다. J. S. 바흐의 아들 C. P. E. 바흐도 이와 비슷한 맥락에서 다음과 같이 주장한다. "음악가는 스스로 감동하지 않으면 다른 사람들을 감동시킬 수 없다. 그는 자신이 청중에게 불러일으키고자 하는 모든 감정을 스스로 느낄 수 있어야 한다."[13)]

무용가들 역시 자신과는 다른 '몸'이나 인격의 관점에서 동작을 이해하려고 한다. 이사도라 던컨(Isadora Duncan)은 무용이 음악과 마찬가지로 보는 사람들의 몸속에서 감정이입 기제를 자극해, 그들 스스로 몸을 움직이고 싶게 만드는 것이라고 생각했다. 이 감정이입은 관객들이 역할 자체를 느껴봄으로써 내면에서 특정한 감정을 불러일으켜 동작을 따라하게 할 때 이루어진다. 대니얼 데이루이스(Daniel Day-Lewis)는 자신이 맡은 역을 실제 생활에서 '살아본다'고 말한 적이 있다.

스타니슬랍스키는 연기에서 이러한 '내적 진실'을 매우 중요하게 생각했다. 그는 제자들에게 이렇게 말했다. "배우들은 역을 이해하고 거기에서 묘사되는 인물과 심정적으로 동조해야 하며, 자신을 스스로 그 인물의 위치로 밀어 넣어야 한다. 그럼으로써 배우들은 마치 그 인물이 행동하는 것처럼 연기하게 될 것이다. 이 과정은 배역에게 요구되는 것과 같은 느낌을 배우의 내면에 불러일으키게 된다." 이러한 과정을 통해 배우는 필요한 내적 성격을 구축하고 표현할 준비를 갖추게 된다고 말했다.

많은 예술가들은 창작 과정에서 '유기체적인 느낌(feeling for the organism)'에 의지한다. 버지니아 울프는 종종 작업 중에, 자신이 바라보고 있는 사물이 될 때까지 계속 앉아서 그것을 보고 있는 자신을 발견한다고 했다. 화가 조안 미첼은 말했다. "그림은 나의 일부분이 아니다. 그림을 그릴 때 나는 내 자신을 의식하지 못하기 때문이다. 나는 '아무 힘이 없다.' 그림이 나에게 해야 할 일을 지시하는 것이다." 이는 화가가 그림의 주제와 일체가 됨으로써 얻는 통찰의 상태를 표현한 것이다.14)

대부분의 창작활동에서 감정이입은 자연스럽게 발생하는 현상이고, 이러한 경지에 이르면 예술가는 창작의 희열로 넘쳐나게 된다. 재즈 연주자가 자신이 연주하는 음악과 하나가 되었을 때 자연스러운 애드립이 연주를 더욱 풍성하게 해주며, 배우의 가슴속에 있는 천사가 날갯짓을 할 때 관객은 천사를 보게 되는 것이다.

훌륭한 '감정이입가'가 되기 위해 스타니슬랍스키는 다음과 같이 해보라고 말했다.

- 일상생활에서 우리가 보고 듣고 만지고 느낄 때 집중되는 '내적 주의력(inner attention)'을 연습하라. 이것은 세상에 대해 자신이 보이는 반응을 관찰하고 그 반응에 대한 육체적이고 정서적인 기억을 유지하는 것을 의미한다. 문을 열 때의 느낌은 어떤 것일까? 이 느낌은 '대본'이 요구하는 것과 어떻게 관련되어 있을까? 어떤 것이든 '배우'가 일상생활에서 겪는 느낌들을 기억하고 재현해봄으로써 이러한 내적 주의력을 연마할 수 있다.

- 사람이나 사물에 대한 '외적 주의력(external attention)'을 연습하라. 배우들은 다른 사람이나 사물을 면밀하게 연구한다. 스타니슬랍스키는 제자들 앞에서 어떤 것을 한 번만 보여주고 감춘 다음 가능한 한 자세히 이것을 기억해내도록 훈련시켰다.
- 자신의 외적 주의력이 미치는 대상이 지각하고 느끼는 것을 관찰하고 상상하라. 그 사람의 감각기관과 육체적 속성이 자신의 것이라고 가정하라. 만일 당신이 그 사람이라면 어떻게 느끼고 행동하고 반응할 것인가? 자신의 내부에 있는 감각과 정서 사이에 연결된 끈을 찾아내라.

위에 언급한 모든 사례들은 우리가 '자신'이 아니고 '자신이 이해하고 싶은 것'이 될 때 가장 완벽한 이해가 이루어질 수 있음을 보여준다. 어떤 체계 안에서 특정 부분을 맡아 기능하고 연기한다는 것은 이해를 '축조'하는 일이다. 사실 '감정이입'에 관해서라면 세상 전체가 그 대상이 되는 무대인 셈이다.

배우 자신과 등장인물의 유사성을 찾아내어 등장인물을 이해하고 표현해내는 데 도움이 될 체험을 동원하는 것이 바람직한 만큼 등장인물과의 차이점을 찾아보는 것, 특히 표현 방법에서 다른 부분을 확인하는 것도 중요하다. 배우 자신의 행동과 체험 중에서 배역 창조에 적합하지 않는 점은 적절히 수정해야 한다. 맡은 배역을 그대로 모방하는 데 너무 몰두할 경우 배우 자신의 특성이나 체험을 잊기가 쉬운데, 그럴 때 연기는 연관성도 없고 진실되지도 못한 것이 되고 만다. 진실된 관계에서 등장인물과 동일성을 유지하려면, 배역에 가까이 접근할수록 배역을 확고한 의도에 의해 창조된 하나의 예술작품으로 여겨 그 특성을 존중하는 태도를 잃지 말아야 한다.

일반인이 얻기 어려운 체험을 계속할 수 있다는 점은 연기의 큰 매력이다. 이미 지나간 시대 또는 다른 장소에 살아보고 생소한 사람이 되어보는 가운데 배우의 삶에는 끊임없는 도전과 발전이 따르는 것이다. 그러므로 자신 안에서만 역할 창조의 소재를 구하는 배우는 위대한 작품에 담긴 풍요로운 체험의 세계를 외면하는 격이 된다. 또한 자신을 배역 창조 속으로 끌어들이지 않는 배우는 이러한 체험의 껍데기만을 스쳐가는 것이므로 자신의 내면세계에는 아무런 영향도 받을 수 없다. 배우의 내적 정서와 배역이 교감할 때 배우는 자신을 끊임없이 확장해나갈 수 있다.

배우의 내적 정서와 감정은 배역 인물 창조와 밀접한 관계를 맺고 있지만, 그것은 작품이 요구하는 방향으로 선택되고 다듬어져야 한다. 이 말은 등장인물이 배우 자신 속으로 흡수되는 것이 아니라 배우가 인물 속으로 몰입해야 한다는 것이다. 배우가 등장인물을 통해 자신을 투영하는 것은 마치 우리가 다른 사람의 옷을 입는 것과 같다. 심리학자는 감정이입을 하면 다른 사람이 아닌 자신의 느낌이면서도 다른 사람의 입장에서 서 있을 수 있게 된다고 말한다.

배우도 등장인물의 체험을 자신이 해봄으로써 그의 입장에 서게 되며, 이 강한 체험들의 도움을 받아 변신에 성공한다. 감정이입이라는 강신술(降神術)을 통해 '교감의 마력'이 생기고 배우 자신이 등장인물의 실존에 부합하는 특수한 입장이 되는 것이다. 이처럼 등장인물과 교감을 이룰 때에야 배우는 비로소 영매(靈媒) 역할을 할 준비가 되며, 관객들은 배우라는 영매를 통해 등장인물의 정서를 교감하게 된다.

08. 캐릭터 창조

캐릭터(character)라는 말은 작품 속의 등장인물을 가리키거나 그 등장인물의 성격을 가리키는 두 가지 의미로 사용되는 말이다. 배우가 어떤 인물을 연기할 때 그 인물의 캐릭터를 구축하는 것은 연기를 계획하고 실행하는 데 핵심이 된다.

배우가 인물을 연기하는 방식은 크게 두 가지다. 하나는 대본을 읽는 순간 느껴지고 떠오르는 감정과 직관에 따라 연기하는 방식이고, 다른 하나는 연기하기 이전에 배역의 인물에 대한 조사와 연구를 하면서 서서히 극중 인물을 만들어가는 식이다. 직관적인 배우는 대본을 읽어가며 떠오르는 이미지를 자기 몸으로 즉각적으로 표현하려 하는데, 이런 방식은 연극 무대에서는 적용하기 어렵지만 영상 연기에서는 효과적으로 적용할 수 있다. 조사 연구를 바탕으로 하는 배우는 인물을 만들어갈 때 자신의 자료조사와 해석, 작가의 작의, 감독의 요구, 기타 요구들과 조언들을 종합하고 이를 여과(filtering)해 인물을 창조한다. 이런 방식은 연극 무대의 배우에게 어울리며, 시간이 부족한 영상 작업에서는 어려움을 겪을 수 있다. 두 유형이 각각 장단점이 있으니 어느 유형이 옳거나 좋다고 말할 수는 없다. 스타니슬랍스키는 "올바른 연기란 작품과 인물에 대한 해석이 틀림이 없고,

인물/역할 창조가 논리적이며, 연기의 실행에 일관성이 있으며 배역에 맞춰 생각하고, 느끼고, 행동하는 것이다. 이러한 것을 '배역을 생활한다'라고 일컫는 것이다"라고 말했다.

배우가 내면에서 출발하는 방식으로 작업할 것인지, 아니면 외부세계를 내면으로 끌어들이는 방식으로 작업할 것인지에 대해서는 오랫동안 논란이 있어왔으며, 두 방식의 적용은 매체의 발달과도 관련이 있다. 외부세계를 내면으로 끌어들이는 작업 방식은 영국식 연기, 다수의 대학 연극부, 1930~1940년대의 영화배우들에 의해 많이 활용되던 방식이었다. 이런 방식을 따르는 배우는 몸짓, 얼굴 표정, 억양 같은 외형적인 것을 먼저 준비한다. 심지어는 거울 앞에 서서 그것들을 연습하기도 한다. 1970년대 초에 미국배우들은 이런 식의 연기를 '기술적인 연기'라 부르며 약간은 의도적으로 경멸하는 경향이 있었다. 외부세계를 내면으로 끌어들이는 방식은 연기가 몸을 던지고 교류하는 일보다는 외적인 기술에 의존하기 때문에 피상적이고 과장되기 쉽다는 것이다.

내면에서 출발하는 방식은 스타니슬랍스키, 그리고 오래전부터 미국에서 가르치는 대부분의 연기 기법과 관련이 있다. 스타니슬랍스키 본인은 자신의 연기를 새로운 '체계'라고 불렀다. 뉴욕과 로스앤젤레스에서 사람들이 메소드 연기라고 말할 때, 그것은 리 스트라스버그(Lee Strasberg) 식의 연기, 특히 감정기억 기법을 의미한다. 미국의 다른 지역들, 가령 샌프란시스코, 시카고, 그리고 기타 주요 도시에서 사람들이 메소드 연기라 말할 때, 그것은 스타니슬랍스키의 가르침을 추종하는 모든 연기 훈련을 의미한다. 다시 말해서 '내면에서 출발하는 작업 방법'을 선호하는 모든 연기 훈련을 말한다.[15]

또 다른 연기 교육의 대가인 스텔라 애들러는 상상을 강조하고, 마이즈너는 반복연습을 통한 즉각 체험의 가치를 강조하기도 한다. 미국에서 한때 유행했고 아직까지도 추종자가 많은 메소드 연기는 감정 기억을 강조하는데, 스텔라 애들러는 '감정기억법'의 잠재적 문제에 대해 비판적으로 보았다. 그 이유는,[16]

첫째, 이 방법은 일종의 무면허 심리치료 요법이 되어버릴 수 있는 위험성을 내포하고 있다. 감정기억 연습에 사용되는 사건들은 어린 시절에 상처를 받았던 사건일 경우가 많기 때문이다. 학생들은 자신이 감당하기 어려운 감정영역 속으로 떠밀려 들어갈 수 있다.

둘째, 이 방법을 사용할 경우 배우는 자신을 배역에 맞추는 것이 아니라 배역을 자신에게 맞추게 된다. 다시 말해서 배우는 맡은 배역을 대본의 상황에 맞게 만드는 것이 아니라 자신의 비참했던 어린 시절에 맞추게 된다.

셋째, 스트라스버그의 수업 동안 학생들은 눈물, 분노, 또는 두려움을 끌어내는 감정기억 연습을 여러 차례 실시한다. 그 취지는 그렇게 할 경우 그 감정이 학생의 것이 되어 항상 효력을 발휘하리라는 것이다. 하지만 그렇지 않을 수도 있다. 우리는 매일 전날과 조금씩 달라진다. 감정기억법의 사용은 그 자체로 일종의 감정방출이며, 따라서 떠올리는 사건에 결부되어 있는 감정을 변화시킨다.

넷째, 우리는 한꺼번에 두 장소에 있을 수 없다. 상대 배우보다 대체인물에 집중할 경우, 배우는 그 순간에 몰입할 수 없다.

다섯째, 배우가 '일반적인 감정'을 연기하기 쉽다.

배우가 등장인물의 성격을 창조하기 위해서 어느 한 가지 방식만을 사용해야 될 이유는 없다. '내면에서 출발하는 방식' 또는 '감정 기억'을 통한 표현을 강조하는 메소드 연기의 대표적인 배우 가운데 한 사람인 말론 브랜도의 경우도 〈대부〉에서 마피아 두목인 대부의 강인한 성격을 표현하기 위해 양쪽 볼이 튀어나오도록 이물질을 스스로 넣었는데, 이것은 외부세계를 내면으로 끌어들이는 방식에 속한다. 그리고 내면에서 출발하는 방식을 처음 주장했던 스타니슬랍스키도 두 번째 책인 『배우의 성격 구축*Building a Character*』에서는 물리적인 수단 – 분장, 의상, 발성법, 몸짓, 걸음걸이 따위 – 에 의한 성격 구축을 전적으로 다루고 있다.

이렇듯 두 가지 방법은 서로 맞선다기보다는 작품에 따라 배우가 가장 적절한 것을 적용하는 선택지인 것이다. 그뿐 아니라 배우의 연기는 제작 환경에 따라 달라질 수도 있고, 시대에 따라 달라질 수도 있다. 스타니슬랍스키의 연기 이론은 당시 모스크바 국립극장이라는 독특한 배경에서 정립된 이론이며, 스타니슬랍스키의 이론을 이어받은 메소드 연기는 미국적인 환경과 영화와 TV라는 새로운 매체까지 수용하는 이론으로 발전했다.

1930년대에 스타니슬랍스키는 자신의 책 『배우수업』에 관해 블라디미르 소코로프(Vladimir Sokoloff)에게 이렇게 말했다. "소코로프, 자네가 막스 라인하르트(Max Reinhardt)와 미국에 가서 혹시라도 젊은 배우들에게 연기에 대해 조언을 할 기회가 생긴다면, 나의 이론은 전부 잊어버리게. 이 책을 적용하지 말게. 아니, 아예 무시하는 것이 좋아. 미국에서는 모든 것이 여기와는 달라. 교육, 심리, 건강, 지능, 심지어 먹는 것도 다르지. 이 책은 러시아 배우들에게 필요했던 것이지, 미국이라면 상황이 달라. 그들에겐 필요 없는 이론일 뿐이야. 그 사람들이 우리 이론을 받아들이려 한다면, '내가 이것을 느끼는가 아니면 못 느끼는가?'라는 불필요한 자기 관찰을 하게 될 것이네. 그 사람들에게 그냥 이렇게만 말하게. '미국이라는 땅에서 배우는 자유롭다'고 말일세."17)

어떤 형태로든 인간을 정의할 수 있다면 캐릭터를 정의할 수 있다. 배우들은 대본에 등장하는 인물들을 대사와 지문을 통해 분석할 수 있다. 그 인물이 무엇에 대해 생각하는지를 살펴봄으로써 배우는 인물들의 지능 또는 교육적 배경, 사회적 위치, 사상 등을 찾아낼 수 있다. 같은 인물이라도 배우나 감독의 선택과 해석에 따라 그 인물에 대한 분석은 달라질 수 있다. 선택에 제한은 없고, 대본과 반대되지 않는 한 틀린 선택 또한 없다. 캐릭터에 대한 선택과 분석은 배우에게 매우 즐겁고 흥미로운 일이며, 어떠한 선택과 분석이 이루어지느냐에 따라 관객의 흥미도 배가될 수 있다.

캐릭터의 분석은 대본에서 시작한다. 주요 등장인물들의 경우 극작가들은 대개 대본의 앞부분에 인물에 대한 설명을 하고 여러 가지 단서를 제공한다. 예를 들면 **배경**(작품의 배경이 뒷골목이라면 인물은 집 없는 거지일 수도 있다), **장소**(작품의 배경이 특정 지방이라면 그 인물은 그 지방의 사투리를 쓸 가능성이 높다), **시대배경**(20세기 초의 여자와 21세기의 여자는 생각과 외모와 가치판단에서 큰 차이가 있을 것이다), **직업**(인물이 특정한 직업에 종사할 경우 복장이나 언어 사용에서 그런 특징이 드러날 것이다) 등에 따라 인물은 다양한 차이를 보이기 때문에, 대본을 읽으면서 그 인물의 대사나 인물에 대한 설명, 지문을 잘 살펴 기록하고 분석해야 한다.

캐릭터에 대해 자세히 알아내기

배우들은 자신이 연기할 인물에 대해 모든 것을 연구하고 알고 싶어 한다. 많이 알수록 표현의 선택이 정확하고 배우 자신과 관객에게 더 실감을 줄 것이다. 예를 들어 연기할 인물이 개를 좋아한다고 설정한다(보편적 선택)면, 작은 개만 좋아한다(더 정확하게)고 정할 수도 있고, 아니면 흰색 푸들만 좋아한다(세밀한 결정)고 정할 수도 있다. 대개 황당한 듯한 결정이 더 흥미로운 상황을 만들어내는 경우가 많다. 예를 들어 동물을 사랑하는 동물병원 의사가 될 수도 있고, 동물을 싫어하는 동물병원 의사가 될 수도 있다. 두 번째 경우가 훨씬 더 이상하며, 흥미로운 장면을 만들어낼 가능성도 많다.

배우가 캐릭터를 창조하기 위해 자신이 맡은 인물에 대해 생각해볼 수 있는 질문들을 떠올려보자.

- 인물의 이름은? 사람들의 이름은 그 자체로 어떤 의미를 내포하고 있거나 등장인물의 배경을 드러낼 경우가 많으므로 작가는 인물의 이름을 지을 때 여러 가지를 고려하며 짓는다. 이름을 자세히 분석하면 많은 것을 찾아낼 수 있다. 아래 열거하는 내용들도 마찬가지다.
- 인물의 나이는?
- 인물이 잘 생겼나? 예쁜가? 못 생겼나? 첫인상은?
- 인물의 키, 몸무게, 피부색깔 등은 어떤가?
- 남과 잘 어울리는가?
- 애완동물이 있는가? 있다면 어떤 동물인가?
- 어떤 취미가 있는가?
- 결혼했는가? 그리고 관계는 어떤가?
- 홀로 살인을 목격했다면 어떤 반응을 보일까?
- 정신적인 문제가 있는가?
- 어떤 표정을 잘 짓는가?
- 학교에서나 직장에서 똑똑하게 행동하는가?
- 명랑한 성격인가?
- 멀리 여행을 다녀본 경험이 있는가? 있다면 어디인가?
- 어떤 화가를 가장 좋아하고 그 이유는?

- 음악을 좋아하는가? 구체적으로 어떤 음악을 좋아하는가?
- 술을 많이 마시는가? 특이한 술버릇은 없는가?
- 집에서 혼자 있다면 어떤 모습일까?
- 종교를 가지고 있는가?
- 어떠한 사람들과 자주 자리를 함께 하는가?
- 전쟁에 대해 어떻게 생각하는가?
- 조금이나마 악기를 다루거나 곡을 쓰는가?
- 비싼 물건을 주로 살까? 싼 물건을 주로 살까?
- 어떤 색깔의 옷을 주로 입나?
- 공휴일에 대해 어떻게 생각하고 크리스마스나 다른 명절에는 어떻게 보내나?
- 무엇이 그 인물을 웃게 하나?
- 자신감이 있나?
- 칠칠맞지 못한가?
- 자랑하기를 좋아하나?
- 정치에 관여하나? 투표를 한다면, 보수적인가 진보적인가?
- 어떤 연령층의 사람들과 어울리나?
- 말을 잘하나? 못하나?
- 거지나 노숙자 같은 사람이 다가오면 어떤 반응을 보일까?
- 어떤 집에 사나? 아파트인가 단독주택인가? 세입자인가 주인인가?
- 어떤 잡지나 책을 읽는가?
- 굉장한 불이 나거나 태풍이 불면 어떤 반응을 보일까?
- 가장 좋아하는 텔레비전 프로그램이나 영화는?
- 혼자 사는가?
- 어떤 가구들을 가지고 있나?
- 동물을 좋아하나?

- 교육적 배경은? 어느 지역의 학교를 다녔는가?
- 부끄러움을 잘 타나? 어떤 일을 부끄러워하는가?
- 가장 좋아하는 계절은?
- 미신을 믿는가?
- 어떤 때 우는가?
- 태평한 성격인가?
- 자유롭게 자기 자신을 표현하는가?
- 복권에 당첨되면 어떤 반응을 보일까?
- 취미는 무엇이고 좋아하는 스포츠는 무엇인가?
- 담배를 피우는가?
- 뱀, 거미, 도마뱀, 바퀴벌레를 좋아하나?
- 5년 전의 모습은?
- 다른 사람들을 좋아하나?
- 어떤 날씨를 좋아하나? 그 이유는?
- 무인도에 남게 되면 어떻게 하고 무엇을 하면서 시간을 보낼까?
- 외출하면 무엇을 하고, 나이트클럽, 바, 노래방 중 어디를 갈까?
- 집에 컴퓨터가 있는가? 인터넷, 채팅, 게임을 하나? 어떤 게임을 좋아하나?

등장인물의 성격이나 극중에서의 비중에 따라 위에 언급한 항목을 모두 질문할 필요가 없거나 할 수 없는 경우도 많을 것이다. 그러나 자기가 맡은 인물에 대해 최대한 많은 질문을 던져본다면 인물을 만들어내는 데 도움이 될 만한 근거 자료를 더 많이 확보할 수 있다. 위의 질문들에 대한 답은 대본에 명기되어 있는 경우도 있지만, 대개의 경우는 배우가 대본을 읽어가며 상상해서 답을 만들어내야 한다. 그렇기 때문에 배우들은 이러한 과정을 놀이처럼 즐기며 인물 창조에 활용해야 한다. 그러나 빈약한 근거를 가지고 지나친 상상을 하는 것은 위험하다. 인물의 성격을 억지로 만들려고 하지 말고 대본을 꼼꼼히 읽으며 다른 배역과의 관계 등을 충분히 검토하는 것이 먼저라는 것을 잊으면 안 된다.

캐릭터의 행동에 이유 붙이기

배역 인물을 만들어내는 준비 작업은 실생활에서 경험하는 것들과 같은 자연의 기본 법칙에 육체적으로나 정신적으로 영향을 받지 않을 수 없다. 실생활에서 느끼는 감정은 그 직전에 생긴 사건이나 행동의 결과다. 감정 자체에 의한 결과는 아닌 것이다. 예컨대 화상을 입은 아픔을 느낀다고 하자. 그 아픔은 화상의 결과지 아픔 자체의 결과는 아니다. 연기를 할 때 만들어내야 하는 것은 그 전에 일어난 상황의 결과다.

무대나 카메라 앞에서 동작을 할 때는 어떠한 단순한 움직임이라도 분명한 목적이 없어서는 안 된다. 동작 하나하나에 모두 (등장인물이 의도한 것이든 아니든) 목적이 있어야 하고, 배우는 그 합리적인 이유에 충실히 따라 움직여야 한다. 여기서 중요한 것은 그 이유가 배우의 육체와 정신에 사실적인 것으로, 마치 일어날 일이 당연히 일어났듯이 정당화되어야만 한다는 점이다. 그러한 이유가 배우의 동기(motivation)다. 등장인물의 행동에 이유를 달아 연기하는 것을 잘 습득해야만 설득력 있고 생생한 연기를 할 수 있다.

의자에 앉는 경우를 예로 들어보자. 무대나 카메라 앞에서 의자에 앉아 있는 배우들이 실제 의자에 앉아 있는 사람들과 비교할 때 사실적인 모습과 행동을 하고 있는가? 어떻게 해야 공원 의자에 앉아 있는 사람들의 편안하고 자연스러운 모습이나 퇴근길 지하철역에 앉아 있는 지친 사람들의 모습이 배우에게서 느껴질 수 있을까? 실생활에서 우리가 의자에 앉는 이유는 지친 다리를 쉬려고, 텔레비전을 보려고, 책을 읽으려고, 식사를 하려고, 편지를 쓰려고 …… 등 수없이 많다. 다시 말해, 실생활에서 나오는 자연스러운 행동은 여러 가지 이유가 있기 때문에 진실성이 있는 것이다. 연기도 그러해야 한다. 이때 놓치지 말아야 할 점은, 일상생활에서는 감정의 반응을 미리 준비하는 경우는 없다는 것이다. 그렇기 때문에 등장인물의 행동을 미리 예측하지 말고 결과가 실생활과 비슷하게 만들어지는 연기의 방법을 연습하는 것이 필요하다.

'대본에 의자에 앉아 있다고 지시되어 있을 뿐이고, 감독도 동작이나 정서적 느낌, 연기의 방법 등 어느 하나도 말해주지 않습니다'라고 말하는 배우가 있을지도 모르겠다. 그렇다고 해도 의자에 앉는다는 것 자체에 이유를 찾고 의미를 부여하는 것은 배우 자신이 할 일이다. 이 '이유 붙이기'는 개연성이 있어야 하는데, 이것이 얼마나 설득력을 갖는지는 배우의 지성, 상상력, 자기 인식에 의해 결정된다. '감독이 그렇게 하라고 해서 의자에 앉습니다'라고 말한다면 그 배우는 전혀 준비 작업을 하지 않은 엉터리일 것이다.

실제 상황의 진실을 활용한다

배우가 연기를 시작했을 때 자신의 진실한 감정이 미리 설정한 수준보다 더 크게 일어날 경우는 그 당시에 솟구쳐 오르는 감정을 그대로 사용하는 것이 대개의 경우 좋은 결과를 낸다. 지금 연기하고 있는 인물에 빠져들도록 자신을 망설임 없이 놓아줘 자기 자신의 감정과 감동의 진실성을 통해 작가의 말을 이야기해야 한다. 결코 그것을 억압해서는 안 된다. 만약 억압할 경우 배우 자신의 집중력이 흩어지고 에너지가 떨어지는 결과가 생긴다. 단, 자기 감정을 걸러주지 않고 그대로 바깥에 드러내버린 경우, 그 결과는 연습 중 염두에 두었던 결과, 또는 이전의 결과와 같지 않을 수 있다. 그러나 그 편이 대사에 확신과 분명한 이미지를 담을 수 있으므로 더 진실한 연기이다. 아마 극중 인물은 그만큼 '실감'을 표현할 필요가 없을지도 모르지만, 억압적이고 집중력이 없는 허위적인 연기보다는 훨씬 믿을 만하다. 감정의 표현이 지나쳐 과장된 연기(over act)가 되지만 않는다면 말이다.

만약 감정변화가 별로 없는 인물 역을 맡고 있는 배우가 개인적인 이유로 감정이 억눌린 상태로 그 감정을 그대로 사용한다면, 관객은 곧바로 그 인물을 억누르고 있는 원인이 무엇인가 하고 호기심과 관심을 가지게 되어 집중력이 흐트러지게 된다. 게다가 관객은 그 감정을 대본에 있는 대사와 직접 연관해 이해하려고 할 수도 있다. 배우가 매우 유쾌한 기분으로 자기 실생활에서의 흥분된 감정을 작가가 써놓은 대사에 직접 결합시켰다고 하면 인물의 밝은 '실감(實感)'이 생생하게 나타날 것이다.

"연극에서는 매 공연마다 연기가 바뀌어서는 안 된다"고 생각하는 사람들도 있지만, 그것은 실생활에서 감정이나 기분, 내적 정신이 바뀌는 일이 있어서는 절대 안 된다고 말하는 것처럼 불가능한 일을 요구하는 것이다. 배우가 성격 표현을 할 때 자신의 진실한 감정과 기분을 연기에 적용하면 준비 작업에 많은 노력을 기울인 경우보다 배역과 더욱 일치되는 때가 있다는 것을 증명하는 사례를 하나 들어보자.

말론 브랜도가 출연한 유명한 영화 〈워터프론트〉의 마지막 장면은 많은 사람들이 명장면으로 꼽는 장면 중 하나다. 유니온 멤버들에게 폭행을 당해 초주검이 된 말론 브랜도가 비틀거리며 제 발로 방관자들인 동료 노동자들에게 걸어가는 장면은 많은 사람들에게 감동을 주었다. 이 장면의 연기에서 말론 브랜도가 성격을 만들어낸 방법과 과정을 궁금해 하는 사람들이 많았다. 말론 브랜도의 대답은 다음과 같았다.

뉴저지 한 항구의 부둣가에서 진행된 이 장면을 촬영하던 날은 찬비가 내리고 바람이 부는 날로 해가 지기 직전까지 촬영을 진행하기 어려운 날씨였고, 비를 피할 곳도 마땅치 않아 모든 배우들과 스태프들은 피곤하고 지쳐 있고 짜증이 극도에 달한 상태였다. 열두 시간을 기다린 브랜도는 주인공의 인내와 고통을 표현하는 데 그날 자신이 촬영장에서 느낀 감정을 전부 쏟아부었다. 그 상황에서 자신의 진정한 감정을 감춘다는 것은 불가능하다고 느꼈고, 이 감정이 배역 인물의 생각과 일치한다고 판단했기 때문에 그 진실한 감정을 그대로 사용했다는 것이다. 그의 판단이 옳았다.

단역의 캐릭터 만들기

요즘은 과거에 비해 여러 종류의 텔레비전 드라마나 영화가 만들어지기 때문에 젊은 배우들은 단역을 맡을 기회가 많이 생긴다. 그런데 자기가 맡은 역이 주연이 아니면 전력을 기울일 필요가 없다는 생각을 가지고 작업에 임하는 배우들을 가끔 볼 수 있다. 물론 단역의 경우 대개 타입캐스팅(type casting)으로 결정되고, 감독이 단역에게 복잡하고 많은 연기를 요구하는 경우가 드물기는 하다. 하지만, 시작하는 배우가 처음부터 주연을 맡을 기회는 흔치 않으며, 단역에서 좋은 연기를 하게 되면 더 큰 기회를 잡을 수 있는 계기가 된다.

예를 들어 여러 명의 단역이 화면에 동시에 등장할 때 자신이 맡은 배역을 충실히 연구해 다른 배우들이 생각지 못한 독특한 동작이나 맛깔 나는 억양이나 표정, 카메라의 움직임과 절묘하게 맞아떨어지는 연기를 만들어냈다고 하자. 이 배우의 연기는 그 장면에서 활기를 주는 요소로 작용할 수 있으며, 배우는 감독의 눈에 띄고 기억에 남아 다음번에는 더 중요한 배역에 캐스팅될 기회를 얻을 수 있다. 아무리 하찮은 역일지라도 노력하는 만큼 언젠가는 보상이 있게 마련이니 최선을 다하는 것이 중요하다. 그러나 작품의 흐름과 맞지 않는 이상한 동작이나 어울리지 않는 대사 처리는 NG가 되어 편집에서 잘려나가게 될 것이라는 점도 잊지 말아야 한다.

배우의 행동

참으로 많은 일들이 우리의 인생이나 무대, 스크린 위에서 일어나고 있다. 그러나 그 모든 것들이 의도적으로 행해지는 필연적 행위는 아니다. 이러한 비의도적 행위를 무의식적 또는 자연발생적 반응에서 형성되는 행위라고 한다. 작품 속의 성격에서도 그와 유사한 반응이 많이 나타난다.

인물을 창조할 때 성격 또는 신체적 특징에서 자연발생적으로 일어날 수 있는 것들이 무엇인지를 빨리 찾아내 결정하는 것이 주어진 배역에 접근하는 데 도움이 되는 경우가 많다. 이런 것들은 배우 자신이 스스로 해야 하는 인물묘사 방법이다. 극중 인물의 성격 속에 습관적 행위를 만들어내는 것은 배우에게 주어진 임무 중 하나다. 인물묘사에서 배역의 성격을 발전시킨다는 것은 주어진 작품의 현실

내에서 새로운 습관을 만들어내는 데 있다고 말해도 과언은 아니다. 그래서 배우는 극중 인물을 만들어내는 데 필요한 일이라면 무엇이든 찾아내어 그것을 행동에 옮기도록 해야 한다.

대본에 인쇄되어 있는 인물은 생명이 없다. 그는 윤곽뿐이며 채워지기 위한 빈 그릇에 비할 수 있다. 극작가의 일은 이 그릇의 외적인 조건들을 설정해주는 것이고, 그릇을 채워 내적 생명의 불을 댕기는 것은 배우의 몫이다. 그러므로 배우는 작가가 제공한 재료를 분석하고 반응해 에너지를 불어넣어야 한다. 이 과정은 상호관계를 맺고 있는 외면과 내면의 대화이며, 대본은 이 과정을 이끌어주는 지표가 된다.

체득과 치환(置換)에 대하여

자기의 생활에서 극의 행위나 중심이 되는 주제와 닮은 사건, 공통된 사실, 또는 남의 것이 아닌 욕망을 찾아냈을 때, 배우는 작가가 쓴 상황을 집중력을 사용해 자신의 생생한 상황으로 바꿔놓아야 한다. 왜냐하면 그 상황이나 등장인물의 욕망이 자신에 대한 다른 이야기가 아니라면 배우는 그 역에 관한 표면적인 해석 이상의 것을 표현할 수 없기 때문이다. 배우에게 체득이란 말은 감성이나 의식의 어떤 것을 내 것으로 만든다는 의미로, 체득을 사용하면 경험을 바탕으로 하지 않은 상상력만을 사용할 때보다 더 진실한 느낌을 얻을 수 있다.

'체득'이 극중 인물이나 사건 또는 상황의 이해와 감정을 구체화하는 것임에 비해 '치환'은 물리적인 것과 더 밀접히 관련된다. 치환이 '오감의 기억'에 의존하며 체득은 전혀 그렇지 않은데도 이 둘 사이에는 밀접한 관계가 있는 것이 확실하다.

배우가 어떻게 해서 '체득'과 '치환'을 결부시키고 있는지는 예를 통해 쉽게 이해할 수 있다. 만약 대상이 배우에게 지극히 가까운 개인적인 의미를 가진다면, 그 개인적 성질 때문에 '치환'은 더욱 간단해진다. 특히 러브신에서 상대역이 평소 좋아하지 않는 여배우일 경우 그 배우의 얼굴 대신 더 친숙하고 친근한 누군가의 다른 얼굴을 바꿔놓으면 좋다. 이것은 작품 속 인물이 아닌 다른 사람에게는 이상한 일일지도 모르겠다. 그러나 상대 배우가 작품 속의 인간에게 필요한 요소들 중 어느 하나도 표현해주지 않을 경우가 종종 있다. 이럴 때 상대를 실생활에서 친분이 있는 다른 사람과 바꿔놓는 것으로 문제는 해결된다. 그 친한 사람이 대본의 인물과 닮지 않아도 관계는 없다.

09. 절대목표

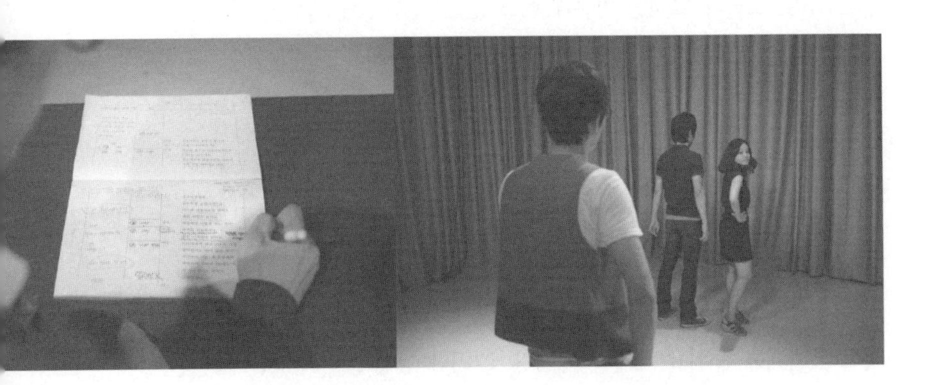

작품에 등장하는 인물들은 모두 작품의 시작부터 끝까지 그 인물이 추구하는 목표를 가지고 있다. 처음부터 끝까지 일관되게 추구하는 목표가 있고, 그 목표를 추구하고 이루기 위해 각 단위별로 설정되는 목표도 있게 마련이다. 전체 작품을 통해 일관되게 추구하는 등장인물의 목표를 우리는 절대목표(혹은 초목표)라고 부른다.

절대목표란 작품의 주제와는 다른 것으로, 등장인물이 작품 전체를 통해 추구하는 목표, 그 인물의 삶을 움직이는 주된 힘이다. 모든 등장인물들, 아니면 적어도 주인공의 절대목표는 대본의 중심 주제, 또는 하위 주제들과 어떻게든 연관될 것이다. 하지만 직접적인 방법으로 나타나지 않는 경우도 있다.

배우들이 대본을 분석할 때 자신이 연기할 배역 인물의 절대목표를 정확하게 찾아내면 배역 인물을 연기하는 데 필요한 해결책을 찾을 것이다. 정확한 절대목표를 가지고 인물의 내적 성격 분석과 외적 행동을 참조할 수 있기 때문이다.

예를 들어 영화 〈대부〉에서 알 파치노가 연기한 마이클 꼴레오네 역을 생각해보자. 여러분은 마이클의 절대목표를 무엇이라고 생각하는가? 일반적으로 '마피아 세계의 권력 장악과 지배', '가족에 대한 헌신' 또는 '아버지의 피격에 대해 복수하는 것'이라고 생각할 수도 있다. 그러나 그것들 가운데 어느 것도 작품 전체 속에서 마이클의 행동을 모두 설명할 수는 없다. 마이클의 절대목표는 '아버지를 기쁘게 해주는 것'이라고 정의할 수 있다. 그 이유는 영화 속에서 마이클의 모든 행동들은 아버지를 기쁘게 해주는 것과 직접적인 연관 관계를 갖고 있기 때문이다. 마이클은 영화의 시작 부분에서 변호사가 됨으로써 아버지를 기쁘게 해주려 했다. 삼형제 중 마이클만이 미국식 이름을 가지고 있으며, 그가 미국 사회의 주류로 편입되는 것이 아버지를 즐겁게 해주는 것이다. 그러나 형인 소니가 죽고 나서 마이클은 아버지의 사업을 이어받는다. 이러한 상황이 마이클의 인생을 크게 바꾸어놓지만, 그 또한 아버지를 기쁘게 할 수 있는 방법이다. 아버지가 죽은 후에도 마이클은 마피아 세계의 권력을 장악함으로써 아버지를 기쁘게 해주고 있다. 마이클의 모든 행동은 아버지를 기쁘게 해주는 것으로 직접 연결되는 것이다. 또 다른 예를 하나 들어보자. 〈네 번의 결혼식과 한 번의 장례식〉에서 휴 그랜트가 연기하는 배역 인물의 절대목표는 장애인 동생을 돌보는 것이라고 볼 수 있다. 여러 여자들과 교제를 하지만 결혼은 동생이 원하는 여자와 하는 것은 주인공이 동생과 함께 할 수 있는 삶을 선택한 것으로 볼 수 있기 때문이다.

배우는 절대목표를 스스로 찾아내야 한다. 만약에 어떠한 이유로 그것이 누군가 타인으로부터 부여된다면, 배우는 자신의 정서가 그 절대목표를 따라 움직이게 될 때까지 그것을 자신의 의지로 걸러내고 받아들여야 한다. 절대목표는 대본 밖에서 찾을 수 없다. 배우는 먼저 대본 속에서 작은 것이라도 인물의 존재와 분위기를 느끼고, 그 다음에 그 감정을 자신이 이미 준비한 내부의 상태로 주입시켜야 한다. 마치 효모가 발효하듯이 작품 속 생활의 느낌이 배우의 창작력을 끓어오르게 할 것이다.

작품에는 절대목표뿐 아니라 작품의 각 부분에 작은 목표들이 있고, 그 작은 목표들이 하나의 흐름을 형성하며, 그 흐름이 인물이 절대목표를 수행할 수 있도록 집중되어야 한다. 이 절대목표로 향하는 기세는 작품 전체를 꿰뚫고 끊임없이 지속되어야 한다. 그 기세가 일부러 꾸민 것 같거나 피상적이라면, 그것은 작품에 대체적인 방향밖에 부여하지 못한다. 만약에 이 흐름이 인간적이고 작품의 근본적인 목적을 달성하는 방향과 맞는다면, 그것은 작품에서 대동맥과 같은 역할을 해 작품과 배우 모두에게 강력한 생명력을 불어넣을 것이다.

작품이 훌륭하면 할수록 그 절대목표가 끌어당기는 힘도 커지지만, 훌륭한 작품이 갖추어야 할 요소들이 결여되어 있다면 그 힘은 약해질 것이다. 절대목표는 연기하는 동안 배우의 마음에 확고히 정착되어 있어야 한다. 그것은 작품에 생명을 불어넣는 것이 되며, 그것은 또한 배우의 예술적 창조의 근원이 되기도 하다.

배우를 작품의 시작에서 끝까지 끌고 가는 내적인 노력을 연속성(continuity) 또는 관통행동(貫通行動)이라고 부른다. 이 관통행동의 선이 작품의 온갖 작은 단위와 목표에 전류를 보내서 그것들을 절대목표로 향해 가도록 하는 것이다. 그것들은 모두 우리가 성취하고자 하는 목적에 기여하는 것이므로 배우들은 절대목표와 행동의 관통선을 잃지 않도록 해야 한다.

절대목표를 향해 달려가는 모든 작용들은 반작용에 마주치고, 반작용이 이번엔 작용을 강화한다. 모든 작품에는 주된 행동과 대립하는 반대 행동이 있다. 이런 작용과 반작용의 변증법적인 결과로 불가피하게 더 많은 행동이 나오기 때문에 작품은 풍성해진다. 그러한 목적의 충돌과 거기에서 불거지는 해결해야 할 모든 문제들이 배우가 작품을 풀어나가는 데 필요한 것들이다. 그리고 더 나아가 이러한 것들이 예술의 기초를 이루는 역동성을 불러일으킨다.

등장인물의 내적 성격을 일깨우는 데 필요한 절대목표를 찾아내기 위해 몇 가지 질문과 대답을 해보자.

첫째, 작가의 관점에서 본다면 올바르지 않겠지만 배우에게는 매력적인 절대목표를 사용할 수 있는 것일까? 아니다. 그것은 쓸모없는 일일 뿐 아니라 위험하기도 하다. 배역의 인물을 작품에서 분리시키는 일이기 때문이다.

둘째, 배우는 단순히 지적인 절대목표를 사용할 수 있는 것일까? 아니다. 순수 이성의 무미건조한 산물은 사용할 수 없는 것이다. 흥미로운 창조적 사고에서 나오는 의식적인 절대목표가 필요하다.

셋째, 정서적인 목표는 어떨까? 그것은 공기나 햇빛처럼 우리에게 절대로 필요한 것이다.

넷째, 배우의 주의 전체를 끌어들이고 배우의 진실한 감각이나 신뢰나 배우 내부의 모든 요소를 만족시키는 창조적 상상력에 호소하는 절대목표에 대해서는 어떻게 할 것인가? 배우의 내적 원동력을 활동시키는 그러한 목표들은 예술가로서의 배우에게는 음식과 음료가 되는 것이다. 그래서 우리가 필요로 하는 것은 극작가의 의도와 조화되고 동시에 배우의 영혼에 감응을 일으키는 절대목표다. 즉 우리는 그것을 단순히 대본뿐 아니라 배우 자신 속에서도 찾지 않으면 안 된다.

스타니슬랍스키는 『배우수업』에서 목표에 대해 다음과 같이 정리했다.

- 그것은 무대 안쪽에 있어야 한다. 그리고 다른 배우에게로 향해 있어야 하며 관객 쪽을 향해서는 안 된다.
- 그것은 자기 것이어야 하며, 더욱이 자기가 표현하려는 인물의

목표와 비슷해야 한다.

- 그 기능은 배우 예술의 주요 목적, 즉 인간의 정신생활을 창조하며 이것을 예술적인 형식으로 표현한다는 데 중점을 두어야 하기 때문에 창조적이며 예술적이어야 한다.
- 그것은 생생하게 살아 있어야 하며 인간적이어야 한다. 죽어 있거나 흔히 있는 것이거나 과장된 것이어서는 안 된다.
- 그것은 배역 인물을 연기하는 배우 자신이나 상대 배우와 관객들이 그것을 믿을 수 있도록 진실해야 한다.
- 그것은 배우를 끌어당기고, 움직이게 할 수 있는 성질을 가져야 한다.
- 그것은 분명할뿐더러 배우가 연기하고 있는 배역에 알맞은 것이어야 한다. 그리고 조금이라도 애매해서는 안 된다. 또한 역의 구조 속에 정연하게 짜여 있어야 한다.
- 그것은 배역의 내적 실체에 대응할 만한 가치와 내용을 지니고 있어야 한다. 천박하거나 피상적이어서는 안 된다.
- 그것은 배역을 전진시키며, 그것을 정체시키지 않도록 능동적이어야 한다. 기계적인 연극으로 이끄는 모터와 같은 위험한 형태의 목표에 대해서는 경계하라. 목표에는 세 가지 유형이 있다. 외적 또는 신체적인 유형과 내적 또는 심리적인 유형, 그리고 불완전 심리적인 유형이다.

10. 듣기와 교감

과거의 사람들은 영웅이나 연설가의 연설을 수동적으로 듣는 것을 좋아하기도 했으나 요즘 사람들은 일방적 연설을 듣기보다는 대화를 통한 교류와 교감을 좋아한다. 이것은 연기의 영역에서도 다르지 않다. 감독과 의사소통을 하거나 상대 배우와 대사를 주고받는 경우뿐 아니라 대사나 동작을 통해 관객과 교감하는 데에서도 말하는 것보다 듣는 것이 중요하게 강조되는 것이다.

연극은 무대장치 이외의 장면들을 보여줄 수가 없으므로 이것들을 대사에 담아내야 한다. 게다가 사람들의 여러 가지 행동, 인물의 배경, 기타 무대장치 이외의 공간 묘사 등을 언어로 표현해야 하기 때문에 대사의 양은 많아질 수밖에 없고, 배우가 표현하기 어려운 상황들도 많다. 한편 영상작품에서는 쉽게 그러한 행위와 모습을 다양하고 자세하게 보여줄 수 있으므로 대사의 양이 줄어들 수 있고, 군더더기 없고 평이한 일상적 표현이 가능하다. 그래서 배우들의 대사 부담이 줄어들게 되어 상대적으로 '듣기'의 중요성도 줄어들 것이라고 판단하기 쉽지만, 전혀 그렇지 않다. 영상이 정보와 상황은 쉽게 보여줄 수 있지만, 드라마를 끌고 가는 힘은 배우들의 교감을 통한 에너지가 제대로 작용할 때 훨씬 커지기 때문이다.

듣기, 느끼기

듣기, 즉 청각은 인간의 오감 중에서 시각 다음으로 정교한 감각이다. 늘 열려 있는 귀를 통해 우리는 끊임없이 다양한 소리를 듣는다. 소리를 듣는 이 행위로 우리는 정보를 얻기도 하고, 음악을 감상할 때처럼 그 자체로 즐거움을 느낄 수도 있고, 다른 무엇을 판단하는 수단으로 쓰거나 감상적 자극을 얻기도 한다.

배우에게 듣기란 단순하게 소리를 듣는 것에서 머무르지 않는다. 작품 속의 소리들을 예민하게 듣고 반응하는 것이 중요하다. 일상생활에서도 그렇지만, 연기를 할 때 배우들은 상대방이 내 말을 잘 들어줄 때 편안함을 느끼며, 내 말에 상대가 적절한 반응을 해줄 때 교감을 느끼게 된다. 연기에서 듣는 행위는 모든 감각에 대한 경청(listening)을 의미한다. 경청한다는 것은 단순히 듣는 것(hear)과 보는 것 외에 모든 감각의 반응을 포함한다. 여기서 더욱 중요한 것은, 이 감각에 대한 경청이 직관적 · 정서적으로 인지하는 것과 과거에 인지했던 것, 그리고 경험했던 것까지를 포함한다는 점이다.

우리의 지적 · 감각적인 기관에 이해되고 강조되는 대사의 의미는 우리가 들었던 단어의 의미, 보았던 순간 등의 그 어떠한 것이다. 다시 말해서 우리는 누군가의 말을 들으면 그 단어의 뜻(내용)과 함께 억양도 듣게 된다. 그럼으로써 그 사람이 말한 진의를 파악하게 되는 것이다. 우리는 두통과 치통도 '들으며' 뜨거움과 차가움도 '듣는다'. 다른 배우들의 느낌과 분위기, 다른 사람의 냄새도 '들으며', 걸음걸이, 앉는 모습, 그리고 자기 자신의 생각도 '듣는다'. 진실로 들을 수 있을 때, 우리가 '듣는' 어떤 것이든 느낄 수 있으며, 우리가 '듣는' 모든 것은 우리에게 일정한 영향을 미친다. 그러므로 '듣는 것'은 곧 '감지하는 것(sensing)'이며 또한 지각(perceiving)하는 것이 된다.

배우가 실제 그러한 과정에서 충실한 믿음이 수반된 듣기 상태로 자신을 몰입시키기란 쉬운 일이 아니다. 배우들은 다음에 할 대사나 다음에 취할 '비즈니스(어떤 의도를 담고 있는 몸짓 = 더워서 땀을 닦는다든지, 미안해서 손을 비비는 등)'에 대해서 앞당겨 염려하는 경향이 있는데, 그 결과 다른 배우들과 상황을 만들어내거나 교감하는 데 제한을 받는다. 그런 식의 연기 진행은 상당히 위험한 것이 아닐 수 없다.

듣는 사람은 듣는 과정을 통해 발전된 느낌의 결과를 육화(움직이거나 만지는)시키고 싶은 충동을 빈번하게 느끼게 되고, 그러한 충동들은 곧 '다른 배우의 행위를 잘 들을(listening)' 경우도 마찬가지로 발전될 수 있다는 사실을 깨닫게 해주는데, 이것이야말로 중요한 깨달음인 것이다. 이것이 배우의 작업 중에서 가장 중요한 부분 중 하나다(동시에 가장 소홀할 수 있는 부분이기도 하다). 그러므로 배우가 어떤 대본 속에서 찾을 수 있는 실질적인 자극의 가장 근본적 원천 중 하나는 함께 연기하는 다른 배역 인물이다. 배우는 자신 속의 많은 자극에도 반응하게 마련이다. 결국, 장면 중에 최상의 것은 보통 장면 속에서 배우들 간에 주고받는 풍부하고 충실하며 상상력 넘치는, 그 무엇보다도 충실한 듣기에 의해서 나올 수 있는 것이다.

배우들은 누구나 자신이 대사를 잊어버리는 데 대한 공포를 가지고 있다. 그런데 대사를 기억하거나 말하는 과정에 신경을 곤두세우다 보면, 배우는 자칫 장면 속에서 진행되는 상황들로부터 마음을 빼앗길 수 있고, 진행되는 상황의 모든 것을 듣지 못하게 될 수 있다. 영화나 텔레비전 연기에서 다행스러운 점은 만약 연기가 잘못되었을 경우 다시 찍을 수 있다는 것이다. 한 장면을 다시 찍는다는 것은 (단순한 것을 여러 번 찍는다는 뜻이 아닌 한) 지긋지긋한 일이 아니다. 그리고 영상 연기에서 '듣기'란 연극에서의 그것보다 훨씬 중요하다. 왜냐하면 영상에서는 종종 배우가 말하는 모습보다는 듣고 있는 모습을 클로즈업(close up)해 보여주는 경우가 많기 때문이다. 텔레비전 드라마나 영화에서, 전혀 대사가 없을 때 다른 배우들의 대사를 '들으며' 자신과 상대 배우들을 포함한 모든 환경의 영향을 예민하고 섬세하게 받아들이는 배우의 연기가 진정으로 훌륭한 연기다. 실제로 배우가 듣는 데 능숙한 사람이라면 편집자의 주목을 끌 테고, 이 배우의 듣는 모습은 편집에 포함될 것이다. 더 말할 필요가 있을까?

우리는 주변에서 특별히 관심을 기울이던 누군가가 고통이나 절망 혹은 비탄에 잠겨 있으면서도 "괜찮아"라고 말하는 경우를 수없이 듣게 된다. 그럴 경우, 우리가 들은 말과 그 사람이 처한 상황이 정반대이기 때문에 우리는 더욱 슬픔을 느끼게 되고 가슴 속에서부터 눈물이 샘솟듯 솟는 것이 아닐까? 그렇다면, 우리는 누군가가 뱉어내는 말들을 어떻게 믿을 수가 있다는 얘기인가? 결국 연극이나 영화, 텔레비전 드라마 속에서 가장 중요한 것이 누군가에 의해서 입으로 말해지는 대사 자체라는 생각은 잘못된 것이다. 가장 중요한 것은 그 대사에 담겨 있는 **그 무엇**이다. 즉 '그 대사를 나오게끔 만들었던 **그 무엇**'인 것이다.

대사에 포함되어 있는 어떤 **암시**(subtext)야말로 배우가 모든 감각을 동원해서 들어야 하는 것으로, 가장 중요한 것이다. 배우가 모든 감각을 통해서 들을 때야말로 그 말의 진정한 의미를 알 수 있으며 그 말을 어떻게 받아들여야 할지를 알 수 있다. 예를 들어 상대 배우가 "문을 닫아주세요"라고 말했다면, 이 말은 '실내가 추우니 문을 닫아라', '바깥의 소음을 차단해라', '문을 닫고 비밀 얘기를 시작합시다', '보기 싫으니 문 닫고 나가라' 등 여러 가지 뜻으로 해석이 가능하다. 모든 감각을 동원해서 들어야만 대사 뒤에 숨어 있는 의미를 정확히 알아낼 수 있으며, 그래야만 정확한 반응과 연기를 할 수 있다.

배우들은 반응(reaction)하기에 앞서 자신들에게 와서 닿는 자극을 흡수할 시간을 가져야 한다. 그것은 다른 배우가 대사를 마치는 순간에 다음 대사로 바로 넘어가서는 안 된다는 것을 의미하고, 속도감 있게 빨리 넘어가려고 큐(cue)를 받아서는 안 된다는 것을 의미한다. 자극과 반응 사이에는 어떤 다리가 존재한다. 배우는 자극을 듣고 받아들여 그것이 자신에게 영향을 미치게 한 다음 반응을 표현하도록 해야만 한다. 다시 말해 그 다리를 건너는 데는 시간이 걸린다는 뜻이다. 그 시간은 환경에 따라서 즉각적이거나 꽤 오래 걸리거나 할 수 있겠지만, 그러한 자극은 실제 생활에서처럼 반응을 보이기 전에 처리되어야 한다.

이것은 분명한 일이면서도 빈번히 무시되어왔다. 큰 인기를 얻은 텔레비전 연속물의 프로듀서이자 감독인 사람이 '신인 배우들의 큰 문제가 바로 자신의 시간을 갖는 것을 두려워하는 점'이라고 지적했다. 그것은 아마도 배우들이 배우는 과정에서 감독이 너무 자주 "큐를 놓치지 말아"라는 말을 하기 때문이며, 그때 발생하는 진정한 문제는 바로 배우가 진실로 듣고 있지 않는다는 것이 아닐까?

"내가 신인 배우라고 생각하던 시절, 누군가가 연기를 의식하지 말고 연기하라고 말했다. 보여주려고 하지 말고, 잘 보이려고 하지 말고, 재미있게 하려고 하지 말고, 단지 등장인물 자체가 되라고 말이다. 그리고 상대 배우들이 말하고 있을 때 그들에게 귀를 기울이라고 말했다. 아마도 그것은 내가 여태껏 깨우친 가장 소중한 교훈이었을 것이다"라고 데니스 프란츠(Dennis Franz)는 말했다.

배우들 중에서 듣는 모습 또는 듣는 연기가 뛰어난 배우들을 볼 때 관객들도 그에게서 많은 정서적 교감을 느끼며 그 인물이 다른 인물과 교감하는 것을 느낄 수 있다. 〈쇼생크 탈출〉, 〈밀리언 달러 베이비〉, 〈배트맨〉 시리즈 등에서 좋은 연기를 보여줬던 모건 프리먼은 "내 연기의 재능은 바로 듣는 재능이라고 생각한다"라고 말했다. 프리먼이 출연한 영화에서 그의 연기 특징은 듣는 모습이 많다는 것이다. 그가 그윽한 표정으로 상대방의 대사를 듣는 모습을 보면 상대역의 모든 것을 받아들이고 흡수하는 것처럼 보인다.

배우가 어떤 순간에 집중하고 몰입하기 위해 가장 강력하고도 손쉽게 사용할 수 있는 수단은 장면에 같이 나오는 다른 배우일 것이다. 배우는 장면 중에 다른 배우(들)의 말을 들음으로써 자신이 해야 할 일을 찾고 집중 대상을 얻게 된다. 듣기는 배우가 순간에 몰입하기 위해 활용할 수 있는 최선의 수단이다. 듣기는 또한 배우의 선택이 기계적이거나 압박을 받게 되는 것을 막아준다. 듣기는 배우의 긴장을 풀어준다. 듣기는 단연코 과잉 연기를 막아준다. 듣기는 연기가 자연스럽게 보이도록 만들어준다. 또한 배우들로 하여금 서로 영향을 주면서 서로 작은 전기가 통하는 순간들을 만들도록 해준다. 이 순간들이 그 장면의 정서적 사건들을 만들어낸다.

관객들이 등장인물, 그들이 겪는 어려운 상황, 그리고 그들의 모험에 이끌려오기를 원한다면, 배우들이 서로의 말을 듣는 것은 필수적이다. 배우들이 듣지 않을 때, 어떤 극적인 장면은 "내가 말했으니 이제 당신이 말할 차례요"라는 식으로 되어버릴 것이다. 즉 어떤 관계와 그 관계에서 일어나는 사건이나 행동을 보여주는 것이 아니라 단지 두 배우가 교감 없이 대사를 주고받는 모습만을 보여주게 된다.[18]

스타니슬랍스키는 '듣기'라는 표현 대신 '영적 교류'라는 말을 사용했다. 듣기가 배우들이 서로에게 단지 대사를 던지는 것이 아니라 서로 교류하고 있다는 느낌을 관객들에게 준다면 영적 교류는 배역 인물들 사이의 관계가 깊숙함을 강조하는 말이다.

듣기는 상대방 배우가 하는 대사에만 귀를 기울이고 그것에 따라 반응하는 것이 아니다. 그것은 상대방 배우의 반응, 즉 신체적인 반응에 집중하는 것이다. 상대 배우의 눈, 표정, 입가의 작은 주름, 그가 하는 말뿐 아니라 그의 목소리, 그의 몸, 심지어는 그의 체취에 집중하는 것이다.

아주 작고 미묘한 차이에 의해 훌륭한 배우와 평범한 배우가 확연하게 판가름 난다. 만약 배우들이 상대방 배우의 말을 단지 듣고 반응하는 것을 듣기라고 생각한다면, 그들은 대사의 껍데기만 파는 일에서 벗어날 수 없다. 대부분 대본상에는 등장인물들이 서로 듣고 반응하는 식으로, 다시 말해서 서로의 대사에 화답하는 식으로 장면이 쓰여 있을 것이다. 따라서 배우들은 사실은 대사의 껍데기만을 연기하고 있으면서 본인들은 듣고 있다는 어리석은 생각을 가질 수 있다. 이들은 예측이라는 대죄를 저지르지 않는 한 듣기를 잘 하고 있다고 생각한다.[19)]

화면에 두 사람을 같이 보이게 하는 투 샷(two shot)이나 상황 전체를 한꺼번에 촬영하는 마스터 샷에서 배우들이 듣지 않을 경우, 그 샷은 사용할 수 없다. 왜냐하면 듣기가 없으면 관계도 형성되지 않기 때문이다. 그리고 관계가 없다면 투 샷에서는 볼거리가 전혀 없다. 하지만 듣기는 클로즈업에서도 매우 중요하다. 사람들은 클로즈업을 등장인물의 반응과 내면을 엿볼 수 있는 기회로 생각한다. 그런데 사람들은 그 모든 것들을 완전히 배우 혼자서 창출해낸다고 생각한다. 배우가 혼자 연기하는 장면은 화려하고 인상적으로 보일지는 모르겠지만, 관객들은 그 배우의 인상적인 연기에만 집중하게 되므로 스토리 몰입이 차단된다. 따라서 투 샷이나 마스터 샷에서와 마찬가지로 클로즈업에서도 배우는 들어야만 한다. 듣기는 클로즈업에 생생함과 풍부한 표현성을 부여한다. 듣기는 미세한 움직임들로 배역 인물의 정서를 표현하며 인물이 다음에 할 말에 대해 미리 생각하고 있고 또한 자신이 하고 있는 말에 어떤 느낌을 가지고 있다는 인상을 창출해낸다. 듣기는 관객들로 하여금 배역 인물들에 대해, 그리고 그들에게 일어나는 일에 대해 관심을 갖게 한다.[20]

듣기는 연기의 가장 중요한 요소 중 하나다. 배우뿐 아니라 감독들도 이것의 중요성을 인식하고 배우들이 연기할 때 잘 살펴보아야 한다. 이 책에서 다루고 있는 몇몇 내용은 논란의 여지가 있을 수 있겠지만, 이것만은 모든 사람들이 동의하는 부분이라는 것을 확신한다. 모든 훌륭한 감독과 훌륭한 배우는 이 점에 동의할 것이다. 비록 그들이 항상 듣기에 성공하는 것은 아니라 해도 듣기가 필수적임을 그들은 잘 알고 있다.[21]

교감(交感)

교감은 배우들 사이의 정서적 교류가 일어나는 것을 의미한다. 영상 연기의 경우 투 샷 이상으로 여러 사람들이 한 프레임에 보일 때는 교감을 보여주기가 상대적으로 쉽지만, 한 사람만을 잡는 원 샷(one shot)의 경우는 편집을 통해 만들어진다고 볼 수 있다. 영화나 텔레비전의 야외작업처럼 한 대의 카메라(single camera)로 한 샷씩(shot by shot) 촬영하는 방식으로 작업을 할 때는 배우들이 교감을 표현하기가 어렵지만, 이때에는 감독, 코디네이터 등의 도움을 받아 매우 세심하게 계산을 해 다른 사람과의 교감을 표현해주어야 한다.

텔레비전의 스튜디오 작업(multi camera)은 가능한 만큼 장면을 이어서 촬영하므로 교감의 표현이 조금은 수월할 수 있다. 연극 무대의 경우처럼 중단 없이 이어지는 연기에서는 교감이 없이는 진행이 되질 않는다.

실생활에서 인간 사이의 교감이 중요하다면, 무대나 영상 연기에서는 그 열 배도 더 중요하다. 이것은 극중 인물의 상호 교감에서 그 원인을 찾을 수 있는 것이며, 드라마의 본질에서 오는 것이다. 주인공이 무의식 상태에 있다거나, 잠들어 있다거나, 어떻게든 그 내적 생활이 활동하고 있지 않는 것을 보여주려는 극작가는 세상에 없을 것이다. 또한 서로 알지 못하는, 설혹 알고 있다 하더라도 생각이나 감정을 교환하기를 거부하거나 세트 양쪽에 잠자코 앉아서 서로 생각이나 감정을 감추려 드는 두 인간을 등장시키려는 작가는 없을 것이다. 관객들도 자신이 찾아온 목적, 즉 작품에 참여하는 인간의 정서를 느끼지 못하고 인간의 삶을 발견하지 못하는 한 극장에 찾아오는 이유가 없을 것이다.

만약에 두 배우가 무대나 스크린에서 한 사람은 자신의 감정을 다른 한 사람에게 나눠주거나 무엇인가 자신이 믿고 있는 것을 납득시키려 들고 또 한 사람은 그 감정이나 사상을 흡수하기에 온갖 노력을 기울인다고 하면 그것은 어떻게 다를까?

관객이 그러한 정서적 · 지적 교환 장소에 있다면 관객은 대화의 입회인과 같은 입장이다. 그는 배우들의 감정 교환에 대해 어둠 속에서 말없이 갈등하는 그런 역을 맡은 것이 되며, 그들의 경험에 의해서 흥분되는 것이다. 극장의 관객이 무대나 스크린에서 진행되고 있는 것을 이해하고 거기에 간접적으로나마 참여할 수 있는 때는 이 교류가 배우들 사이에서 지속되고 있는 동안뿐이다.

많은 관객의 주의를 붙잡아 두려면, 배우들은 서로 끊임없이 감정이나 사상, 행동을 주고받기 위해서 온갖 노력을 하지 않으면 안 된다. 그리고 이 '교환'의 재료가 가지고 있는 내용이 관객을 붙들 수 있는 흥미진진한 것이어야 한다. 이 과정은 매우 중요한 것이기 때문에 배우들은 특별한 주의를 기울여 그 여러 가지 두드러진 상황들을 주의 깊게 연구해야만 한다.

배우들 사이의 교감보다 어려운 것은 집단적 대상, 즉 관객과의 상호 교감이다. 물론 이것은 직접적으로 할 수는 없다. 어려움은 배우들이 자기의 상대역과 관계하고 있으며 동시에 관객과도 관계하고 있다는 데 있는 것이다. 상대역과는 접촉이 직접적이며 의식적이지만, 관객과는 간접적이며 무의식적이다. 주목해야 할 것은, 어느 것이나 우리의 관계는 상호적이라는 점이다.

관객에게서 받는 교감의 반응과 에너지를 피부로 느끼고 싶다면, 완전히 텅 빈 극장에서 연기를 해보라. 어떤 느낌이 들 것 같은가? 그것은 마치 반향이 없는 장소에서 노래를 부르는 것과도 같다. 공감을 갖는 많은 관객을 향해 연기하는 것은 반향이 완전한 공간에서 노래 부르는 것과 마찬가지다. 관객이 우리에게는 정신적 반향이 되는 것이다. 그들은 배우에게서 살아 있는 인간의 정서로 받아들인 것을 되돌려준다.

듣기는 배우가 지닌 가장 확실하고도 훌륭한 교감의 수단이며, 아주 간단하기도 하다. 자신이 준비한 것이 무엇이든지 간에 배우는 상대 배우에게 완전한 관심을 쏟아야 한다. 하지만 때때로 배우들은 듣지 않는다. 상대 배우를 쳐다보는 자신의 모습을 목격당하지 않을까 두려워한다. 눈맞춤이 자연스럽게 보이지 않을까봐 걱정한다. 교감을 포기하고 자신의 연기에만 집중하는 것이다. 이들은 자기 연기에 다양성과 흥미로움을 집어넣을 요량으로 진정한 듣기와는 아무 상관없는 겉치레 반응들을 만들어내지만, 그것은 가짜다.

눈을 맞추는 것은 듣는 연기와 교감에 큰 도움이 된다. 여기서 이야기하는 눈맞춤은 그저 바라보는 것과는 다르다. 흔히 쓰는 방식으로 눈을 사용할 경우, 우리는 사물을 점검하고, 판단하고, 분간한다. 가령 운전을 하고 있는 경우라면 그렇게 하는 것은 나쁜 일이 아니다. 하지만 연기에서 요구하는 눈맞춤은 정서를 주고받는 교류다. 그것은 '눈은 영혼의 창'이라는 의미로 눈을 사용하는 것을 의미한다. 감정이 드나들 수 있는 창문 말이다.

물론 눈맞춤 없이도 진정한 듣기와 교감은 일어날 수 있다. 하지만 눈빛을 주고받으면 더욱 수월하다. 눈맞춤은 그 자체로 교감을 보여줄 수 있는 방법이다. 존 앨런은 "당신은 그저 앤서니 홉킨스의 눈을 바라보기만 하면 된다. 그러면 너무나도 많은 것을 얻을 수 있으며, 당신의 일은 반으로 줄어들 것이다. 그의 눈에는 너무나도 많은 것이 담겨 있다. 그는 사랑스럽고, 관대하고, 감동적인 사람이었다"라고 말했다. 게리 마셜(Garry Marshall)은 "캔디스 버겐(Candace Bergen)은 가장 아름다운 눈을 가졌다. 나는 연기가 막힐 때 그녀의 눈을 들여다본다. 그녀의 눈을 보며 나는 대사를 한다. 그것은 놀랍고 멋진 일이다"라고 말했다.

눈은 영혼의 거울이다. 초점이 없는 눈은 텅 빈 영혼을 비치고 있을 뿐이다. 배우의 눈이 그의 영혼에 깊이 담겨 있는 내용을 반영해야 한다는 것은 두말할 필요도 없이 중요한 일이다. 그래서 배우는 극중 인물의 영혼을 표현할 커다란 내부의 에너지를 구축하지 않으면 안 된다. 그리고 연기를 하는 동안은 그 정신적 에너지를 함께 연기하는 다른 배우와 나누어 갖고 교감할 수 있어야 한다.

11. 몰입

배우와 운동선수들 사이에는 공통점이 많다. 배우가 연기를 하는 도중이나 운동선수가 경기 중에 하는 행동들은 대부분 무아지경에서 저절로 이루어지는 것처럼 보인다. 운동선수들은 경기 중 구체적인 기술에 대해 생각하지 않는다. 다만 목표에 집중하고 게임에 몰입할 뿐이다. 이러한 결과로 운동선수가 게임 중에 보여주는 아름답고 신비한 동작의 결과는 기술에 대한 의식이 없는, 즉 무의식 상태에서 행하는 행동이다. 축구 역사상 가장 위대한 선수라고 손꼽히는 펠레는 어느 게임에서 뒤에서 날아오는 공을 가슴으로 받아 골을 성공시킨 일이 있다. 그 후 기자가 어떻게 그런 환상적인 슛을 할 수 있었느냐고 물었을 때 펠레는 "나는 아무것도 기억나지 않는다. 그저 공이 날아오는 것을 느꼈고 내 몸은 나도 모르게 반응했다"라고 대답했다.

창조적인 일을 하는 사람들은 많은 경우 무언가를 생각하거나 행동할 때 자기 자신을 잊는다고 말한다. 나를 잊고 '그것'과 하나가 되는 것이다. 배우들은 맡은 배역에 대한 의식이 없이 자신이 그 인물이 되는 것이다. 배우들이 몰입 상태에서 작업을 끝내고 무엇을 어떻게 했는지 물어보면, 대개의 경우 이들은 어디에서 무엇을 왜 어떻게 했는지 제대로 답하지 못한다. 그것은 그 자신이 경험한 것을 알지 못할 뿐 아니라, 중요한 순간의 대부분을 기억하지 못하기 때문이다. 이러한 것을 스포츠에서는 선수가 '존(zone)'에 들어갔다고 하거나 '트랜스(trans)'되었다고 표현한다. 여기에서 존이란 메소드 연기에서 얘기하는 '감각의 영역'과 유사한 것으로, 우리가 생활하는 일상의 공간이 아닌 새로운 공간, 물리적 공간이라기보다는 우리의 정신 또는 정서에만 존재하는 공간이다. 트랜스란 그 사람이 전혀 다른 사람으로 변한 것이라고 볼 수 있다. 이러한 존과 트랜스의 경험은 운동선수뿐 아니라 관중들도 경험할 수 있는 것이다. 2002년 월드컵 당시 우리 선수들은 분명 존에 있었으며, 선수와 국민 모두는 트랜스를 경험했고, 이것은 엄청난 감동으로 지금까지 남아 있다. 트랜스나 존을 경험하는 순간, 사람들은 전혀 주변을 의식하지 않고 자신의 강렬한 감정을 그대로 표출하게 된다.

많은 사람들이 1990년에 발표된 〈사랑과 영혼〉이라는 영화를 기억한다. 이 영화에서 사망한 패트릭 스웨이지의 영혼이 영매(靈媒)인 우피 골드버그의 몸에 들어가 자신의 애인 데미 무어와 대화를 시도하는 애절한 장면을 기억할 것이다. 이 상황은 우리의 무속으로 보자면 죽은 사람의 영혼이 무당의 몸에 들어와 말을 하는 '공수'라는 것과 같다. 배우가 작품 속 등장인물을 연기하는 것도 이것과 유사하다고 볼 수 있다. 무당이 자신(ego)을 완전히 비운 절대 무의식 상태에서 죽은 사람의 영혼을 받아들여 그 사람처럼 행동하고 말하는 것이라면, 예술가는 대본 속에 있는 기호(문자)를 받아들여 마치 살아 있는 사람처럼 행동하고 말하는 것이다. 다른 말로 표현하면, 무당은 죽은 자의 영혼이 자신의 육체를 사용하도록 허락한 것이며, 배우는 글자로 기록된, 실제로는 살아본 적이 없는 등장인물을 자신의 마음속에서 형체를 가진 인물로 키워내 자신의 육체를 통해 표현하도록 허락하는 것이다. 일반인들의 경우 이러한 상태를 받아들이기 어렵겠지만, 예술가와 무당들은 이러한 상태를 기꺼이 받아들이고 활용한다.

배우들이 이러한 절대몰입의 상태에서 연기를 할 때 배우와 관객 사이에 강력한 교감이 일어날 수 있다. 배우들은 작업 시작 단계에서 언제든 이러한 몰입 상태로 빠져들 수 있도록 준비하는 훈련을 해야 한다. 운동선수들은 이러한 절대몰입에 도달하기 위해 독특한 몰입과정을 가지고 있다. 한국 수영 역사상 최초의 올림픽 금메달리스트인 박태환 선수의 경우, 경기장에 등장할 때 커다란 헤드폰으로 음악을 들으며 주변의 산만한 상황을 차단해 자신의 일에 집중하고 몰입하기 위한 준비 과정을 거친다. 대다수의 농구선수들은 자유투를 던지기 전에 손으로 공을 돌리거나 바닥에 튀기는 등 자신만의 준비 과정이 있고, 축구에서 승부차기를 준비하는 선수도 대부분 공을 제 위치에 놓고 뒤로 물러서는 동작이 일정하며, 골프선수들도 공을 칠 때마다 일정한 준비 과정을 밟는다. 이러한 준비행동을 'preshot routine'이라고 부른다. 배우들도 각자 나름의 준비 과정을 만들어 활용한다면 연기에 몰입하는 데 큰 도움이 될 것이다.

아역배우들의 특성은 주어진 상황을 자신의 것으로 받아들이는 데 매우 쉽게 적응한다는 점이다. 성인 배우들의 경우는 자신의 성장 배경에 따라 상황을 논리적 · 합리적으로 이해하려는 경향이 강해서 상황에 몰입하는 데 곤란을 겪을 때가 많다. 성인 배우들이 배역의 인물이 되려면 어린이들처럼 마음을 백짓장같이 비우고 상황에 몰입하는 훈련이 필요하다.

메소드 연기에서는 이러한 상황을 '감각의 영역'이라고 부른다. '감각의 영역을 만들어내기 위해서는 오감의 기억과 집중을 결합시켜 자기 둘레에 보이지 않는 선을 긋고 상상력을 활용해 자신의 주위를 중심으로 경계선을 긋고 그 영역 안에 집중하려고 노력하라'

라고 말한다. 이때 배우는 정신과 육체를 최대한 이완시켜야 하며, 이러한 이완과 몰입은 연기 전체에서 중요한 역할을 수행한다.

배우가 절대몰입 상태에 놓이면 긴장이 풀리고, 자신감이 생기고, 생각이 또렷해진다. 그는 주변의 물리적 세계에 대해, 충동과 감정과 상상으로 이루어진 자신의 내면세계에 대해, 대본의 문자와 그 이면(裏面)의 심층적 의미에 대해, 그리고 다른 배우들의 행위에 대해 쉽게 반응한다. 갖추어진 상태가 되어 '배우의 목소리'가 아니라 '진짜 목소리'로 말하게 된다. 배역 인물이 배우의 몸속에 자리 잡게 된다. 그런 그의 눈을 들여다보면 그 안에 극중 인물이 자리 잡고 있음을 알게 될 것이다. 절대몰입에 의한 연기를 할 경우, 어떠한 극단적인 상황에서도 배우는 살아 있고 자연스러워 보인다.

절대몰입에 의한 연기는 배우가 대사를 하는 사이사이에 아주 미세한 불꽃처럼 표정에 생기를 불어넣는다. 배우가 그런 불꽃과도 같은 표정을 일부러 지어내려고 주저하는 듯한 모습을 보이거나, 말을 더듬거나, 윙크를 하거나, 얼굴을 찡그리려고 의도적으로 애쓸 경우, 연기는 매너리즘에 빠진다. 매너리즘에 빠진 연기는 배우의 겉치레에만 관심을 집중시키기 때문에 관객들이 작품에 몰입하는 것을 방해한다. 하지만 그런 작은 불꽃들이 몰입 상태에서 일어날 때, 배우는 마법과도 같이 스크린 위에서 살아나면서 스타의 매력을 발산하게 된다.[22] 배우가 배역 인물에 절대적으로 몰입해서 연기를 할 때는 자신이 사라지고 배역 인물만이 남는 모습을 볼 수 있다. 예를 들어 영화 〈밀양〉에서 배우 전도연이 물에 빠져 죽은 아들을 생각하며 물속에서 광기어린 연기를 하는 장면(영화의 최종편집에서는 제외되었음)에서 절대몰입 상태에 빠져 감독이 컷을 부른 후에도 한참 동안을 흐느끼며 자신을 추스르지 못하는 모습에서 배우의 절대몰입 상태를 볼 수 있었다.

배우에게 절대몰입은 자유를 의미하고, 두려움이 없음을 의미한다. 또한 신뢰를 의미하고, 배우가 자신을 스스로 의식하고 지켜보지 않음을 의미한다. 그것은 배우가 배역에 대한 모든 준비를 일찌감치 마쳤다는 뜻이다. 따라서 카메라가 돌아가기 시작하거나 막이 올라가는 순간, 배우는 자신이 준비한 것을 풀어놓으면서 자연스럽게 표현하면 된다. 절대몰입 상태에 있는 배우는 사람들이 지켜보는 바로 앞에서 실제 생각들을 생각하고 있고 실제 감정들을 느끼고 있다. 하지만 이것은 지극히 과격한 주장일지도 모른다. 왜냐하면 결국 배우는 주어진 배역을 연기할 뿐이기 때문이다.

무대배우들(그리고 여러 대의 카메라가 동원되는 텔레비전 스튜디오에서 작업하는 배우들)은 리허설 동안 절대목표, 변화, 감정의 구체적 계기, 그리고 리듬 등을 모두 갖추어 완전히 등장인물을 구축해야 한다. 영상 연기는 대부분 한 조각 한 조각씩 이루어지므로 즉각적인 몰입을 유도하는 여러 요령들을 통해 전체적인 연기를 짜깁기해나가야 한다. 일부 감독들은 이런 식으로 작업하기를 선호하며, 배우가 인물을 완전히 구축해놓는 것을 허락하지 않는다. 그 이유는 인물을 완전히 구축하기 위한 요건들이 순간연기의 신선함과 상충될 것이라는 이론적 근거 때문이다. 시드니 폴락 감독은 연극 무대 출신이기 때문에 오랜 기간 동안 리허설을 갖는 감독이었다. 그런 그가 나중에는 리허설 없이 작업하기를 선호한다고 말했다. 그는 카메라가 돌아가기 바로 직전에 한두 마디 지시를 내리면 원하는 순간들을 얻어낼 수 있다고 자신했다.

'무대 위에서나 카메라 앞에서는 자기 자신을 잊어버리고 배역에 몰입하는 상태', 이것이 배우가 도달해야 할 어떤 상태다. 근육의 긴장에서 해방되기 위해 배우는 '자신을 잊어버려야 한다'는데, 실제 그것을 해낼 때 보면 적잖은 오해가 있음을 보게 된다. 배우가 자기 자신을 잊는다고 하면 어떤 무분별한 상태에 들어가 주위를 아랑곳하지 않고 감정의 포로가 되어 조절능력을 잃게 되는 줄 아는데, 그런 상태는 물론 바람직한 것이 아니며 또 다행히 자주 일어나는 것도 아니다. 초보 배우는 그렇게 될 능력이 없고, 노련한 배우는 그렇게 되지 않는다.

'자신을 잊는다'는 의미는 운동선수의 경우와 꼭 마찬가지다. 조절능력을 잃는다거나 자기최면과 같은 따위의 의미는 전혀 아니다. 오히려 최상의 조절능력을 발휘할 수 있는 상태를 말한다. 이것은 잘 해보겠다는 욕망이나 관객에 대한 의무 같은 것에서 자유로워지고 오직 인물의 창조에만 몰두하게 되는 상태다. '관객이 자기 연기를 어떻게 생각할까'라든지 '관객에게 감동을 주어야 하는데' 하는 걱정은 긴장완화와 몰입의 최대의 적이다. 스타니슬랍스키는 이러한 열망이야말로 불필요한 긴장의 90퍼센트를 만든다고 추정했다. 그래서 그가 배우들에게 긴장을 풀라며 즐겨 했던 말은 "90퍼센트를 버려라"였다.[23]

연기와 가면

배우의 관점에서 가면은 넓은 의미로 받아들여져야 한다. 가면, 또는 가면 착용자의 정의를 내린다면 자신을 외부세계에 노출시키는 사물 또는 언행의 형식이다. 즉 외부세계에 자신을 내보이는 행동의 양식이다. 그리고 연기는 이 일상생활의 법칙의 의미 있는 확장이요, 변형에 지나지 않는다. 일상생활에서의 활동은 곧 남들에게 가면을 써 보이는 것이며, 사회 속의 관객은 이 행동의 가면을 마치 그 사람의 본성인 것으로 받아들인다. 예를 들어 우리의 전통 연극 형식 중 하나인 탈춤에도 많은 인물들이 등장한다. 양반탈을 쓰고 공연하는 광대의 신분은 천민이었지만 그가 양반탈을 쓰고 공연할 때 관객들은 그를 양반으로 받아들인 것이다.

현대의 배우는 실제로 가면을 쓰지는 않지만, 한 인물을 반영하는 행동의 패턴을 창조해내는 점은 같다. 이 행동의 패턴은 창조된 인물의 가면이 되고, 배우는 이 가면을 쓸 때 실제적으로 '새 가면으로 들어간다(im-persona).' 즉 인격화라는 뜻을 재현하게 된다. 이것은 다시 말해 '새 형태로 들어간다'는 뜻으로서 변신(trans-forming)이 성립되는 것이다. 그리고 관객에 의해 이 가면의 행동에 하나의 인물이 투영된다. 그러므로 배우는 연기 기술을 통해 새로운 인물에 몰입할 수 있도록 훈련하는 사람으로 정의를 내릴 수 있다.

그러나 배우로서 설득력 있는 가면을 써서 '다른 사람으로 보이는' 것만으로는 충분하지 못하다. 가면을 쓰되 가면 속에 몰입해 내면적인 진실을 겸비한 독립적이고 의미 있는 실체를 창조해내야 한다. 그러므로 배우의 기본의무는 이중성에 있다. 즉 그렇게 보여야 하는 동시에 그 자체가 되어야 한다. 어떤 인물과 아무리 같아 보일지라도 그 창조된 인물의 실제가 따라야 한다. 인물의 표현으로 존재하는 것이 아니고 하나의 고유한 창조물로서 존재해야 한다.24)

몰입 상태에 대해 오해하지 말아야 할 것이 있다. 운동선수나 배우가 몰입 상태에서 행하는 일들은 신비로운 아름다움을 가지고 있고 관객들과의 교감도 쉽게 일어나지만, 아무런 준비도 없이 몰입 상태에만 들어간다고 해서 모든 것이 저절로 되는 것은 아니다. 운동선수들은 자신의 종목에서 해야 할 동작이나 기술, 작전 등에 대해 사전에 철저한 연습을 통해 익히고 있으므로 몰입 상태에 들어가면 준비된 요소들이 저절로 작용하는 것이다. 배우들의 경우도 평소 다양한 몸의 움직임, 소리 표현 그리고 자신이 맡은 배역 인물에 대한 철저한 사전준비를 해야만 몰입의 순간 자연스럽고 현실감 있는 표현이 가능한 것이다. 감동적인 연기가 사전에 충분한 준비 없이 몰입만으론 되는 것은 아니다. 배우가 사전에 철저하게 준비를 해두어야만 쉽게 몰입 상태로 들어갈 수 있고, 그 순간이 배우와 관객 모두에게 신비한 감동의 순간이 되는 것이다.

12. 집중

일상생활에서 어린아이들이 재미있게 놀고 있는 모습을 보면 그 예쁜 모습에 마음이 따뜻해진다. 배우는 이러한 아이들의 모습에서도 많은 것을 배울 수 있다. 어린아이들이 노는 모습과 어른들이 노는 모습 사이의 가장 큰 차이점은 이들이 집중하는 모습이다. 여럿이 함께 어울린 자리에서도 자신의 사회적 지위나 교육적 배경, 타인의 시선을 의식하는 어른들과는 달리, 아이들은 자신들이 가지고 노는 장난감과 함께 노는 친구들에게 집중하며, 주변에 어떤 일이 있는지, 자신들이 다른 사람에게 어떻게 보이는지는 신경을 쓰지 않는다. 이러한 모습은 배우들이 무대나 카메라 앞에서 어떤 대상이나 다른 배역 인물들에게 집중하는 모습과 유사하다.

집중의 대상[25)]

주의 집중을 위한 기술을 익히려다보면 우선 어디에 집중을 하느냐 하는 문제에 직면하게 된다. 거기엔 몇 개의 그럴듯한 대답이 있을 수 있다.

배우는 관객과 교감해야 하는 의무가 있으니 관객이나 카메라에 주의를 맞추어야 할 것처럼 보인다. 이런 경우라면 계속 관객의 반응을 살피고 끊임없이 그들의 환심을 얻어내기 위한 여러 가지 조절이 있어야 할 것이다. 그러나 이것은 대중을 상대로 얘기하고 설득하고 확신시키고 갈등시켜야 하는 연설가의 기술이다.

연설가는 자기 자신으로 직접 청중에게 호소하는 데 반해 배우는 자기가 연기하는 배역 인물을 통해서 간접적으로 호소한다. 배우는 관객들로 하여금 연설가의 경우처럼 자기 자신의 생각에 귀를 기울이게 하는 것이 아니라 자기가 연기하는 인물의 생각을 경청하고 있다는 것을 믿게 해야 된다. 배우는 관객이 극중 인물의 존재를 믿어주기 바라는 것이다. 따라서 배우가 관객에게 주의를 집중하게 되면 환영은 곧 깨지고 만다. 결국 배우가 관객이나 카메라에 집중해서는 안 된다면 다른 대상을 찾아야만 할 것이다.

배우는 인물을 만들어내는 매체로서 자기 육체와 목소리를 사용해야만 된다. 결과적으로 배우는 자기의 육체적 기술에 주의를 집중해야 할 것 같다는 생각을 할 수도 있다. 그는 연기 중에 자기의 손짓, 몸동작, 화술 등이 아주 훌륭한 효과를 얻도록 관심을 두어야 한다고 착각할 수도 있다. 이런 식으로 연기를 하면 아주 정리된 듯한 연기를 보여줄 수 있을지 모른다. 그러나 배우는 필연적으로 자의식에 가득 차 있어 보일 것이다. 잘 조절된 육체와 훈련된 목소리의 필요성은 모두가 공감하는 것이지만 이것들은 배우가 작품 속의 인물을 창조해내는 매체로서만 이용되는 것이다. 연기에서 움직임과 대사는 그 자체가 끝이 아니며, 관객이 배우의 동작과 화술의 기교를 알아차리고 관심을 갖게 되면 그만큼 환영은 깨진다. 예를 들어 배우의 목소리가 지나칠 정도로 매끄러운 미성이라면 관객은 그가 하는 대사의 내용이나 감정보다 아름다운 목소리에 더 집중하려 할 것이다. 특정한 연기 양식의 경우를 제외하고는 이처럼 환영을 방해하는 방법은 바람직하지 못하다.

그렇다면 답이 무엇인지 어렵지 않게 된다. 배우의 주의 집중이 관객에게 있는 것도, 인물을 연기하는 자기 자신에게 있는 것도 아니라면, 나머지 유일한 논리적 가능성은 배역 인물 자체에 집중하는 것뿐이다. 연기의 어느 순간에 인물의 의식 가운데 논리적으로 무엇이 있건 간에 그것이 배우의 주의를 장악해야만 한다. 가장 기본적이며 가장 중요한 것은 배우의 주의가 인물의 욕구와 목표에 집중되어야 한다는 것이다.

행동에의 집중

자신이 연기하는 인물에 집중할 때, 배우는 자기의 주의를 여러 가지 방법으로, 또는 동시에 모을 수 있다. 우리는 연기에서 행동이 얼마나 중요한지에 대해서는 이미 충분히 인식하고 있다. 또 배우가 인물의 욕구를 실현시키기 위한 직접적 수단으로서 행동과 함께 자기의 주의를 집중했을 때 큰 효과가 있다는 것도 알고 있다.

좋은 작품들에서는 신체적 행동에 주의를 집중할 기회를 많이 찾아낼 수 있다. 작가가 제공한 상황에서 그 행동이 반드시 특정한 동작이나 제스처를 해야만 하는 경우가 아닐 때 배우가 인물의 욕구를 충실히 표현할 만한 적절한 행동을 찾아서 집중하게 된다면 문제는 훨씬 쉬워질 수 있다.

상대 배역에 대한 집중

배우가 자기의 주의를 집중할 수 있는 또 한 가지 방식은 극중의 다른 인물들에 대해 집중하는 것이다. 배우는 함께 연기하는 상대에게 영향을 주려고 하고, 반대로 상대의 영향에 대해서는 이를 받아들이거나 저항하기도 한다. 이렇게 해서 생긴 '관계'는 배우에게 가장 확실한 자극과 집중의 원천이 되며, 관객에게는 작품을 감상하는 가장 훌륭한 포인트이자 체험이 되는 것이다. 극중의 등장인물들은 서로 불가분의 관계에 있으며, 한쪽의 태도가 아주 조금만 변해도 그것은 확실히 상대의 태도에 변화를 가져오게 된다.

스타니슬랍스키는 "상대 인물을 감염시키라. 자기가 집중하고 있는 인물을 감염하라. 상대의 혼 속으로 자신을 침투시켜라. 그렇게 함으로써 자기 자신이 좀 더 감염되었다는 것을 알게 된다"라고 했다. 이러한 '인물관계'는 집중을 통해서 이루어진다. 배우는 자기의 행동과 대사에 집중함으로써 자기가 연기하는 인물이 극중의 다른 인물로부터 원하는 바를 얻게 된다.

그저 간단한 "안녕"이라는 대사는 말하는 인물이 어떤 식으로든지 상대에게 영향을 주는 데 아무 의미를 갖지 못한다. 이 인사말은 가장 평범한 인사말이든가, 깊은 애정을 갖든가, 아주 짙은 증오로서 하든가, 어쨌건 상대를 감염시켜야 한다. 그것은 각기 다른 반응을 기대하는 여러 가지 생각으로 던져질 수 있으며, 인물들 상호간에 영향을 주는 일이다. 그냥 암기해놓은 대사를 내뱉고 듣는 식의 연기는 자발적이지도 않고 영향을 주고받지도 못한다. 배우들은 무슨 대사를 듣든지 그 대사를 마치 태어나서 처음 듣는 것처럼 경청하고 반응하는 연습을 해야 한다.

물체나 어떤 생각에 몰입하는 것

행동이나 상대인물에 집중하는 방법 이외에 배우가 자신의 주의를 집중해볼 만한 방법이 두 가지 더 있다. 어떤 물체나 생각에 몰입하는 것이다. 그러나 이 두 가지 경우는 배우의 목적을 달성하기 위해서는 집중이 다시 어떤 행동으로 연결되어야 하기 때문에 활용하는 데 한계가 있다. 어떤 물체에 대한 집중이란 배우가 경청한 데 따라 스스로 무엇을 응시해야 한다는 뜻이다. 배우는 무엇을 바라다보고 있다는 시늉을 하는 것이 아니다. 자기가 연기하는 인물의 시선으로 물체를 직접 관찰하고 교감하는 것이다. 거기서 인물에게 관심을 주는 어떤 것을 바라보면서 감각과 정서의 환기를 통해서 그 물체를, 또 관찰하고 교감된 목적을 믿도록 한다.

이제 배우가 자신의 '생각'에 집중하는 경우를 살펴보자. 고대로부터 19세기 말까지의 옛날 연극에서는 배우가 독백이나 방백을 통해서 관객에게 직접 자기 생각을 전달하는 경우도 있었다. 현대 연극에서도 특별한 형식의 극에서는 이와 유사한 방법을 적용하기도 하지만, 오늘의 연극이나 영상 작품에서 자주 사용하는 형식은 아니다. 일반적으로 배우는 관객에게 직접 말을 걸거나 자신에게 말하지 않는다. 따라서 자기 자신의 생각에 집중한다는 것은 배우를 어려운 상황에 처하게 만든다.

문제는 자기의 생각이 관객에게 전달될 수 있는 어떤 외적인 형태를 찾아내는 것이다. 배우가 무대 위나 카메라 앞에서 생각에 잠겨 아무 말이 없거나 움직임 없이 그냥 서 있기만 하면서 관객을 사로잡는 경우를 어쩌다가 보는 수도 있다. 배우는 자기가 연기하는 배역이 처해 있는 상황을 믿을 수 있도록 하는 엄청난 집중력을 통해서 주의를 기울일 것이다. 그러나 이런 부동의 웅변을 오래 끌 수는 없다. 또 그러한 배우일지라도 자기 자신뿐 아니라 관객의 믿음을 유지하려면 자신의 생각을 행동으로 옮겨 놓지 않으면 안 된다. 그리고 그 행동은 배역의 어떤 욕구를 충족시키는 목적이 있어야 할 것이다. 그것이 단순히 인물의 생각을 관객에게 전달해주는 것이어서는 안 된다.

주의 집중 훈련

주의 집중력은 부분적으로는 천부적인 재능이고, 부분적으로는 의식적으로 계발시킬 수 있는 기술의 문제다. 주의의 집중을 요구하는 어떤 행동이건, 특히 방해되는 것들이 많을 때 그것은 배우에게 아주 훌륭한 자기 극기가 된다.

연기 훈련을 쌓는 사람은 처음에는 일반적인 집중력 훈련을 통해서 주의를 집중하는 힘을 기를 필요가 있다. 이러한 연습의 결과는 오랫동안 규칙적으로 훈련을 쌓았을 때라야 가치가 있는 것이다. 어떤 연습이건, 많은 노력으로 완전히 만족하게 해낼 수 있는 상태가 되어야 그 소기의 목적을 다하는 셈이 된다. 스타니슬랍스키의 제자들은 주의 집중 능력을 발전시키기 위한 것으로 다음과 같은 방법들을 제시한다.

- 주위의 많은 사람들이 끊임없이 자기를 방해하는 상황에서 설명문 같은 것을 읽는다. 읽기가 끝난 다음에 그 자세한 내용을 말해야만 한다.
- 같은 방법으로 수학 문제를 풀어본다.
- 한 무리의 사람들이 원을 그리고 앉아서 첫 번째 사람이 머리에

떠오르는 어떤 단어를 하나 말한다. 두 번째 사람이 그 단어를 반복하고 거기다 하나 더 보탠다. 다음 사람은 그 두 단어를 복창하고 거기에 세 번째 단어를 더한다. 이때 이것이 논리가 있는 말이 되게 해서는 안 된다. 아무도 그 연결된 단어 전체를 말할 수 없을 때까지 계속한다. 이 훈련은 집중과 기억력 훈련을 하는 데 좋다.

- 두 사람이 서로 마주 보고 선다. 한 사람이 어떤 움직임을 하면 반대편 사람은 마치 거울처럼 정확히 그것을 복사해낸다. 이것을 '거울 훈련'이라고 부른다.

옛날 무사들의 훈련방법을 활용해보는 것도 좋다. 옛날 무사들은 콩을 실에 꿰어 매달아놓고 그것에 집중해서, 어느 순간에 콩알이 주먹만 한 복숭아나 수박 정도로 크게 보이면 이때 칼로 내리쳐 콩알을 반쪽으로 잘랐다고 한다. 반드시 콩이 아니더라도, 종이에 작은 점을 그려 벽에 붙여놓고 훈련을 한다면 효과가 있을 것이다.

초점의 필요성

인간으로서 또는 한 사람의 배우로서 어떤 특별한 대상에 힘을 집중하는 초점화(focus)가 필요하다. 하나의 대상에 힘의 초점이 맞았을 때 더 강한 목적과 효과를 갖게 되기 때문이다.

어떤 목적을 위해서 힘을 초점화시킨다는 것은 넓은 의미에서 하나의 동작에 모든 것을 집약시킬 수 있는 기술이라든지 거기에 따르는 평가 등이 필요하게 된다. 이것은 야구에서 타자의 경우와 같다고 할 수 있다. 훌륭한 타자가 되려면 타석에 섰을 때 발의 위치,

방망이를 잡는 모양, 스윙 동작뿐 아니라, 타석에 서기 전부터 공을 칠 때까지의 호흡 조절까지 끊임없이 연습을 하지 않으면 안 된다. 그뿐 아니라 상대 투수의 구질과 투구 습관, 수비진들의 위치와 성향을 구체적으로 분석해 연구해야 하며, 그날의 날씨, 바람의 방향 같은 것까지도 염두에 두어야 한다. 그러나 타자가 실제로 타석에서 공을 치는 순간엔 지금까지 연습하고 관찰한 것들 하나하나에 힘이 초점화되는 것이 아니라, 이 각각의 행동이 하나의 행동으로 집약되고 발산된다. 지금까지 분석하고 준비한 모든 요소들이 통일되고 몸과 마음이 일치되었을 때 타자는 방망이를 휘두르게 되는 것이다.

이렇게 전체적으로 초점이 맞추어지면, 그 분야의 여러 요소들에 대한 인식은 주어진 상황에서 지속적이고 자동적으로 반드시 해야 할 단일화된 행동으로 발전된다. 즉 자기에게 주어진 환경을 장악하게 되는 것이다. 이때 배우는 정신적으로나 육체적으로 힘들이지 않고 활동하게 되고, 작품 역시 배우와 관객의 마음속에 남을 만큼 생명력 있는 하나의 현실이 된다. 만약 그렇지 않고 배우가 다른 곳에 신경을 쓴다면, 행동은 힘, 효과, 그리고 상황을 조율할 균형감각을 잃게 될 것이다. 그리고 이때 작품은 통일성과 리듬을 잃게 된다.

배우는 운동선수와 마찬가지로 오랫동안의 연습과 익혀두어야 할 기술, 알아두어야만 할 많은 지식, 그리고 주어진 환경에 대한 적응 등을 통해 단순한 행동 하나에 모든 힘을 집중할 수 있도록 해야 한다. 운동선수가 자기가 하는 운동에 힘의 초점을 맞추는 것과 같이 배우는 주어진 작품의 현실에 힘의 초점을 맞춰야 한다.

배우가 연기에 초점을 맞추는 것은 장면 속에 배우의 힘을 쉽게 집중시킬 수 있게 해준다. 하나의 힘이 또 다른 힘으로 옮겨감으로써 하나의 행동으로부터 또 하나의 새로운 행동을 창조할 수 있게 된다. 이와 같이 상호 연결성이 있는 행동은 그것이 언어적이든 아니든 간에 전체 상황에서 연속적인 행동으로 이어지게 되고, 한 극중 인물의 행동은 다른 극중 인물의 행동을 촉발한다. 각각의 반응(reaction)은 새로운 행동을 발생케 한다. 이러한 측면에서 볼 때 하나의 극적 상황에서 극중 인물들 간의 힘의 교류는 전체 작품의 구성(plot)과 밀접한 관계를 갖고 발전된다.

배우는 자신이 아닌 극중 인물의 성격을 표현하려면 무엇이 최선의 것인지를 발견하고 그것을 경험함으로써 비로소 작품 속의 한 부분이 아닌 전체적인 면에서 참여하게 된다. 이와 같은 경험이 성공했을 때라야 자신으로부터 탈피하고 나 자신뿐 아니라 극중 인물로서 새로운 것을 발견하게 되는 것이다.

자의식은 배우에게 큰 문제를 초래한다. 자의식이란 다른 사람이 자신을 지켜보는 것을 거북해함을 의미한다. 자의식적인 연기는 꾸민 표시가 나고, 힘이 들어가 있고, 자연스럽지 않고, 연기하는 티가 난다. 그런 연기에는 생생함과 즉흥성이 결여되어 있다. 배우가 자의식을 가지면 겉모습뿐인 연기를 하기 쉽다. '겉모습뿐인 연기', '별 의미 없는, 즉 특별한 정서가 보이지 않는 연기', '결과 상태만을 보여주는 연기'는 모두 같은 말로서, 배우가 등장인물에게 적합하다고 판단한 감정, 반응, 태도를 관객들에게 과시하려고 그런 감정과 반응과 태도를 가진 것처럼 흉내만 낼 때 나타난다.

겉모습뿐인 연기는 거짓임이 분명하게 드러난다. 그런 연기는 표현의 초점이 맞지 않았거나 부적절한 준비에서 비롯할 수 있다. 또는 자신의 준비가 적절치 않을 수도 있다는 두려움, 연기가 잘못될지도 모른다는 두려움, 관객들이 연기를 이해하지 못할 것이라는 두려움에서 비롯할 수도 있다. 그 문제에 대한 해결책은 관심을 자기 자신이 아닌 다른 곳에 두는 것이다. 강렬한 집중 대상이 없을 경우 배우의 관심은 자기 자신의 불안으로 향하게 된다. 자신이 아닌 다른 집중할 거리를 찾지 못한다면, 그 배우는 자의식에 사로잡힐 것이다.

배우가 관객들이 자신의 연기에 집중하도록 하기 위해 활용해야 할 방법이 있다. 첫째, 에너지다. 관객들은 배우에게서 강력한 에너지를 느껴야만 집중하게 된다. 둘째, 집중이다. 배우가 어떤 대상이나 인물 혹은 생각에 집중해왔을 때 관객은 관심을 갖게 된다. 셋째, 멈춤(pause, 포즈)이다. 배우가 연기나 대사의 적절한 지점에서 적절한 길이의 포즈를 사용하는 것이 끊임없이 이어지는 대사나 연기보다 주의를 집중하는 효과를 볼 수 있다. 넷째, 변화다. 배우는 연기 중에 동작, 소리, 반응, 대사 등에 변화를 주어야만 관객의 주의 집중을 유지할 수 있다.

13. 연기적 표현

연기는 근본적으로 배우의 연기적 표현이 수용자의 감각에 가 닿아 극중 인물의 정서가 수용자와 교류하고 교감하는 것으로, 배우의 정서적 감각의 발현이 중요하다. 이를 위해 배우는 날카로운 관찰력과 발달된 근육기억능력을 가지고 있어야 한다(그리고 이것은 많은 훈련을 통해 얻을 수 있다). 그래서 그 안에 저장된 자세와 몸짓을 항상 재생해낼 수 있어야 함은 물론이고, 사고와 몸을 조화롭게 연동시켜 효과적인 표현을 하도록 해야 한다.

실생활에서 우리는 항상 '확장된 몸'을 만들어낸다. 도구나 장비를 사용할 때 그렇다. 테니스 라켓이나 붓, 첼로, 활 모두 우리 자신의 확장이며 신체의 확장이라고 할 수 있는데, 이것들을 사용해서 우리는 세계를 조작하고 새로운 것을 창조해낸다.

몸과 그 연장체, 즉 '확장된 몸'을 일체화시키는 것은 다른 예술분야에서도 중요한 일이다. 20세기 최고의 바이올리니스트 중 한 사람인 예후디 메뉴인은 "위대한 바이올린은 생명이 있는 것이고 바이올리니스트는 그 바이올린의 일부다"라고 썼다. 즉 우리가 다루는 것이 더 이상 '타자'가 아니라 '나'의 연장일 때, 그것은 우리의 의지와 욕구를 따르는 몸의 일부가 되는 것이다.[26]

이러한 방법들을 체득한다면 배우가 표현할 수 있는 몸의 이미지는 엄청나게 풍부해질 것이다. 실제로 연습을 하면, 우리가 경험하고 흉내 내고 투사하는 운동과 긴장, 접촉의 감각을 통해 상상력과 표현 영역을 확장시킬 수 있다.

미국의 유명한 극작가 테네시 윌리엄스는 배우들이 무대에서 실제로 내는 것과는 다른, 극중 인물의 고유한 목소리와 말투를 상상할 수 있었다. 그는 자신에게 내면의 귀가 있어 대본이 무대 위에서 상연될 때 어떤 소리로 나타나게 될지 잘 알고 있었다고 말했다. 그는 자기 내면의 귀와 감각을 충족시키기 위해 대본을 썼노라고 말할 정도였다.

테네시 윌리엄스는 형상화를 극단까지 몰고 간 경우다. 그는 대본을 써나가면서 자신이 직접 연기하기도 했다. 그는 이렇게 말한다. "대본을 쓸 때면 마치 불을 훤히 밝힌 무대를 보는 것처럼 모든 상황이 다 보인다. 로마에 있을 때 나는 쓴 글을 한 줄씩 큰소리로 읽곤 했다. 그것을 들은 집주인 여자는 곧잘 이렇게 말했다. '저런, 윌리엄스 씨가 드디어 미쳐버렸네! 소리소리 지르면서 방 안을 어슬렁거리고 있잖아!' 그녀는 내가 정신착란 상태에 빠져 있다고 생각한 것이다."27)

이러한 착란상태에 대해 일본의 한 과학자의 실험이 있었다. 그는 뇌파검사를 통해 정신분열증 환자의 증세가 나타날 때의 뇌파 모양과 예술가가 창작을 하는 동안의 뇌파 모양이 거의 동일하다는 결과를 얻었다. 예술가가 창작을 하는 시간 동안은 분명 그의 일상생활과는 다른 영역으로 빠져드는 것이다.

로댕의 유명한 조각 작품 〈생각하는 사람〉은 자신의 상상력에 육체적인 형태를 부여한 것이다. 로댕의 말을 빌리자면, 모든 시인과 화가, 발명가를 상징하는 한 벌거벗은 남자가 긴장감을 주는 자세로 바위 위에 앉아서 생각에 빠져 있다. 로댕은 "내 작품 〈생각하는 사람〉을 '생각하는 사람'으로 만드는 것은 무엇인가? 그것은 그의 머리, 찌푸린 이마, 벌어진 콧구멍, 앙다문 입술만이 아니다. 그의 팔과 등과 다리의 모든 근육, 움켜쥔 주먹, 오므린 발가락도 그가 생각 중임을 나타낸다"라고 쓰고 있다.[28)]

'예술창작에도 법칙이나 공식 같은 것이 있나요'라는 질문을 가끔 받는다. 예술에서의 법칙은 스타일의 문제, 또는 스타일과 유사한 어떤 것으로 보는 것이 타당할 것이다. 하나의 스타일에서 발전의 여지나 개인적인 변화와 적용에 차이가 있다 하더라도 과거부터 행해지고 정립된 관례는 특정 예술의 기초가 된다는 측면에서 받아들이는 것이 좋다. 그러나 다른 스타일에서 그 관례는 완전히 달라진다.

동시에 예술가는 창조를 위한 과정이라는 의미에서 자신만의 법칙을 가질 필요가 있다. 『서양 미술사』 등을 쓴 영국의 미술사학자 곰브리치는 "그래픽미술가는 법칙을 따르지 않으면 그리지 못하고, 위대한 예술가조차도 선대 예술가를 모방함으로써 '끊임없이 노력하는 원숭이 노릇'을 했다"고 분명히 말한다. 공식이나 법칙은 초보자에게는 더욱 중요한 것이며, 성숙한 예술가는 점점 발전해나가면서 그것을 깨트리고 변형시키거나 무시할 것이다. 또한 예술가는 공식으로는 도저히 다룰 수 없는 복잡한 상황을 직관에 의해 취급할 수도 있을 것이다. 이것은 바로 우리가 영상 작업에서 영상과 음향의 복잡한 결합에 대해 언급할 때 발견된 것들이다. 이 경우 아마 우리는 오랜 경험의 결과로, 또는 내적 통찰의 결과로, 예술가의 무의식 속에는 어떤 종류의 법칙이 존재한다는 것을 인정해야 한다.

스타일은 지나치지 않을 때, 기교를 숨기는 기교가 있을 때 더 자연스럽다. 기술적으로 탁월하다 하더라도 그것을 돋보이려고 했을 때에는 그것이 놀라운 것이 되기는 하겠지만, 그 기술적인 면에 눈을 빼앗기기 때문에 예술가와 관객의 표현과 수용 사이에 장벽이 되어버리는 것이다.

흉내와 과장

일상생활에서 사람들과 대화를 하거나 무언가를 호소할 때는 하나의 동작, 즉 손이나 팔, 머리, 목을 움직이는 법 등을 생각할 여유가 없다. 다만 내적인 충동에 의해 저절로 손발이 움직인다. 따라서 표현하지 않으면 안 되는 것이 동기이며, 그것이 움직임을 통제하는 것이다.

개성적 표현이야말로 배우들의 목표다. 배우는 자기 자신의 감성과 의식을 독창적으로 적용해야만 자신의 예술을 창조할 수 있다. 절대로 모방이나 모사를 시도하거나 받아들여서는 안 된다. 좀 더 진실성 넘치는 자기만의 자연스러운 움직임을 사용해야 한다. 실생활에서는 어떤 일이나 행동을 할 때 올바르게 하는 법칙 같은 것은 별로 없다. 그렇다고 틀린 방법도 없다. 오직 현실이 있을 뿐이다. 가끔 배우들은 배역의 해석을 너무 서둘러 가장 단순하고 명료한 해석에 덤벼든다. 또 현실에 존재하지 않는 배역인 경우에는 불필요한 것들을 만들어내려는 충동에 사로잡히기 쉽다. 이 두 경우 모두 경계해야 하며, 항상 진실하고 자연스러운 것을 찾아내도록 해야 한다. 현실에 대해 마음을 활짝 열고, 틀에 박힌 연기를 버리고 독창적인 연기를 만들어낼 수 있도록 노력해야 한다.

흉내의 문제

절대로 남의 흉내를 내면 안 된다. 스스로 배역 인물을 분석, 연구하고 육체를 통해 자기의 오감을 표현하도록 노력해야 한다. 흉내는 순수하게 배우의 창조력에서 생겨난 상상에 의한 인물을 흉내 내는 것, 배역이 요구하는 성격의 특성이라고 판단되는 실제의 인물을 흉내 내는 것, 다른 배우의 개인적인 특징이나 연기의 버릇을 흉내 내는 것 등이 있을 수 있다.

같은 인간상을 그려도 그것이 상상력으로부터 생겨나 자기의 정신과 육체에 현실적인 모양으로 맞게 되면, 그 배역 인물은 무대와 카메라 앞에서 실재해 생생히 살아 움직이게 된다. 독창성이나 창조적인 정신도 이렇게 해서 생겨난다.

다른 사람의 버릇이나 방법을 흉내 내는 것보다는 자연이 자신에게 준 것을 살리고 자기만의 리얼리티를 만들어내는 것이 좋다. 다른 배우의 특징이나 연기를 흉내 내는 것은 최악이다. 어떤 특정 배우의 모습이나 연기가 코미디의 소재가 될 수는 있으나 배우가 다른 배우의 연기를 흉내 내는 것은 스스로 오리지널 명품의 '짝퉁'이 되는 것이다. 흉내 내려고 하면 타인의 스타일이나 외모만을 복사하게 된다. 그러나 재능을 흉내 내지 않으면 의미가 없다. 재능은 흉내 낼 수 없다는 것이 문제다.

과장된 연기

이것은 배우가 되려는 많은 사람들이 훈련기간 중에 어느 틈엔가 빠지고 마는 함정이다. 너무 지나치게 과장해 표현하는 것은 잘못된 것이다. 결론만을 말한다면, 자연스럽게 일상적인 말투로 내뱉는 대사가 진실하지도 않으면서 지나치게 격앙된 감정표현보다는 훨씬 현실감을 준다. 한편, 메소드를 신봉하는 배우들은 무대에서 과장되게 연기하는 것을 최악이라고 생각하기 때문에 표현을 과장되게 해야 하는 장면이 필요할 때에도 '편안하게 연기하고 싶다'는 유혹에 사로잡히게 된다. 이때 배우가 생각해야 할 것은 단 하나다. 진실이라는 가치만이 배우들이 목적으로 하는 것이며, 그 이상도 그 이하도 아니다.

자기의 능력과 개성에 의존하는 배우만이 창조적인 예술가다. 개성적인 표현에 대한 훈련을 받지 않고 배역 만들기에 자기 자신을 넣을 수도 없겠지만, 배역만을 연기하려는 배우는 대부분 인습에 묶여 곧 표현에 한계를 느끼게 된다. 그런 배우의 목소리는 실생활에서는 거의 듣기 힘든 긴장감과 억양을 띠고 있다. 주먹을 쥐고 이마를 때리며 의미가 있는 듯한 눈짓을 하기도 하고, 어금니를 깨물고 얼굴을 찡그리며 가슴을 두드리며 속이 텅 빈 듯이 연기해보지만, 불행하게도 이처럼 함정에 빠진 연기는 아무리 열심히 노력해도 바보같이 보일 뿐이다. 배우에게 최고의 순간은 자기의 배역에 '영감'을 받아 그 역을 정말로 '살았다'고 느끼는 때에만 찾아온다.

신체의 통제

스타니슬랍스키는 '동작은 말보다 큰 소리'라는 낡은 고정관념에 빠져 있었다. 그 후 그의 제자들 또한 그러했다. 그들은 육체적 동작과 몸짓은 제일 작게 억제해야 한다고 믿고 있었다. 그러나 오늘날 연기 지도자들은 무대에서나 촬영장 또는 작업장소를 떠나서라도 배우는 자신이 느끼는 충동을 자유롭게 표현하는 것이 좋다고 강조하고 있다.

동시에 움직임도 실생활에서 경험하는 움직임을 배워야 한다. 사실 이것들은 모두 하루의 생활 중에서 하고 있는 것이니까 새로 배워야 할 필요는 없을 수도 있지만, 정확히 인지해둘 필요는 있다. 일반인들과는 달리 배우들은 리얼리티보다도 자신이 극적이라고 여기는 움직임을 만들어내려는 경향이 있는데, 이것은 크게 잘못된 점이다. 배우가 실생활처럼 알기 쉽도록 움직임을 정하고, 이것을 말하는 방법, 그리고 행동과 앙상블을 이룰 때 관객들은 비로소 그 배우에게 주목하게 되고, 믿는 마음을 갖게 되는 것이다. 진정한 믿음을 얻는 데에는 이 진실하고 자연스러운 연기가 가장 중요하다. 일반적으로 배우는 특별한 감정과 열광적인 마음의 상태를 표현해 보이기 위해 자신도 열광적인 상태가 되어야 한다고 생각하는데, 그것은 잘못된 관념이다. 열광적 상태일수록 오히려 마음을 편안히 하고 집중의 대상을 온몸, 즉 오감을 통해 흘러넘쳐 흐르게 하고 뜨겁게 불태워서 열광하고 있다는 인상을 주지 않으면 안 된다.

배우는 선천적인 재능, 감수성, 행동, 매력 그리고 때로는 육체적인 매력까지도 필요하다. 그러나 먼저 관객들이 배우가 연기하는 인물을 실제 존재하고 있는 인간으로 받아들이지 못한다면, 이 배우에게 얼마간의 재능이 있다고 해도 외형뿐인 타성적인 연기로 인해 재능은 고립되어버린다.

배우가 되고 싶다고 생각하는 발레 무용수나 패션모델들이 그 외형적인 버릇이나 훈련된 흔적이 묻어 있는 자세 때문에 그 뜻이 잘 실현되지 못하는 것을 많이 보아왔다. 긴 세월 동안 발레를 익혀 습관화된 걸음걸이는 특수한 배역이 아니라면 어울리지 않는다. 어떤 모양에 끼워 넣어진 움직임만 하면 위험한 결과가 초래된다는 것을 이 하나의 예로써 강조해두고 싶다. 모델들의 포즈 연습이나 특정한 종목의 운동도 다르지 않다.

'무대나 카메라 앞에서의 자연스러운 움직임을 배우는 데 필요한 방법은 이것이다'라고 한마디로 말할 수 있는 것은 없다. 다만, 배우는 다양한 움직임이 가능하도록 훈련하는 것이 좋다는 충고는 할 수 있다. 여러 극적 상황에 대응할 수 있는 이상적인 몸, 그리고 자연스러우며 힘찬 몸을 만들어내는 것이 바로 다양성이고, 배우로서의 성장 경험이다. 이런 자연스러운 과정을 지났을 때에만 몸은 배우가 바라는 리얼리티의 극적 효과를 만들어내게 되는 것이다.

그렇다면 배우가 배역 인물의 정서를 표현하기 위해 가장 필요한 기관을 어떻게 선택할 수 있을까? 눈은 감정을 표현한다. 입은 생각을 표현한다. 목소리의 높낮이는 내적 정서를 표현하기 때문에 감정은 발성 기관에 영향을 미칠 것이 틀림없으며 청각도 역시 감정에 대한 커다란 자극이다. 더욱이 청각은 화술에 필요한 부속물이다. 이러한 자극은 얼굴이나 손을 사용하게끔 명령한다. 눈이 영혼의 거울이라면 손가락 끝은 몸집의 눈이다.

만약의 방법

스타니슬랍스키는 『배우수업』에서 '만약'이라고 하는 하나의 단어를 중심으로 해서 '이유 붙이기'의 방법을 확립했다. 예를 들어 한 배우가 "만약 내가 실생활에서 그러한 상황에 있게 되면 어떻게 행동했을까? 무엇을 왜 어떻게 말할 수 있었을까?"라고 질문해본다. 그 대답이 배우로 하여금 진실성 있는 연기를 찾아낼 수 있도록 이끌어주게 된다. 각각의 질문에는 하나 이상의 대답이 반드시 있다. 그중 어떤 대답이 작품과 배우의 심신에 맞아떨어지는가 결정하는 것은 배우 본인과 감독이다. 이러한 상황의 다양한 요소를 잘 처리하는 것이 훌륭한 작품을 만드는 데 중요한 역할을 한다.

무대나 카메라 앞에서 취할 행동과 대사에 대한 반응을 미리 예상하고 연기를 계획하게 되면, 이 연기는 신선함과 자연스러움을 잃게 된다. 관객이 그것을 느끼며 웃을지도 모르겠지만 믿지는 않을 것이다. 그 배우의 역에 대해 누구누구와 많이 닮았다고는 말하지만 완전히 실감났다고는 말하지 않는다. 무대와 카메라 앞에서의 동작, 대사, 상황, 목표의 모든 것은 배우가 그것을 믿고 자기 자신의 진실한 이유를 찾아내는 것을 목적으로 연기해야 한다.

작가들은 일반적으로 "극중 인물이 다리를 절고 있다"라고만 쓰지 않는다. 별로 중요한 역이 아니라면 그럴 수도 있겠지만, 중요한 역이라면 좀 더 구체적인 묘사가 있게 마련이다. 그 배역 인물은 어떤 절름발이일까, 무엇이 원인일까, 전쟁에 의한 상처일까 아니면 사고 때문일까, 병 때문일까를 발견하는 것은 배우들의 일이다. 해답을 찾게 되었을 때는 먼저 작품에 바탕을 두고 '이유 붙이기'를 해야 한다. 연기는 그 다음의 일이다. 그 '이유'는 작품의 통일성을 깨뜨리지 않고 그것과 맞도록 하는 방향에서 결정되어야 한다.

관찰의 중요성

장애인이 장애인처럼 보이지 않으려고 노력하는 것처럼 노인들도 노인처럼 걸으려고 하지 않는다. 그러나 사실은 장애인은 장애인이고, 노인은 노인이다. 맹인은 눈이 아니라 몸의 어떤 부분을 사용해서라도 보려고 한다. 촉각, 청각, 후각, 등 여러 가지 감각을 '보기'

위해 사용한다. 귀머거리는 수화(手話)로 '듣기'를 한다. 이것이 인생의 진실로서, 배우는 어떤 일이 있더라도 그 진실을 세심한 관찰을 통해 찾아내야 한다.

배우는 자신이 찾아낸 인생의 진실들을 면밀히 관찰해 그 진실의 정서를 충분히 느끼도록 하고, 신체적으로도 훈련해 적절하게 사용해야 한다.

성격의 이중적 대비

어떤 성격적 결함의 아름다운 점을 두드러지게 하는 것은 때로는 인물을 더욱 생기 있고 현실적으로 보이도록 한다. 그렇기 때문에 배우는 배역 인물의 성격을 창조해내기 위해서 대본에 있는 것 이상의 것을 찾아내야 한다. 좋은 인물이면 인물일수록 더욱 그 인물의 결함과 인간적인 약점을 찾아내야 한다. 만약 환자일 경우라면 건강하고 튼튼한 부분을 찾아내야 한다. 성격의 어느 한 면만을 연기하는 것이 아니라 상반되는 두 개의 대조점을 연기해야만 역의 인물이 살아 나와 작품 전체의 진정성과 생동감을 느낄 수 있다. 참된 영웅은 평범한 사람보다 더욱 불완전한 부분을 가진 인간이란 것을 우리는 실제 인생에서 잘 알고 있다. 영웅은 반드시 키가 크고 단단한 근육을 가진 미남은 아니고, 반드시 정의의 화신일 필요도 없다.

마찬가지로 악한은 우리가 보기에 무섭거나 전형적인 악당의 모습을 가진 것만은 아니다. 겉보기에 매력적이지만 본성을 숨기고 있던 인물의 정체가 폭로되었을 때 그 나쁜 점이 더욱 눈에 띄는 것이다. 배우는 성격 창조를 위해 꼭 인생이라는 분명한 진실만을 붙잡아 자기의 몸과 마음에 적응될 수 있도록 해야 한다. 진실이라고 하는 것은 바람에 나부끼는 나뭇잎과 같이 미묘한 것이지만, 일단 발견하게 되면 열풍과 같이 강하게 되어 인물의 삶이 관객의 마음속에 오랫동안 깊이 머무르게 된다.

지향해야 할 진실

배우는 항상 자기 배역의 이미지가 자신이 출연하고 있는 작품의 스타일과 조화를 이루도록 노력하지 않으면 안 된다. 급히 서두르는 것은 삼가는 것이 좋다. 만일 희극적으로 돋보이기 위한 외적 성격 만들기를 해야 한다면, 감정과 행동의 대비가 필요하다. 따라서 관객을 시종일관 웃기려고 해서는 안 된다. '비논리의 논리'가 여기서도 성립되며, 인물에 진실한 성격 창조가 되어 있으면 자연스레 작가가 의도한 상황과 대사가 나타나 인물이 점점 살아난다는 것을 배우는 명심해야 한다.

어떤 분야의 예술에서든 마찬가지겠지만, 그럴듯하게 보이려는 유혹에 빠지면 안 된다. 또한 아름다움 자체에 지나치게 집착해서도 안 된다. 자기의 한계 내에서 거기에 있는 모든 생명력을 빼내어 온몸을 통해 성실하게 연기에 필요한 요소들을 뽑아내려고 노력해야 한다. 예술가는 아름다움보다는 진실을 지향하는 것이 더 중요하기 때문이다. 그렇기 때문에 독창성이 있어야 하고, 거기에 생명력이 있어야 한다. 가장 차원이 높은 아름다움은 바로 여기에서 나오는 것이다.

자신에 대한 의식

배우는 자기의 행동과 몸짓을 분석할 수 있어야 한다. 일상생활에서 어떤 뜻밖의 순간, 왜 자신이 어떤 특별한 움직임과 말을 했는지, 그 동기가 무엇인지를 자문해보며 진실성 있는 결론을 얻을 수 있게 생각하고 기억해야 한다. 우리는 손, 다리, 눈, 코, 손가락 등 전신을 통해 세상의 모든 움직임을 표현하면서 살고 있는데도 사람들은 대개 이런 움직임에 전혀 관심을 가지지 않고 살아간다. 그러나 배우는 그러면 안 된다. 단순하게 보아 별로 의미 없어 보이는 행동까지도 그것의 동기가 되는 요소가 무엇인지를 다른 사람들의 행동을 통해 배워야 한다. 입 밖으로 나오지 않는 말이 더 힘이 있으며, 소리가 없는데 '이야기되고' 있는 것이 있다는 것을 알지 않으면 안 된다. 성실한 배우라면 이것이 배역의 내적인 생활을 표현해내는 첫걸음이라는 것을 알 것이다.

내적 감정을 표현하는 행동

사람의 눈에 띄지 않을 정도의 작은 행동이 때로는 마음속의 감정을 있는 그대로 나타낼 수 있다. 그렇기 때문에 행동의 이면에 있는 의미를 알아차리는 능력은 진리와 진실을 추구하는 배우의 훈련 과정에서 언제나 중요하다. 이러한 것들은 사회적 습관뿐 아니라 대사나 무의식중에 내뱉은 말에도 적용된다. 프로이트는 무의식중에 내뱉는 말이란 것은 실은 없는 것으로서 자신이 얘기하고 있는 것에 전혀 신경을 쓰지 않고 있거나 내적인 감정 그대로 얘기하는 것이라고 말하고 있다.

기계적 연기

기계적 연기가 진짜 감정 대신에 배우가 만들어낸 부호를 사용하는 데 비해서 과잉 연기는 손에 닥치는 대로 막연한 인간의 사회적 관습을 정리하지도 않고 연기에 사용한다. 이런 일들은 초보자에게는 흔히 일어날 수 있는, 당연하고 어쩔 수 없는 것이다. 그러나 주의하라. 아마추어적인 과잉 연기는 최악의 기계적 연기가 될 수 있기 때문이다.

첫째, 옳지 못한 접근법을 피하도록 하라. 그리고 그 목적을 위해서 연기의 기본을 훈련하라. 즉 역을 생활하는 태도를 말이다.
둘째, 무엇이든지 배우가 내면적으로 경험하지 않고서는, 즉 배우 자신이 흥미를 갖지 않은 것을 외면적으로 표현하려 들지 말라.

배우는 갓난애처럼 보고, 듣고, 걷고, 말하는 모든 것을 처음부터 배워야 한다. 우리는 모두 일상생활에서는 이런 것을 어떻게 해야 하는지를 잘 알고 있다. 그런데, 무대나 카메라 앞에서는 불행히도 이것들 중 대다수가 잘 안 된다. 그 이유 중 하나는 조명이 번쩍이는 곳에서는 아무리 작은 결함이라도 훨씬 크게, 그리고 뚜렷이 눈에 띄기 때문이고, 또 한 가지 이유는 무대나 촬영장 주변의 산만한 환경이 배우가 평정심을 유지하고 연기에 몰입하는 데에 좋지 못한 영향을 미치기 때문이다. 많은 훈련과 다양한 경험을 통해 이러한 어려움을 극복하고 진실하고 자연스러운 연기를 해내야 하는 것이 배우의 운명이다.

정서의 흥분[29)]

아메리칸 컨서버토리 극장의 윌리엄 볼(William Ball)은 먼저 행동을 취하면 자연히 감정이 뒤따른다고 했다. 그러나 세 가지 중요한 조건이 설정되어야 한다. 첫째, 감정을 일반화시킬 수도 있는 행위는 무엇인가? 우리가 흔히 생각할 수 있는 감정적인 행위의 대부분은 긴장이 고조되어 용솟음치는 행위다. 이러한 것은 감정의 고조로 나타난 결과일 뿐 감정을 일반화할 수 있는 행위는 아니다. 한 사람이 책상을 한참 동안 치면, 손은 비록 아프지만 마음은 한결 후련해진다. 그것은 우선적으로 일어나는 행위이고, 긴장이 우리로 하여금 책상을 치도록 유발하고, 격분을 가라앉히려고 할 때 우리는 그 짓을 한다.

둘째, 우리는 적절한 느낌을 일반화하려면 적절한 행위를 취해야 한다. 극작가들은 보통 이 조건에 대해 관련된 목소리와 시각적 요소를 겸비해야 한다고 대답하고 있다.

마지막으로, 우리 스스로 한 행위에 쉽게 감동받도록 하려면 자신과의 접촉에 익숙해야 한다. 그렇지 않으면 그 행위는 아무에게도 감동을 줄 수가 없다.

호흡과 표현

많은 배우들이 말하기를, 감정의 전달이나 표현에 가장 효과적인 수단 중 하나는 호흡이라고 한다. 호흡은 생명의 유지와 활력에 필수적일 뿐 아니라 감정을 표현하는 데에도 중요하다는 것이다. 감정이란 외부세계에 대한 반응에서 비롯된 결과다. 그러므로 이 외부세계와 직접 접촉하는 것이 바로 감정을 표현하는 가장 근본적인 방법이다. 외부세계를 우리 몸 안에 끌어들이고 또 내보내는 것 모두가 호흡을 통해 가능하며, 외부세계에 대해 느끼는 방법은 우리가 숨을 들이쉬고 내쉬는 방법으로 표현될 수 있다.

예를 들어 갑작스럽고 예기치 않은 위험에 처했다고 가정하자. 그러면 아마도 사람들은 대개 위협하는 것이 무엇이든지 그것에 대항하려는 생리적인 요구 때문에 호흡이 빨라지고, 최초의 충격이 사라지면 조금씩 호흡이 정상으로 돌아올 것이라고 생각한다. 그러나 이때 실제로 나타나는 반응은 그 반대다. 갑자기 숨이 막히고 재빨리 입을 다물어버려 결국 잠깐 동안 호흡을 멈추게 되는 것이다. 이것은 마치 외부세계에게 "네가 나를 겁에 질리게 하지만, 너는 들어올 수 없다. 나는 문을 열어주지 않을 테니까"라고 말하는 것과 같다.

신빙성과 양식

배역을 창조할 때 모든 행동이 믿을 만하게 되려면 모든 것이 논리에 맞게 전개되어야 한다. 즉 연기의 신빙성은 작품을 구성하는 등장인물의 역할과 형태를 실재화시키는 데서 창조되는 것이지 통념적인 관점에서 '사실처럼 보인다'고 믿을 수 있게 되는 것이 아니다. 현재 관객들과 같은 시대에 살고 있을 것 같은 사람이 사극에 등장한다면 그 사람의 행동은 가장 믿어지지 않는 연기가 될 것이다. 사실적인 작품에서도 배역 인물의 표현방식은 예술적인 의도를 달성하기 위해 일상생활보다는 강조되고 선택되어야 한다. 인물을 구축할 때 바람직한 태도는 사실에 맞기보다는 배역 인물의 드라마적 의도와 작품 양식에 맞는 것을 택하는 일이다. 그러므로 작품양식의 이해는 배역 이해의 기본요건이다. '믿을 만한' 연기를 하려면 작품 속에서

단순히 '살아 있는 것'으로는 부족하다. 작품양식에 따라서 정확히 살아 있어야 한다.30)

배우의 성격구축

여배우 중에는 자기 자신을 다른 성격으로 변형시킬 필요성을 느끼지 않는 사람이 간혹 있다. 이들은 모든 역을 자신의 개인적 매력에 적응시키려 든다. 이들은 자신의 미모만이 관객을 감동시킨다고 생각하고 그것을 자랑한다. 이런 배우들은 배우 자신 안의 배역을 사랑하기보다는 배역 안의 배우 자신을 사랑하고 있는 것이다. 그것은 잘못된 생각이다. 배우는 자기 자신에 그치지 않고 자신이 창조한 인물을 관객에게 보여야 한다.

잘못된 배우는 자기의 매력을 믿고 거기에 의지하는 경우가 많다. 그들은 그것만을 관객에게 보이려 든다. 한 배우를 예로 들어보자. 어떤 배우들은 자신의 매력이 자신의 감정의 깊이나 그것을 경험할 때 예민한 반응과 표현의 강렬함에 있다고 믿고 있다. 그는 어떤 역을 연기하건 그것에 의지하고, 자기의 가장 강한, 타고난 개성으로 배역을 장식하려 든다. 하지만 이것은 고쳐야 할 잘못이다. 배우는 배역을 사랑할 줄 알아야 한다.

또 하나는 특정한 유파의 방법, 틀에 박힌 연기, 자기 스타일로 만들어낸 연기로 관객을 매혹시키는 배우다. 그들이 무대나 카메라 앞에 나타나는 것은 관객을 향해 그것을 보란듯이 자랑해 보이려는 데 목적이 있을 뿐이다.

잘못된 배우의 또 다른 형태는 기교나 틀에 박힌 연기에 능하긴 하지만 그런 것을 자신이 만들어내지는 못하는 배우다. 그들은 옛날 배우나 또는 외국의 다른 배우의 연기를 흉내 내려 할 뿐이다. 그러한 성격묘사는 지극히 진부하고 배우를 열등하게 보이게 만든다. 그들은 세계적으로 유형화되어 있는 인물들의 모든 배역 인물들을 어떻게 연기할 것인가를 알고 있다. 이런 배우에게는 모든 배역이 영구불변하게 기성의 틀에 의해 재단된다. 배우는 예술가라는 자긍심을 가져야 한다. 예술가는 자신이 아닌 작품으로 세상과 소통하는 사람이며, 창조 과정에서 필연적으로 발생하는 외로움과 고통, 두려움을 즐길 수 있어야 한다. 배우가 창조한 인물이 그 배우의 작품이며, 그 작품은 세상에서 유일한 것이어야 한다.

Ⅲ. 영상 연기의 실천

II.

01. 매체 연기
02. 오디션
03. 캐스팅
04. 배우와 감독
05. 준비와 리허설
06. 발성과 사운드
07. 배우와 촬영
08. 배우와 편집
09. 의상과 분장

01. 매체 연기

배우의 주 활동 무대는 연극, 영화, 텔레비전이다. 요즘은 매체가 발달해 배우들이 그 밖에도 다양한 경로와 방식으로 작업을 하고 있지만, 중심이 되는 작업 현장은 여전히 이 세 매체다. 어느 매체가 되었든 배우의 작업은 등장인물의 성격과 이미지를 연기해내는 것이지만, 세부적인 작업 방식과 방법은 각 매체의 특성과 작업환경 등에 따라 다르다. 매체가 바뀌면 배우의 작품 분석법, 표현법, 발성 등도 달라지는 것이다.

영화와 텔레비전이 대중매체로 자리 잡기 시작하던 때에는 연극 무대 출신들이 영화나 텔레비전으로 이동하는 것이 관례였다. 요즘은 이런 관례가 많이 허물어져서, 연극 무대 경험이 없는 배우들이 영화나 텔레비전에서 연기를 시작해 좋은 평가를 받는 경우도 많고, 영화나 텔레비전에서 출발한 배우들이 연극 무대에서 활동하는 경우도 많다. 배우들이 어떤 특정 매체에서만 작업해야 한다는 법은 없으며, 다양한 매체를 넘나들며 자신의 역량을 발휘하는 것이 배우들에게는 매우 행복한 일이다.

매체에 따른 연기의 차이점을 우선 표를 통해 알아보자.

연극	영화	텔레비전
연속적	단속적(순차적으로 촬영하지 않음)	복합적(단속적 + 연속적)
반복 불가능	반복 가능(NG의 경우)	가능(녹화), 불가능(생방송)
배우의 전체 노출	전체, 부분 노출	전체, 부분 노출 (특히 부분 노출이 많음)
음성 전달의 어려움	쉬움(마이크 사용)	쉬움
체험의 도식화로서의 상징과 전달을 위한 과장 필요	상징과 일상성의 조화	일상성 중요
직접 관객에게 전달	카메라를 상대로 연기 → 극장 상영	카메라를 상대로 연기 → 가정 방영
장기간 연습	단기간	단기간/생방송의 경우 연습 불가능
액션(Action) 중심	액션-리액션 (Action-Reaction)	액션-리액션 (Action-Reaction)
즉흥연기 가능	예정치 않았던 동작, 대사 불허	상황에 따라 가능
배우의 노력이 중요	개성, 외모(분위기), 노력	재능, 노력
작업환경이 무대로, 집중력이 있음	촬영장의 분위기는 대개 산만함	

연속성의 차이

연극은 시작부터 끝까지 연속되는 사건과 스토리 전개를 통해서 인물을 표현하고 성격을 드러내고, 반면에 영상 연기는 작품 속의 시간의 흐름과는 전혀 상관없이 작업의 효율성을 우선해 촬영을 한다. 연극 무대의 배우들이 영상 연기를 할 때 가장 힘들어 하는 부분 중 하나가 이러한 작업 방식의 차이인데, 이것은 조금만 익숙해진다면 충분히 극복할 수 있는 부분이다. 영상 연기를 할 때는 작품의 흐름과 촬영하는 흐름의 전후관계를 고려해서 부분적인 촬영에 임해야 한다는 점을 항상 염두에 두어야 한다. 영상 배우가 연기 계획을 세울 때에는 전체 작품의 흐름과 장면별 에너지 수위 등을 사전에 충분히 계획하고, 촬영에 들어갈 때에는 그 계획에 따라 자신을 조절해야 한다.

반복의 차이

반복적인 연기는 무대 연기와 영상 연기 모두에서 배우가 현실감을 유지하는 데 기술적인 문제를 일으킬 수가 있다. 무대의 경우 매일 또는 매회 동일한 연기를 장기간 반복함으로써 배우의 감성이 메마를 수 있고, 영상의 경우 같은 장면을 반복 촬영함으로써 감성과 감정이 메마를 수 있다.

연극 무대에서는 막이 오르면 처음부터 끝까지 연기를 한 번밖에 할 수가 없다. 반복 자체가 불가능하기 때문에 사전에 개인 연습을 충분히 하고 상대역 또는 전체 배우들과의 앙상블 연기에 신경을 써서 중간에 NG가 나지 않도록 해야 한다. 영상 연기의 경우 반복 촬영은 늘 있는 일이다. NG가 났을 때는 물론, 감독이 좀 더 나은 결과를 얻으려고 같은 장면을 반복 촬영할 때도 적지 않다. 연극 무대에서 연기를 해온 배우들은 이 부분에 적응을 하도록 노력해야 한다.

반복 촬영은 영화나 텔레비전의 특성 중 하나로, 대개 한 번에 OK가 나지 않는 경우가 많기 때문에 배우는 이에 대비해야 한다. 또한, 같은 장면을 와이드 샷, 미디엄 샷(M.S), 클로즈업(C.U)으로 찍을 수 있기 때문에 그때마다 모든 동작을 동일하게 해주어야 한다. 그리고 M.S이나 C.U에서 감독이 손이라든가 다른 무엇을 포함시킬 필요가 있을 때에는 동작을 조금 변경할 수도 있다. 영상 연기의 특징인 반복 연기에서 그 느낌의 크기나 정도가 일정하게 표현해내기는 쉽지 않지만, 자신만의 방법을 찾아서 유지하도록 해야 한다.

신체 노출의 차이

연극은 배우가 무대에 등장하면 특별한 경우가 아니라면 배우의 신체 전부가 노출되지만, 영화나 텔레비전은 신체의 일부를 보여주는 경우가 대부분이다. 연극의 경우 무대가 열린 상태로 존재하기 때문에 관객들이 부분적으로 선택해서 볼 수 있지만, 텔레비전이나 영화의 경우 근접촬영 샷에서 관객은 감독이 선택한 영상을 볼 수밖에 없다. 이때 관객은 모든 것이 프레임 안에 있다고 간주하게 되며, 화면에 나타나지 않은 것은 의미가 없거나 관계가 없는 것으로 인식한다. 말하자면 배우가 어떤 기가 막힌 연기를 했다 하더라도 관객에게 보이지 않는다면 하지 않은 것과 마찬가지가 되는 것이다.

예를 들어 무대에서 찻잔을 들 때는 배꼽 가까운 높이로 든다. 이렇게 들어야 편안하고, 마시려고 입으로 가져가기도 좋고, 또 테이블 위에 내려놓기도 좋기 때문이다. 그러나 이 장면을 화면 안으로 가져온다면 배우의 얼굴은 보기 힘들 정도로 작아질 것이다. 좀 더 타이트하게 들어가서 큰 얼굴을 잡아야 될 때는 컵을 들고 있는지조차도 보이지 않는다. 그러므로 영상에서 연기하는 배우는 찻잔을 얼굴 가까이 들어서 카메라에 함께 잡혔을 때 상이 왜곡되지 않고 사실적으로 보이도록 하고, 관객이 배우의 표정을 놓치지 않으면서도 무엇을 하고 있는지 알 수 있게 해야 한다.[31)]

샷의 크기를 결정하는 것은 감독이지만, 그에 따른 연기는 배우들이 해야 한다. 타이트 샷(*샷의 종류에 관해서는 214쪽 「배우와 촬영」 부분을 참고할 것)의 경우에는 일상성이 있는 경우와 없는 경우들이 있는데, 클로즈업의 경우에는 일상성이 없기 때문에 배우들이 잘못 연기하면 캐릭터에서 벗어나는 느낌을 줄 수가 있으므로 주의해야 한다.

보통 사람들의 시야각도로 볼 때 영상의 샷 크기는 연극에서의 배우와 관객 간의 거리와 느낌이 비슷하다. 예를 들어 텔레비전 화면에 F.S(Full Shot)로 잡히는 사람의 경우, 우리가 텔레비전을 보는 거리가 3미터라고 볼 때, 극장으로 치면 약 10미터 이상 떨어진 거리에서 실제 배우를 보는 것과 유사하다. 그러므로 샷의 크기에 따라 연기 방식이 변해야 한다. 몸 전체가 보이는 F.S에서의 연기는 동작이 크고, 멜로드라마 같은 식의 연기를 해야 한다. 상반신을 잡는 M.S(Medium Shot)의 경우 극장으로 치면 약 5미터 내외 정도 떨어진 거리에서 보는 것과 비슷하다. 그러므로 이 경우 좀 더 섬세하고 소극장 같은 느낌의 연기를 해주어야 한다.

가슴 이상을 잡는 B.S(Bust Shot)의 경우, 거리상으로 보면 1~3미터 정도다. 그래서 이 경우 일상적이고 사실적인 연기가 필요하다. 텔레비전에서 B.S가 가장 많이 나오는 이유는, 우리가 일상생활 공간에서 상대방을 보는 거리감과 비슷하기 때문이다.

C.U(Close Up)이 되면 일상을 벗어나 굉장히 가깝게 느껴지기 때문에 가상적으로 느껴질 수 있다. 클로즈업은 영상 연기의 특성으로, 흘깃 보는 눈길만으로도 위협적이고 강한 느낌을 줄 수 있고, 눈을 깜박이는 동작만으로도 겁먹은 인물을 표현해줄 수 있다. 그러므로 클로즈업 연기에서 배우는 작은 동작으로 큰 효과를 낼 수 있는 방법을 찾아야 한다.

과거의 영화들에서는 B.S나 C.U가 드물다. 사람들이 연극을 보는 것과 비슷한 느낌을 주려는 것이 한 이유였고, 화면을 꽉 채운 클로즈업의 경우 비사실적으로 느껴져 일부러 사용하지 않은 이유도 있었다. 근래에 와서는 영화가 텔레비전으로 상영되는 일도 많기 때문에 타이트 샷들이 많아졌으며, 텔레비전의 영향으로 영화에 타이트 샷이 많아진 경향이 있다.

영상 연기, 특히 텔레비전 연기의 경우 거리감에 대한 연기 계획을 세워야 한다. 다시 말하지만 연기는 배우의 몫이므로 배우는 L.S, M.S, B.S, C.U 등을 구분해서 각 샷의 크기에 가장 알맞은 연기를 보여줄 수 있도록 훈련할 필요가 있다.

음성 전달의 차이

연극의 경우 영상 연기와는 달리 여러 공간을 이동해 다니거나 다양한 이미지들을 통해 표현하는 데 한계가 있으므로 대사가 많고 설명적인 내용이 많다. 영상 연기는 연극과는 달리 대사 의존도가 낮다. 작은 동작이나 몸짓, 눈빛 하나까지 모두 화면에 담을 수가 있기 때문에 대사를 하지 않고도 많은 의미를 전달할 수 있고, 관객과 소통할 수 있다. 그래서 영상의 경우 연극에 비해 사람들은 배우들의 말보다도 이미지에 더 관심을 가진다. 엘리아 카잔(Elia Kazan) 감독은 "영상예술은 이미지를 촬영해내는 것이지 대사를 찍어내는 것이 아니다"라고 말했다.

연극배우들은 관객들에게 대사를 전달하려면 목소리를 일정 크기 이상으로 높여야만 한다. 그러나 영상의 경우 관객과의 실제 거리는 무시할 수 있으므로 응축된 에너지의 전달로 물리적 거리감을 대체할 수 있다. 배우의 입과 마이크 사이의 거리만 고려하면 물리적

거리감에 대한 문제는 해결되는 것이다. 다시 말해서 와이드 샷처럼 마이크가 멀리 있을 때는 그만큼 먼 상대까지 들리게 말한다는 느낌으로 대사를 해주고, B.S나 클로즈업처럼 마이크가 가까이 있을 때는 그 마이크를 상대로 말한다고 생각하고 대사를 하면 된다.

텔레비전 드라마의 경우는 이야기의 흐름을 이어가기 위해 영화에 비해 대사나 스토리가 선행되는 경우가 많다. 이렇게 되었을 때에야 비로소 중간에 잠시 자리를 뜨거나 주의가 환기되더라도 스토리를 따라갈 수 있게 된다. 이런 이유 때문에 텔레비전 연속극에서는 배우가 끊임없이 말을 할 수밖에 없다. 관객이 중간에 화장실을 가거나 식사를 하거나 상관없이 오락을 제공하고 정보를 전달해주어야 하고, 관객들은 이러한 텔레비전을 편안하게 대한다.

상징과 일상성의 차이

우리는 일상생활에서 누군가와 대화를 할 때 대개 상대방의 눈을 보고 대화를 한다. 그러나 연극 무대에서는 무대와 객석의 조건에 따라 시선의 높이가 달라질 수 있다. 큰 무대이거나 객석이 무대보다 높은 구조를 가진 극장에서는 배우가 상대방의 눈보다 조금 높이, 상대 배우의 이마 정도를 보는 것이 객석에서 볼 때는 서로 눈을 맞추고 있는 것처럼 보인다. 무대와 객석의 거리가 수십 미터가 되는 대형극장에서는 동작이나 제스처 또한 일상생활보다 크고 분명하게, 때에 따라서는 상징적인 모습으로 보여줄 필요가 있다. 이렇듯 무대의 상황이나 극장 조건에 따라 일상과는 다른 연기를 해야 자연스럽기도 하다.

영화 연기의 경우 텔레비전보다는 영상표현이 함축적일 때가 많고, 화면이 크기 때문에 와이드 샷이 많다. 그래서 배우들이 때에 따라서는 상징적인 연기를 해야 할 때도 있지만, 대개는 일상적인 모습으로 연기하는 것이 좋다. 텔레비전 드라마의 경우는 일상생활을 바탕으로 한 것이 많기 때문에 연기 또한 생활하듯이 일상성을 갖는 것이 좋다. 연극의 경우 큰 극장에서는 감정표현의 상징적인 처리가 가능하지만, 영상 연기에는 배우가 완벽하게 그 역할에 몰입해서 연기를 해야 하는 순간이 있다. 눈에서 진짜 눈물이 왈칵 쏟아져 나오거나, 코가 빨개진다거나, 격한 감정이 얼굴에 나타나면서 혈관에 피가 몰리는 것 같은 순간들 말이다. 이런 순간들은 꾸며낼 수 없는 것들이기 때문에 반드시 '진짜'여야 한다.

전달의 차이

연극은 대개의 경우 연극을 위해 설계된 극장에서 행해진다. 무대에서 배우는 관객을 향해 연기하고, 배우가 연기를 하는 동안 관객과 배우 간에 교감이 형성된다. 관객은 배우의 연기를 직접 보고 그들의 에너지를 직접 느끼며, 배우는 관객의 반응에 대한 에너지를 느낀다. 배우와 관객 사이에 일어나는 교감은 배우와 관객의 상호작용으로, 예술을 감상하는 쾌감의 원천이다. 영화는 대개 밀폐되고 캄캄한 공간에서 상영되기 때문에 관객이 화면과의 거리감을 느끼지 못하고 집중하기도 수월하다. 텔레비전의 경우는 관객들이 대체로 가정이라는 상대적으로 산만한 환경에 있지만, 화면 자체가 빛을 뿜어내기 때문에 보는 이의 시선을 끄는 특성이 있다.

연극은 무대 위에서 배우가 연기를 하는 순간이 창작 작업 그 자체지만, 텔레비전이나 영화의 작업 현장은 연극에 비해 엄청난 차이가 있다. 영화나 텔레비전에서 스튜디오 촬영을 제외한 야외촬영의 경우 주변이 대단히 산만하기 때문에, 배우들은 작업을 할 때 극도의 집중력이 필요하다.

영상 연기의 경우 상대 배우와 함께 화면에 비치는 경우도 있지만 혼자 비치는 경우도 많다. 무대 배우의 경우 상대 배우와 연기를 하고, 동시에 그것이 관객을 향한 것이지만, 영상 연기를 하는 배우는 상대 배우와 더불어 늘 카메라를 향해 연기하는 것이다.

연습 기간의 차이

우리나라의 경우 뮤지컬을 제외한 일반 연극 작품을 만들 때 일반적으로 1개월에서 6개월 정도 연습을 한다. 그 기간 동안 배우들은 작품 분석, 캐릭터 만들기, 대사 외우기 등과 블로킹(blocking), 앙상블 만들기 등의 단계로 연습을 진행한다. 특히 연극은 공연이 시작되면 되돌리거나 반복할 수 없으므로 최종 리허설 때 작품의 시작부터 끝까지를 공연과 동일하게 연기해낼 수 있도록 철저히 준비하고 연습해야 한다.

영화의 경우는 연습 기간이 상대적으로 짧으며, 배우들의 개인적인 준비 후에는 촬영 현장에서 연습을 하는 것이 일반적이다. 부분적으로 촬영을 하기 때문에 촬영 직전에 연습을 한 후 그대로 반복하는 것을 필름에 담는 것이 일반적이다. 간혹 우디 앨런처럼 배우의 순발력이나 유연성을 중시해서 배우들에게 전체 대본을 보여주지 않고 촬영 부분의 대본을 연습한 후 바로 촬영에 임하는 습관을 가진 감독들도 있다.

스튜디오에서 촬영하는 텔레비전 드라마의 경우, 출연배우들이 함께 모여서 대본을 읽어보는 독회를 하고 블로킹을 한 다음 스튜디오 세트에서 카메라와 함께 리허설을 한다. 그리고 시간과 상황이 허락하는 만큼 이어가며 연기를 하고 촬영을 한다. 야외작업의 경우는 영화와 거의 동일하게 진행된다. 텔레비전 드라마를 촬영할 때, 극단적인 경우에는 소위 '쪽대본'이라는 부분대본이 촬영 중에 전달되기도 한다. 이때 충분한 연습이란 상상하기 힘들며, 배우는 대본을 재빨리 훑어본 후 순발력 있게 대응해야 한다. 배우에게 순발력이란, 전체 예산의 여유가 점점 줄고 그만큼 배우들의 리허설 시간이 줄어드는 시점에서 더욱 필수적이고 보편적인 조건이 되고 있다.

액션과 리액션의 차이

연극 무대에서는 상대 배우의 대사나 동작에 지나치게 반응할 경우 상대 배우의 연기가 약하게 보이거나 산만해질 수 있기 때문에 리액션을 매우 조심스럽게 하는 것이 일반적이다. 영상 연기에서는 작품의 흐름을 효율적으로 이어가려고 리액션을 사용하는 경우가 많다. 영상 연기에서는 표정이나 신체 일부분의 반응을 타이트한 샷으로 화면에 따로 담아 리액션을 표현할 수 있으므로, 배우는 동작이나 움직임을 크지는 않아도 분명하게 해주는 게 좋다. 편집 과정에서 적절히 삽입된 리액션은 그 배우의 연기를 돋보이게 한다.

즉흥연기의 차이점

무대에서 연기하는 배우들은 연극이 시작되면 도중에 중지하거나 아무도 간섭할 수 없는 상황에서 연기를 하므로 때에 따라 즉흥적인 연기를 할 수도 있다. 그러나 지나친 즉흥연기는 전체 극의 흐름에 영향을 줄 수 있으므로 매우 조심해야 한다. 영화의 경우는 대본 작가에 의해 철저하게 다듬어지고 정리된 대본으로 촬영을 하기 때문에 특별한 경우를 제외하고는 즉흥적인 대사나 동작은 허용되지 않는다. 텔레비전의 경우 영화와 연극의 중간 정도에 해당한다고 볼 수 있다. 특히 일일극의 경우 적절한 애드립은 드라마의 흐름에 윤활유 역할을 하기도 한다.

성공의 조건

사람들은 대개 배우란 남다른 외모와 개성을 가져야 한다고 생각을 한다. 부분적으로 맞는 말이지만, 배우에게 필요한 외형적 특징은 매체에 따라 차이가 있을 수 있다. 물론 모든 매체에서 체격이 큰 사람은 큰 사람대로, 작은 사람은 작은 사람대로, 잘생긴 사람은 잘생긴 사람대로, 못생긴 사람은 못생긴 사람대로, 뚱뚱한 사람은 뚱뚱한 사람대로, 마른 사람은 마른 사람대로 다양한 모습이 필요한 것은 사실이다. 배우의 잘 가꾼 몸매나 예쁘고 잘생긴 외모는 관객들의 감탄을 자아낼 수는 있지만, 오히려 그 자체가 작품을 감동으로까지 발전시키는 데 방해요소로 작용할 수도 있다.

연극의 경우 신체적인 특징이나 외모보다는 등장인물의 성격을 표현하기 위한 신체적인 훈련과 발성 등 꾸준한 노력이 필요한 후천적 요소들이 더 중요하며, 영화의 경우 개성 있는 외모나 특별한 분위기 등이 도움이 되는 것이 사실이지만 배우로서의 기초 훈련은 여전히 필수 사항이다. 텔레비전의 경우 독특한 개성과 많은 작품을 소화해내기 위한 '멀티플레이어'로서의 재능이 필요하고, 적응력이 중요하다.

로버트 코헨(Robert Cohen)은 자신의 책 『전문배우론*Acting Professionally*』에서 전문배우가 갖추어야 할 덕목을 정리해놓았다. 이 덕목들을 살펴보면,

첫 번째는 재능(talent)이다. 배우가 갖추어야 할 재능이란 너무 다양하고 폭넓은 것이어서 무엇이라고 정의를 내리기보다는 사람들에게 보이는 것이라고 설명하는 편이 좋겠다. 사람들은 각기 다른 재능을 갖고 태어난다. 전문적인 배우들은 태어날 때부터 배우에게 필요한 재능을 갖고 있는 사람이면 좋겠다.

두 번째는 개성(charming/fascinating personality)이다. 사람들이 각자 가지고 있는 됨됨이와 인간적 바탕은 매우 중요하다. 영화나 연극에 비해 텔레비전 드라마는 엄청난 시간의 제약을 받으며 작업한다. 그렇기 때문에 극중 인물의 성격을 창조하고 개발, 발전시킬 시간이 매우 부족하므로 배우가 갖고 있는 개성 그 자체에 의존하는 배역이 대부분이다. 이러한 방법을 유형적 배역(타입캐스팅) 또는 상투적 배역이라고 부르는데, 텔레비전 드라마에서 제작 여건 때문에 이 방식을 많이 사용한다. 권장할 만한 방법은 아니지만 현실이므로 배우는 자신만의 개성을 찾고 발전시켜야 할 것이다.

세 번째는 신체적 특징(certain physical characteristics)이다. 앞서 설명한 개성과 연관이 있지만 외형에 좀 더 중점을 두는 것이다. 전체적인 특징을 분장으로 바꾸거나 고치는 것은 한계가 있다. 성별, 나이, 인종 등은 분장으로 바꾸기 어려우며, 실제에 가까운 사람을 선택하려는 경향이 높아지고 있기 때문에 배우는 자신의 신체적 특징 그 자체를 유지하고 발전시키려고 노력해야 한다.

네 번째는 훈련(training)이다. 아무리 재능 있고 개성이 강하

고 신체적 조건이 좋아도 훈련과 경험이 없으면 오디션에서 선발되기는 어렵다. 연기를 배울 수 있는 곳은 많으므로 기초부터 배우 훈련을 받는 것이 중요하다.

다섯 번째는 경험(experience)이다. 흔히 '경험보다 좋은 스승은 없다'고 말한다. 물론 배우들이 평생 동안 똑같은 연기를 하는 경우는 없다. 같은 작품에서 같은 역을 다시 맡거나, 중간에 NG가 나서 다시 연기하는 경우에도 매번 연기는 다른 것이다. 그러므로 배우들은 다양한 매체, 작품, 연출자 등을 경험하는 것이 좋으며, 이들을 통해 배우는 발전한다.

여섯 번째는 인간관계(contacts)다. 인간관계란 서로 간의 접촉을 통해 생겨나고 발전하는 것이다. 제작자나 감독들이 배역을 결정할 때에 그들이 잘 알고 있고 함께 일하고 싶은 사람들에게 먼저 기회를 주는 것은 어쩌면 당연한 일인지도 모른다. 자세와 태도가 좋지 않거나 수양이 부족한 배우는 능력과 별 상관없이 기회를 잃게 되는 것이다.

일곱 번째는 성공하려는 의지(will to succeed)다. 이런 의지가 없는 사람은 주변 사람들을 권태롭게 한다. 이런 사람들과 함께 일하고 싶어 하는 사람은 없다. 너무 드러내지는 않아도 성공에 대한 확실한 의지를 가지고 일에 임해야 할 것이다.

여덟 번째는 건전한 자세와 적응력(a healthy attitude and psychological capacity for adjustment)이다. 배우는 전문인으로서 의연한 자세를 가져야 하고, 자신의 개인적 욕망, 가정적 문제, 사적인 문제들을 공적인 일과 연결시키지 말아야 한다. 제작팀은 프로그램을 만들기 위해 모인 사람들의 집합체로, 자기 한 사람으로 인해 전체 팀이 무너지게 해서는 안 된다. 또한 배우는 루머나 가십의 대상이 되지 않도록 자신을 관리할 필요가 있다. 배우들은 항상 새로운 일과 상황, 사람들을 만난다. 그때마다 자신을 새로운 환경에 빨리 적응시켜나갈 수 있는 정신적인 여유와 융통성을 가져야만 한다. 항상 적극적이고 능동적인 참여의 자세와 심리적 안정을 유지할 수 있는 능력을 가진 배우는 어디에서나 환영받을 것이다.

아홉 번째는 자유로운 의식(freedom from entanglement)이다. 배우가 매번 새로운 배역과 연기에 집중하려면 여러 가지 구속요건들로부터 자유로워야 한다. 특히 텔레비전의 클로즈업은 배우의 미세한 감정적 표현까지 정확히 잡아내므로 자신을 완전히 비우고 작업에 임할 수 있는 의식의 자유로움을 찾아야 한다.

열 번째는 올바른 정보와 도움(good information, advice and help)이다. 정확하고 질 좋은 정보를 얻기 위해 관련 서적, 관련 전문잡지 등과 관련 분야 전문가들과의 접촉을 게을리하지 말아야 한다. 그리고 선후배, 동료 등을 통해 자신의 연기에 대한 평가를 적극적으로 수용해야 한다.

열한 번째는 운(luck)이다. 위에 열거한 모든 조건이 완벽하게 갖추어져도 운이 뒷받침해주지 않으면 어렵다고들 말한다. 운이라는 것은 과학적으로 설명하기 어려운 것이지만, 그 존재를 인정하는 것은 동서고금을 통해 공통적인 것이다. 배우로서 성공한다는 것, 즉 확실한 스타가 된다는 것은 많은 사람들의 꿈인지도 모른다. 브로드웨이의 유명한 캐스팅 디렉터(casting director) 조셉 아발로(Joseph Avallo)는 말한다. "스타가 되기를 꿈꾸는 모든 사람들 중에서 아마도 1퍼센트 혹은 2퍼센트가 꿈을 이룰 것이다. 그러나 그것은 그들의 꿈이다. 아무도 그것을 빼앗아 갈 수는 없다." 운이란 탓하고만 있을 대상이 아니다. 지성이면 하늘도 감동하는 법이다.

작업 환경의 차이

연극의 경우 배우의 작업 환경이 무대로 한정되어 집중력이 있다. 상대 배우와의 교감 그리고 관객과의 교감 등이 연극 작업에서 중요한 요소지만, 관객은 어둠 속에 있으므로 배우들은 무대에만 집중해 작업하는 데 큰 어려움이 없다. 영화나 텔레비전의 경우 작업현장에 카메라, 조명, 감독, 프로듀서, 기타 스태프들이 배우들 눈앞에 있어서 그들을 관객처럼 생각하고 연기할 수도 있으나, 대체로 배우들이 집중하는 데 상당한 영향을 줄 수 있다. 무대 위의 배우들은 관객을 향해 연기하지만, 영상 작업의 배우들은 카메라를 향해 연기해야 하며, 카메라와 조명, 마이크 등이 움직일 때는 이에 맞추어 연기해야 하는 어려움도 있다.

연극은 대개 매일 일정한 시간에 일정한 장소에서 공연을 하고, 공연이 끝나면 배우의 일과도 끝이 난다. 반면 영상 작업은 대개 장비와 장소를 이동하며 촬영하는 일이 많고, 배우와 촬영 환경의 여건 때문에 시간에 쫓기기 십상이다. 영상 작업에서 장소와 장비를 이동할 때 배우들은 작업이 없으니 이 시간을 잘 활용하는 것이 좋다. 짧은 시간 동안 편히 쉬거나 가수면을 취하며 에너지를 충전하고, 촬영준비가 되면 즉시 다시 촬영에 임해야 한다.

텔레비전 연기의 특성

텔레비전 연기는 연극이나 영화 연기와 공통점이나 유사한 점이 많지만 차이점도 꽤 많다. 가정에서 시청하는 텔레비전 매체의 특성상 일상성이 특히 중요하며, 시리즈가 많다는 것이 또 다른 특징이다. 시리즈는 이야기가 길게 이어지는 경우와 매회 에피소드가 바뀌는 것들이 있지만, 새로운 에피소드가 들어와도 드라마의 틀은 동일한 것들이 많다. 또한 연극이나 영화에 비해 다양한 형식의 드라마들이 있어, 이에 따른 연기 형식의 적응과 적용이 필요하다.

__ 드라마의 장르에 따른 연기의 차이

■ **일일극(soap opera):** 일일극이란 주 5일 방송되는 드라마로, 대개의 경우 하나 또는 두세 개의 가정과 직장을 중심으로 일어나는 이야기다. 우리나라와 일본의 라디오 일일극에서 유래한 형식으로, 미국에서 주로 오전 중에 방송되는 soap opera와 유사하다. 이러한 형식은 이야기의 흐름이 일상생활에서 크게 벗어나지 않으므로 배우도 특수한 스타일이나 형식보다는 일상생활에 가까운 자연스러운 연기를 해주는 것이 어울린다.

■ **시리즈 드라마(series drama):** 주간극. 시리즈 드라마란 미국식으로는 일주일에 한 편씩(보통 1시간) 방송되는 드라마의 형태로, 편성은 한 시즌(미국은 13주, 한국은 26주) 동안 지속된다. 드라마의 기본틀이 갖추어져 있고, 고정 출연자가 있으며, 매회 다른 에피소드가 드라마화된다. 과거 우리나라의 〈전원일기〉나 〈수사반장〉 같은 작품들이 시리즈 드라마에 속하며, 이러한 시리즈 드라마는 그 작품의 성격에 따라 배우들의 연기가 패턴화되는 경향이 있다. 그러므로 고정출연자들의 캐릭터와 연기는 정형화되어 있는 것이 일반적이며, 특별출연자들의 경우 에피소드를 동반하고 등장해 자신만의 스타일로 연기할 수 있다.

- **미니 시리즈(mini series)**: 미니 시리즈란 시리즈물보다 짧은 형태를 말한다. 시리즈가 13주 또는 26주보다 짧게 진행되고 마무리 된다는 의미다. 미니 시리즈는 이야기가 집약적으로 전개되기 때문에 작품의 성격이나 감독의 작품해석에 따라 연기 스타일이 결정될 수 있으며, 미니 시리즈라는 단위에 독특한 연기 패턴을 형성할 수도 있다.

- **영화/ 단막극(television play)**: 영화는 보통 약 2시간 정도, TV 영화라고도 불리는 텔레비전 단막극의 경우 1시간 30분에서 2시간 정도의 길이를 가지고 있으며, 독립된 단위 작품의 성격에 따라 연기의 스타일이 결정될 수 있다. 영화나 단막극의 경우는 집약적인 하나의 세계를 창조하는 것으로, 등장인물들은 독특한 성격을 가진 사람들이 많다. 배우로서는 독특한 성격을 창조할 수 있는 기회가 된다.

- **시츄에이션 코미디(situation comedy; sitcom)**: 시트콤은 가정, 직장, 특정 장소 등의 공간과 그 공간에서 생활하는 구성원들 사이에 일상적으로 벌어지는 코믹한 상황과 사건을 중심으로 구성되는 텔레비전 코미디 장르의 하나다. 배우들은 희극의 특성인 약간의 과장된 동작과 독특한 캐릭터를 가지고 정확한 타이밍을 놓치지 않고 연기해야 한다.

- **사극/시대극**: 일반적으로 역사적 기록을 바탕으로 구성한 드라마를 사극, 역사적 배경만을 빌려 와서 가공의 인물과 사건으로 구성한 드라마를 시대극이라고 구분해 부른다. 사극의 경우 현재는 사용하지 않는 언어, 신분에 따라 사용하는 언어와

행동의 차이 등이 배우들을 어렵게 만든다. 연기를 준비할 때에는 대사 속의 어려운 말들을 정확하게 해석하고, 배경의 의미 등을 정확히 이해하는 과정이 필요하다.

02. 오디션

세계 어느 나라든, 배우로서 생활을 하려고 원하는 사람들 중 90퍼센트는 비고용 상태에 있다. 배우와 배우 지망생들은 일자리를 얻기 위해 대개 오디션을 본다. 처음부터 한 작품에 장기간 출연하기로 계약하는 경우도 거의 없는데다가 경력과 명성이 있다고 해서 오디션을 마음대로 생략할 수 있는 것도 아니니, 배우로 사는 동안 배우는 수많은 오디션을 거쳐야 한다. 배우에게 오디션은 매우 괴로운 과정이라서 어떤 배우는 필요악이라고까지 말하지만, 오디션은 작품 전체 제작을 위한 하나의 과정이다. 또한 오디션은 감독과 프로듀서, 캐스팅 디렉터가 배우와 만나서 서로를 알게 되는 과정 중 하나이기도 하다. 우리가 흔히 하는 말 중에 “피할 수 없다면 즐겨라”라는 말이 있다. 배우에게는 오디션이 그러하다. 그것은 피할 수 없는 일이므로 차라리 즐기는 편이 현명할 것이다.

배우들은 연극 무대에서 연기를 시작한 경우가 많다. 그렇기 때문에 대체로 영상 연기의 오디션보다는 무대 오디션에 익숙하다. 무대 오디션에만 익숙한 사람들이 영상 오디션에 관한 사전 지식이나 정보 없이 영상 오디션에 참가하러 스튜디오나 사무실을 찾아가보고는 매우 당황스러워하기도 한다. 영상 작업을 하는 스튜디오의 환경은 무대와 큰 차이가 있으며, 오디션 방식도 꽤 다르다.

연극이나 영화, 텔레비전, 또는 광고 오디션은 배우들이 대본을 읽어보거나 주어지는 상황을 시연해 보이거나 인터뷰를 하는 형식으로 진행된다. 많은 경우 영화나 텔레비전 드라마 오디션에서는 무대 연기보다 배우의 재능이나 개성을 표출할 것을 더 많이 요구한다. 무대 연기를 위한 오디션은 캐릭터를 묘사하는 데 지원자의 에너지를 집중할 수 있도록 용인되지만, 영상 연기를 위한 오디션에서는 지원자의 재능과 개성이 캐릭터에 어떻게 융합될 수 있는지를 알아보려 하기 때문이다. 더욱이 무대 오디션은 배우의 연기를 평가하는 사람들과 가까운 거리에서 오디션을 하는 경우가 드물다. 무대 오디션의 경우 조명이 무대에 있는 배우에게만 비추기 때문에, 배우는 객석에 앉아 있는 감독이나 스태프로부터 격리되어 편안한 상태로 연기를 해보일 수 있다. 그러나 영상 연기의 오디션은 대개 감독이나 캐스팅 디렉터와 가까운 거리에서 책상을 사이에 두고 마주보며 하는 것이 일반적이다. 조명 또한 전체적으로 밝은 분위기인 경우가 많다. 그렇기 때문에 지원자는 배우로서뿐 아니라 한 인간으로서 평가받는 느낌을 받을 수도 있다.

오디션은 '비즈니스'다. 오디션은 사람을 상대로 하는 일이긴 하지만 대단히 비인간적인 비즈니스임에 틀림없다. 배우들은 자신을 비즈니스의 대상으로 생각하는 캐스팅 디렉터나 프로듀서와 만났을 때 어떻게 행동해야 하는지 준비할 필요가 있다.

오디션의 형태와 종류

오디션은 일반적으로 특정한 배역에 필요한 배우를 선발하는 것을 목적으로 하지만, 그 형태와 종류는 다양하다.

첫째, 공개적인 경우와 비공개적인 경우가 있다. 공개적인 경우는 대개 불특정 배우들을 대상으로 오디션 공고를 하고, 일정한 시간, 장소에 배우들이 모여 함께 오디션을 받는다. 이때는 배우들이 다른 사람의 연기를 보거나 나름대로 평가를 하는 것도 가능하다. 비공개적인 경우는 특수한 집단이나 사람들을 상대로 이루어지는 형태로, 매우 제한적이며, 개인적인 면접과 간단한 대사 읽기 등을 통해서 연기력을 테스트하는 것이 일반적이다.

둘째, 배역이 정해진 경우와 배역이 정해지지 않은 경우가 있다. 배역이 정해진 경우란 예를 들어 춘향전에서 이몽룡이나 성춘향을 뽑는 것처럼 배역에 맞는 배우를 뽑는 때를 말한다. 배역이 정해지지 않은 경우는 방송사나 기획사, 또는 극단에서 전속단원을 채용하기 위해 실시하는 형태로, 특별히 배역을 정하지 않고 필요할 때 적당한 배우를 캐스팅할 수 있도록 다양한 연기가 가능한 인물을 선발하고 관리하는 방법이라고 볼 수 있다.

오디션을 위한 준비

감독이나 프로듀서는 대개 작품의 인물과 비슷한 배우를 캐스팅하는 경향이 있다. 따라서 오디션을 통보받거나 출연 요청을 받았다면 먼저 자신에게 맡겨질 배역에 대한 정보를 수집하는 일이 무엇보다도 중요하다. 배역에 대한 정보란 맡겨질 배역의 나이와 신체적인 특징, 직업, 성격, 지적 수준, 생활환경 등을 말한다. 이러한 정보는 스스로 준비하고, 그렇지 못할 때는 캐스팅을 대신하는 에이전트나 매니저를 통해서 파악해야 한다. 자신에게 적합한 배역인지 아닌지,

또는 어떻게 준비해야 좋은지를 알고 오디션에 참여한다. 자신과 적합하지 않을 때는 미리 거절할 수도 있어야 한다.

오디션에 참여할 날의 장소와 시간, 오디션을 실시하는 사람(캐스팅 디렉터, 감독, 제작자 등)을 정확하게 파악해 철저하게 준비해야 한다. 오디션에 참여할 때마다 뽑힐 수는 없다. 캐스팅되면 다행이지만, 뽑히지 못했을 때에도 오해하거나 실망해서는 안 된다. 결코 자신의 인격을 저버리는 행위를 해서는 안 된다. 자신보다 재능이 뛰어난 사람이 선발될 수도 있고, 그렇지 못한 사람이 뽑힐 수도 있다. 거의 대부분의 경우, 캐스팅은 배우의 성격과 매력이 배역에 잘 맞을 때 결정된다. 긍정적인 생각을 갖고 참고 인내하는 자세로 내일을 준비해야 한다. 오디션을 하기 전에 결과에 대한 마음의 준비를 미리 하는 것도 준비 작업 중 하나다.

오디션 전에 미리 준비해야 할 구체적인 사항들을 알아보자.

- 자신의 나이와 신체조건, 환경에 어울릴 배역을 선택한다.
  - 자존심을 버리고 자신을 냉정하게 판단해야 한다.
- 정해진 작품의 배역을 뽑는 경우에는 그 작품 전체를 읽어둔다.
- 정해진 배역을 뽑는 경우 그 배역의 대사를 외워둔다.
- 자신의 능력에 적합하고 공감할 수 있는 배역을 선택한다.
- 재연할 인물의 감정이 갈등을 일으킬 수 있도록 재연한다.
- 특별한 경우가 아닌 경우 표준어로 대사를 외우도록 한다.
- 대사를 외울 때는 감정에 적절한 음조와 리듬으로 외운다.
- 특별한 지시가 없을 때는 오디션에 알맞은 예절을 지킨다.
- 함께 참여하는 다른 경쟁자의 의견을 참고한다.

오디션 현장에서

오디션 현장에 도착하면 배우들은 긴장하게 마련이다. 현장에 모인 다른 사람들과 자신을 비교하며 의기소침해질 수도 있고, 너무 오래 기다려서 지칠 수도 있다. 그러나 자신이 원하는 일을 하기 위해서는 인내하고 최선을 다하는 수밖에 없다. 오디션에서 연기 시연을 하거나 자신을 보여줄 때 주의할 일을 자세히 알아보자.

첫째, 대본에 눈을 고정하지 말고 가능한 한 사람을 많이 쳐다보도록 한다. 여기에서 사람이란 상대역이 있다면 상대역을, 상대역이 없다면 오디션을 진행하는 사람들, 즉 프로듀서나 캐스팅 디렉터를 말한다. 그들을 관객이나 카메라로 가정하고 연기한다. 오디션이라는 엄청난 중압감을 받으면서도 막힘없이 대사를 이어가고 적절한 리듬감과 속도감을 유지할 수 있는 방법은 대사를 보기 위해 대본에 눈을 두는 시간을 최소화하는 것이다. 대본이 공개된 경우라면 미리 외워두고, 현장에서 대본이 주어지는 경우 빨리 읽고 대사를 익히도록 최선을 다해야 한다. 오감과 정신을 집중해 주변(사람들 또는 상황)의 자극을 주시하고 경청하고 반응한다.

둘째, 주어진 장면에서 자신이 해야 할 일을 분명히 파악한다. 주어진 장면이 요구하는 것이나 포함하고 있는 내용을 확실하게 알지 못하면 대사가 잘 풀릴 리가 없다. 그것이 무엇인지 정확히 모를 때에는 내가 알고 있는, 또는 상상할 수 있는 모든 가능성 중에서 하나를 선택하고, 그것을 굳게 믿고 연기한다.

셋째, 신체적인 것이 필요한 상황이라고 판단되면 인상적인 신체적 자세나 제스처를 찾는다. 장면 속 등장인물의 감정과 일치하는 자세와 제스처는 감정전달에 커다란 도움이 된다. 그러나 적절하지 않은 자세나 제스처는 역효과 또한 크므로 주의해야 한다.

넷째, 대본을 읽는 과정에서 필요한 행동이 있다고 판단되면 적극적으로 행한다. 오디션을 진행하는 감독이나 프로듀서에게 내가 그 장면의 내용을 정확하게 파악하고 있다는 것을 느끼도록 육체적 표현을 사용한다. 예를 들어 누구를 때리거나, 맞거나, 앉거나 일어서는 등의 움직임이 필요하다면 상대방이 아무런 자극을 주지 않더라도 그가 요구하는 것을 행한 것처럼 반응한다.

다섯째, 자신으로부터 연기를 시작한다. 사람들이 나를 어떻게 평가할 것인지를 예측하지 말고 나 자신을 보여주는 것이 가장 좋은 선택임을 기억해야 한다. 실수가 있었다 해도 사람들은 내가 배역에 무엇을 부여했는지를 알 것이고, 그렇다면 나 자신은 최선을 보여준 것이다.

여섯째, 역할이 미리 공개된 것이라면 의상과 소품에 주의한다. 역할에 맞는 의상을 입는 것은 오디션에 임하는 사람의 최소한의 준비 자세이며, 적절한 의상을 갖추어야 캐스팅 담당자들이 나를 자신들이 원하는 역과 비슷하게 생각하고, 나의 연기와 개성에 주의를 기울이게 될 것이다. 역할이 미리 공개되지 않은 경우에는 일반적으로 복장은 깨끗하고 편안하게 입는 것이 좋다. 여자들은 다리를 볼 수 있는 의상을 입는 것도 좋은 방법이다.

일곱째, 두려움을 떨쳐버려야 한다. 배우들이 주연이나 조연배우가 되기 전에 배역을 위해 테스트를 받기 싫어하거나 거부하는 이유는 두려움 때문인 경우가 대부분이다. 두려움을 떨쳐야만 대본을 잘 읽을 수 있으며, 나의 미래는 그것에 달려 있다. 두려움을 줄이기 위한 방법은 평소에 쉬지 않고 큰소리로 대본을 읽는 연습을 하는 것이며, 읽는 과정에서 흐름이 방해받지 않도록 될 수 있는 한 대본을 보지 않는 연습을 하는 것이다. 또 가능한 한 많은 오디션에 참여해 보는 것도 두려움을 줄이는 데 도움이 될 수 있다.

여덟째, 오디션을 받을 때에는 개인적인 문제나 불행은 잊는다. 캐스팅 관계자들은 나의 문제를 해결하거나 고통을 나누기 위해 함께 자리한 사람들이 아님을 명심한다. 무슨 역을 원하든 오디션에 임할 때에는 자세를 바로 해야 한다. 모든 사람들이 나와 함께 하는 것이 즐겁다고 느끼게 하고, 그들에게 내가 살아 있는 것과 배우로서 내가 행복해한다고 느끼게 해야 한다. 내가 비겁한 사람이나 악당 역할을 하더라도 관객들은 나를 보고 즐길 것이라는 사실을 알게 해야 한다.

아홉째, 모든 장면은 그 속에 어떤 변화와 역동성을 가져야 한다. 만약 그러한 것을 발견하지 못한다면 만들어낼 수 있어야 한다.

열째, 가장 좋은 태도는 시선이 떨어지지 않도록 그 높이를 유지하고, 상대방의 대사를 눈을 반짝이면서 적극적으로 듣는 것이다. 주고받는 대사 중에 상대방이 대사를 끝냈을 때에만 시선을 대본으로 가져가서 자신의 다음 대사를 읽는다.

상대 배역의 대사를 읽어주는 사람이 경험도 전혀 없고, 감정도 살아 있지 않은 단조로운 어투라고 생각될 수도 있다. 그 이유는 연기를 해야 하는 것은 나이지 상대역을 해주는 사람이 아니기 때문이며, 혹은 그 사람이 '감정을 배제한' 연기를 해달라고 감독이나 프로듀서로부터 주문받았기 때문일 수도 있다. 그러므로 오디션을 받는 내가 훌륭한 연기를 해서 원하는 바를 성취하든 그렇지 못하든 그것은 나의 능력에 따른 것이지, 대사를 읽어주는 이에게 영향을 받을 성질의 것은 아니라는 얘기다.[32]

열한째, 너무 깊이 있는 표현을 하고, 조용하게 대사를 한다고 해서 역할을 맡지 못하는 경우는 없다. 오히려 대부분이 너무 큰 소리로 대사를 하고, 카메라에 비친 자기 자신의 연기에 충실하기보다는 오디션 관계자 전체를 감동시키는 데에만 몰두하기 때문에 탈락

배역 오디션을 볼 때 유념해야 할 사항

- ☑ 최선을 다한다는 자세로 임한다.
- ☑ 외모를 변화시킬 수 있는 준비를 한다.
- ☑ 첫 대면을 위한 인사를 연습해둔다.
- ☑ 나이를 정확히 밝힐 필요는 없다.
- ☑ 대본에서 찾을 수 있는 리액션은 가능한 한 전부 연구해놓는다.
- ☑ 클로즈업에 맞게 연기한다.
- ☑ 우아하게 퇴장한다.

된다. 말하자면 너무 연극적이라는 것이다.

열두째, 다른 배우들에게 적용되는 기준에 맞춰 경쟁하려고 노력하지 말아야 한다. 다른 사람들도 마찬가지로 이런 일들을 꽤 많이 겪었을 것이다. 그보다는 나의 이미지와 개성에 집중해, 오디션 담당자들에게 찾고 있는 배우는 나일 것이라는 확신이 들게 하라. 나에게 불가능한 것을 위해 헛되이 노력하지는 말라.

열셋째, 오디션을 할 때 오디션 심사를 하는 당사자들은 엄청나게 많은 사람들을 만난다. 그러므로 좋은 인상을 남기려면 너무 오래 그곳에 있으려고 시간을 끄는 듯한 태도를 보이지 않는 것이 좋다. 가끔은, 나의 잘못은 아니지만, 내가 들어서는 순간에 이미 심사자들은 내가 그 역할에 맞지 않는다는 것을 아는 경우도 있다. 항상 짧은 시간 안에 나의 인상을 심어주도록 신경 써야 하며, 민첩하게 퇴장해야 한다.

열넷째, 퇴장할 때도 특히 유의해야 한다. 대본을 읽을 때에는 좋은 인상을 심어 놓고, 퇴장할 때 도망치듯 슬금슬금 나가는 것만큼 보기 싫은 것도 없다. 복도에서 한숨을 쉬거나 신음소리를 내거나 비통하게 울거나 하면 안 된다. 바깥에서 누군가가 오디션이 너무 힘들었고, 특히 누가 어땠다느니 하는 소리를 들으면 오디션에서 점수를 매겨야 하는 사람들은 몹시도 기분이 상할 수 있기 때문이다.

개별적인 오디션에서의 자세와 태도[33)]

특별히 실시되는 오디션에 참여할 때는 매우 한정적으로 배역을 뽑는 경우이므로, 주어진 조건을 충분히 파악한 다음에 준비를 갖추고 임해야 한다. 특정한 배역을 뽑는 오디션에서 배역이 자신의 나이나 신체적인 특징과 거리가 먼 경우라면 오디션에 참여하는 것은 잘못된 일이므로 다시 한 번 생각해볼 일이다. 다시 말해서 충분한 준비도 없이 여기저기 기웃거리는 일은 없어야 한다.

개별적인 오디션은 캐스팅 디렉터나 감독, 프로듀서와 개인적 면담이 중심이 되므로 자신의 능력뿐 아니라 개인적인 자세와 자신감 있는 태도 등도 매우 중요하다. 자신이 성공할 가능성이 많은 사람이라는 것을 보여주기 위해 아래 열거하는 구체적인 자세와 태도를 명심해야 한다.

- 담당자들을 처음 만나 악수를 할 때도 반듯하게 하며, 인사를 할 때 눈을 마주본다.
- 의자에 앉을 때에는 편안하게 앉되 절대 구부정한 자세를 보이지 말라.
- 머리카락이나 옷, 장신구, 열쇠 등을 만지작거리며 주의를 산만하게 하지 않도록 주의한다.
- 포트폴리오나 가방은 바닥에 두는 것이 좋다. 가방을 무릎 위에 놓는 것은 방어적인 태도로 보이기 쉽다.

- 친절하고 편안한 미소를 짓는다.
- 편안하고 약간 낮은 목소리로 말하는 것이 좋다. 절대 중얼거리듯이 말하거나 손으로 입을 가리고 말하지 말라.
- 자신에게 맞는 적절하고 깔끔한 의상을 입는다. 자신보다 의상이 돋보여서는 안 된다.
- 대본을 읽거나 대화를 하는 동안 지루하거나 냉소적인 모습을 보이지 않도록 하라.

개인면담의 경우 몇 줄의 대사를 읽는 것보다 인간미를 보여주는 것이 훨씬 더 중요한 경우가 많다. 이것은 나를 인상적으로 보이기 위해 특별한 방법을 동원하라거나 특정한 태도를 보여 예쁘게 보이라는 뜻이 아니고, 나 자신의 개성을 표현할 수 있는 능력을 보여주라는 것이다.

자신감을 보여주는 것은 신뢰를 주는 것이 유일한 방법이기 때문에 첫째, 스스로 내가 누구인가를 알려야 하며, 둘째, 내가 배우로서 기능을 갖추고, 경험이 있는 사람이라는 것을 보여주어야 하며, 셋째, 내가 보여주는 개성은 내가 좋아하는 배우를 복제한 것이 아닌 나만의 유일한 개성을 표출하는 것이라는 점을 확인시켜주어야 하며, 넷째, 나 자신을 자연스러운 방법으로 표출할 수 있고 스스로를 통제할 수 있다는 것을 보여주어야 한다. 이렇게 자신감을 표현하는 방법이 성공을 불러올 것이다.

배우들 중에는 성공하는 부류의 사람이라는 느낌을 주는 사람이 있다. 성공하는 사람은 상황이 어려울 때 자신을 조절할 수 있는 사람이다. 성공하는 사람들이 그렇지 않은 사람들에 비해 특별하게 보이는 것은 아니라는 것을 명심하라. 이들은 무엇을 말하느냐보다 어떻게 말하느냐를 아는 사람들이고, 어떻게 서고, 걷고, 움직이는 방법을 아는 사람들이며, 무엇을 하든지 그 능력을 밖으로 드러내 보이는 사람들이다. 이들의 자신감은 신뢰감을 기초로 하고 있고, 다른 사람들에게 '나는 내가 무엇을 하고 있는지 알고 있고, 그것을 잘 해낼 수 있다'는 것을 보여주는 사람들이다. 옥스퍼드 대학의 심리학자인 조지 맥콜리와 험프리 나이프는 성공하는 부류의 사람들에 대해 아래와 같은 연구 결과를 내놓았다.

- 전반적으로 편안한 겉모습을 보인다.
- 똑바른 자세로 고개를 들고 걷는다.
- 자신에 대한 확신을 가지고 있으며 늘 친절한 미소를 짓는다.
- 자신감 있게 악수를 한다.
- 친절한 말투로 이야기하지만 목소리는 자신감에 차 있다.

오디션에서 절대 하지 말아야 할 일

- 늦지 말 것.
- 배역이 정해져 있는 오디션일 경우 필요한 소품이 있을 수 있지만, 지나치게 불필요한 소품이나 의상은 좋지 않다.
- 오디션 장에 있는 것을 불편하거나 불쾌하게 생각하지 말라. 오디션 자체를 즐기는 모습을 보이는 것이 긍정적이고 좋다.
- 자신감이 지나쳐 건방지게 보이지 않도록 하라.
- 의도적으로 강한 인상을 주려고 지나치게 노력하지 말라.
- 지나치게 특정한 인상을 강요하거나 진실되지 않은 모습으로 자신을 과장하려 하면 마치 어울리지 않는 가면을 쓴 것처럼 보인다. 배역을 얻는 데 도움이 되지도 않는다.

- 작품이나 인물 분석에서 지나친 고집을 부리지 말라. 감독이나 프로듀서가 자신의 해석이나 의견을 말할 때 수용하는 태도를 보이는 것이 좋다.
- 적당한 질문은 도움이 될 수 있으나 지나친 질문으로 상대방을 짜증나게 하지 않도록 주의한다.
- 어떤 특정한 연기를 요구받았을 때, "나는 그게 전공이 아닌데요"라는 식으로 말하지 말라.
- 작품이 공개된 경우 작품의 부분만 읽지 말고 전체를 읽어라.
- 예전에 어떤 배우가 특정한 행동이나 말로 오디션에 성공했다고 해서 그것을 똑같이 반복하지 말라. 경험 있는 감독이나 프로듀서들은 자신들이 종사하는 업계의 전설을 잘 알고 있다.

카리스마[34)]

일반인들은 카리스마 있는 배우들을 좋아하며, 배우들도 자신이 다른 사람들에게 카리스마 있는 인물로 보여지기를 원한다. 오디션에서 배우가 카리스마 있는 인물로 보이는 것은 중요한 고지를 점령하는 것이다. 카리스마라는 말은 신에게서 받은 기적 · 영(靈)의 식별 · 예언 등의 능력이나 지배자의 초자연적 · 초인간적 · 비일상적인 힘을 가리키는 말로, 그리스어인 카리스마(karisma)에서 유래했다.

카리스마란 능력이나 외모가 아니라 그 배우만의 독특한 개성을 가리키는 것으로, 배우를 스타덤에 오르게 하거나 최소한 지속적으로 캐스팅이 되도록 하는 어떤 힘이다. 우리가 존경하고 목표로 하는 스타성이라고 말할 수 있는 카리스마는 효과적인 외적 표현에서 찾을 수 있는 그의 내적 특성의 총합이다. 카리스마를 표출하려면 먼저 내가 진짜 누구인지를 찾아내야 한다. 내 개성의 핵심으로부터 사회와 환경에 의해 형성된 나를 분리해내야만 한다.

캐스팅 디렉터가 내가 이 장면을 어떻게 읽기를 원하는지를 걱정하거나, 다른 사람을 즐겁게 해주려고 노력하거나, 자신의 개성을 바꾸거나 포기하는 배우들은 내성적인 성격을 가진 사람들이다. 내성적인 성격은 카리스마에 반대되는 것이다. 내성적인 사람들은 다른 사람들의 요구에 지나치게 반응하고, 다른 사람들의 의견에 지나치게 신경을 쓴다. 내성적인 사람들은 자신의 느낌을 억누르는 경향이 있고, 어떤 신호에 지나치게 반응하며, 다른 사람이 자신을 조종하도록 허용하는 경향이 있다. 내성적인 성격은 자신의 성공 가능성을 떨어뜨린다. 내성적인 성격은 또한 어떤 권리를 주장하기 위해 일어서는 것을 두려워하며, 남들에게 드러나는 것도 두려워하고, 약골 같은 모습을 보여준다.

카리스마의 의미는 '나는 나다'라는 것이다. 카리스마는 스타를 만드는 하나의 중요한 요소다. 스타가 된 배우들은 모두가 '나는 나다'라는 독특한 특성을 가지고 있다는 것에 동의할 것이다. 이들은 자신의 개성을 가지고 일을 처리한다. 이에 동의한다 하더라도 내 개성의 핵심을 찾아내는 것은 쉽지 않다. 연기에 대해 어떤 충고를 듣더라도 나 자신을 있는 그대로 드러내고 자연스럽게 연기해야 한다는 것을 기억하라. 자기 자신을 드러낸다는 것은 쉬운 일이 아니다. 자연스럽게 연기하라는 것도 배우로서 나 자신의 개성을 그대로 반영하라는 뜻은 아니다. 그리고 내가 만나는 모든 사람들이 나와 다른 의견들을 주장할 경우, 나의 개성을 분명하게 반영하기보다는 나와 함께 있는 다른 사람들의 개성에 반응하는 카멜레온 같은 방법은 내가 카리스마 있는 배우가 될 기회를 망치게 될 것이다. 어떻게 카리스마를 구축할 것인지 생각해보자.

먼저 자신을 객관적으로 바라보아야 한다. 내가 지금 어디에 있는지부터 출발해야지, 몇 년 전에 내가 어디에 있었는지 또는 내년에 어디에 있고 싶은지를 생각해서는 안 된다. 다른 사람들이 나를 어떻게 보는지를 잊어버려야 한다. 나 스스로 자신을 어떻게 조건지웠는지도 잊어버려라. 나만의 독특함을 찾아내야만 한다. 그리고 나의 독특한 요소들을 효과적으로 포장해야 한다.

오디션 결과를 대하는 자세

오디션이 끝나고 배역이 결정된 결과에 대해 받아들이는 마음을 가져야 한다. 처음으로 오디션에 참여해 선발되었다면 다행이지만, 그렇지 못했을 때는 그 실망 또한 매우 클 것이다. 따라서 상한 마음이 오래 갈 것이며, 참여했던 오디션에 대해 별의별 생각과 뒷이야기에 신경이 쓰이게 된다. 사람들은 대개 자신의 실력과 조건이 맞지 않아서 떨어졌다기보다는 부정한 탓으로 돌린다. 그것은 매우 잘못된 태도다. 오디션은 외모나 실력을 평가하는 시험이 아니고, 프로듀서나 감독이 원하는 사람을 뽑는 것이라고 생각하는 것이 옳다. 만약 자신이 뽑혔다면, 뽑히지 못한 사람도 있을 것이다. 결과에 대해 의심한다면 바람직하지 못한 행동이다. 선발되었을 때는 작품연구와 맡은 배역의 성격구축에 노력할 것이며, 그렇지 않았을 때는 결과에 대해 깨끗이 승복해야 한다. 그리고 긍정적인 생각으로 또 다른 곳이나 다음 기회를 위해 더욱 노력해야 한다. 결코 실망하거나 좌절해서는 안 된다. 인생은 바다를 항해하는 선박과 같다. 물결이 잔잔하고 맑은 날도 있고, 폭풍우가 몰아치는 날도 있다. 기회는 노력하고 인내하며 기다리는 사람을 외면하지 않는다.

03. 캐스팅

캐스팅이란 감독과 프로듀서에 의해 결정되는 것이라서 배우의 뜻대로 되는 일이 아니지만, 배우 입장에서 감독과 프로듀서가 어떤 배우를 캐스팅하기 원하는지를 아는 것은 매우 중요한 일이다. 어떤 감독은 자기가 좋아하는 배우들을 캐스팅하려고 하고, 프로듀서들은 예산에 맞는 배우만을 고집한다. 미리 캐스팅되어 있는 주연급 배우들이 자신과 호흡이 맞는 조연급 배우들을 캐스팅해주기를 원하는 특별한 경우도 있다. 그러나 일반적으로 감독이나 프로듀서가 배우를 캐스팅할 때에는 몇 가지 공통적인 사항이 있다.

첫째, 배우의 재능. 배우의 재능이란 태어날 때부터 운명적으로 타고난 능력과 배우 자신이 개발하는 능력을 포함하는 것이다. 거기에는 다음의 것들을 생각해볼 수 있다.

- **직관력**: 작품의 캐릭터를 즉각적으로 받아들일 수 있는 감수성과 촬영 현장에서 내면적 자유 및 개인적인 삶을 유지할 수 있는 능력. 새롭게 창조된 작품 현실 속으로 빠져들 수 있는 능력.
- **연기력**: 캐릭터를 흡수해 독특한 이미지를 만들어낼 수 있는 능력. 작품의 의도를 연기로 풀어낼 수 있는 능력.

- **신체적 능력**: 다양한 움직임과 목소리 표현에 유연성과 기교, 그리고 신체적 지구력.
- **정신력**: 작업에 대한 믿음과 책임감, 도전정신, 연기에 대한 열정.

둘째, 배역과 배우의 연관성. 배우가 캐릭터와 똑같은 경험을 했다면 캐릭터의 절대목표를 절실하게 느끼고, 캐릭터의 경험과 작품 속의 사건을 이해하기가 쉽다. 똑같은 경험을 한 경우는 찾기 어렵지만, 유사한 경험을 가진 배우라면 역할을 연기하기가 수월할 것이다. 신체적 특징 또한 배우를 캐스팅하는 데 매우 중요한 요소가 된다.

셋째, 협업 능력. 감독이나 프로듀서는 자신들의 지시를 잘 받아들이는 배우를 캐스팅하는 것을 좋아한다. 이 말은 배우가 이의를 제기하거나 자기 의견을 주장하는 것을 절대적으로 싫어한다는 의미는 아니다. 감독이나 프로듀서는 서로 원활하게 의사소통을 할 수 있는 배우를 좋아하고, 서로의 역할에 대해서 존중하고, 서로를 자극해 창의력을 발휘할 수 있도록 하는 배우를 좋아한다. 누구나 그렇겠지만, 감독과 프로듀서들도 함께 있는 것 자체가 즐겁고 서로 좋은 의미의 영향을 줄 수 있는 사람들과 함께 일하는 것을 좋아한다. 자신의 경력과 능력 등을 내세워 일보다는 자존심을 앞세우는 배우도 있다. 영상 작업은 자존심으로 하는 일이 아니며, 서로 존중하고 배려하며 힘을 합쳐 해나가야 하는 일이다.

넷째, 앙상블 캐스팅. 이것은 배역들을 개별적으로가 아니라 하나의 팀처럼 캐스팅한다는 의미다. 예를 들어 가족이 등장하는 작품이라면 배우를 캐스팅할 때 특정 배우의 능력뿐 아니라 이 배우가 상대 배우와 어울리는지를 보아가며 캐스팅을 하게 되어 있다. 어떤 감독들은 배우들을 팀처럼 운영하기도 한다. 작업을 할 때마다 주요 인물들에 이전에 작업했던 배우들을 반복해 캐스팅하는 것이다. 그 이유는 감독들이 그 배우들과 작업하는 방법을 잘 알고 있고, 익숙하며, 감독과 배우 사이에 신뢰가 있기 때문이다. 감독이 배우가 할 수 있는 영역, 그리고 전체 앙상블에 대한 종합적인 그림을 가지고 있기 때문에 몇몇 유명 감독들도 특정 그룹의 배우들과 작업하는 경우가 종종 있다. 배우의 입장에서 이러한 그룹에 속하는 것은 안정적으로 캐스팅된다는 장점이 있기도 하지만, 특정 스타일에 고착될 수 있는 단점도 있으므로 신중하게 판단하고 결정해야 한다.35)

다섯째, 듣는 능력. 감독들은 배우가 상대 배우의 연기를 주의 깊게 듣고 반응하면서 연기하는 것을 좋아하고, 캐스팅할 때에도 이 부분을 중요하게 생각한다. 배우들이 서로 상대의 대사나 동작을 자극으로 생각하고 반응할 때 그것들이 점점 발전해 장면(scene)에 활력을 불어넣게 되므로, 배우들은 늘 듣는 일에 주의를 집중해야 하고 자극에 적극적으로 반응해야 한다.

여섯째, 감독들은 같은 장면을 다양한 방법으로 연기할 수 있는 배우를 좋아한다. 영상 작업은 무대 연기처럼 충분한 리허설을 할 시간이 없으므로 현장에서 다양한 가능성을 점검한 후 그중 하나를 선택하는 경우가 많다. 그렇기 때문에 배우는 같은 장면에 다양한 방법의 표현을 준비하는 것이 좋다. 이것은 대사나 동작, 감정표현 등 모두에 해당하는 일이다.

일곱째, 감독은 대사를 정확히 말하면서 서브텍스트(subtext)의 이미지를 정확히 표현하는 배우를 좋아한다. 배우는 대사나 어떤 이미지를 말할 때 정말 무언가를 떠올리면서 그것이 제스처나 표정에서 드러나도록 연기해야 한다.

여덟째, 감독들은 대개 자신의 장점뿐 아니라 단점도 과감하게 드러내는 배우들을 캐스팅하는 경향이 있다. 감독의 입장에선 배우의 장점뿐 아니라 단점 또한 표현에 중요한 요소로 사용할 수 있기 때문이다. 배역에 따라서는 배우의 단점을 그대로 드러내는 것이 훨씬 더 훌륭한 표현 방법일 경우가 종종 있다.

타입캐스팅

우리는 어떤 사람의 얼굴을 보는 순간 그 사람의 성격이 차갑다 혹은 무섭다, 강해 보인다, 관능적으로 보인다, 선해 보인다, 교활해 보인다, 슬퍼 보인다, 성격이 밝을 것 같다 등 다양한 느낌을 받는다. 타입캐스팅이란 그러한 사람들의 얼굴이나 신체적 조건에서 받는 느낌, 또는 우리가 가지고 있는 고정관념에 따라 배우를 캐스팅하는 것을 말한다.

과거 연극에서는 일반적으로 타입캐스팅은 피해야 할 방법으로 여겨지고 가르쳐왔으며, 특히 영국과 미국에서 유행했던 레퍼토리 극단 시스템에서는 배우들의 뛰어난 변신이 필요했기 때문에 타입캐스팅은 있을 수 없는 일처럼 여겨졌다. 그러나 영상 작업의 경우 타입캐스팅이 적용되는 경우가 많으며, 그 이유는 다음과 같다.

첫째, 영상의 세계에서는, 가장 모자라고 귀한 것이 시간이다. 작품 제작 과정에 필요한 시간뿐 아니라 연습시간도 절대적으로 부족하다. 그래서 인물에 관한 전반적인 정보를 빠르고 효과적으로 전달할 방법이 필요한데, 가장 빠르고 쉬운 방법이 바로 타입캐스팅이다.

둘째, 영상 작업은 연극에 비해 많은 예산이 투입되므로 캐스팅의 실수가 흥행의 실패로 이어질 때 받는 피해가 더욱 커지고, 제작사는 큰 타격을 입게 된다. 영상 작업은 작업시간 등 예산을 고려할 때 연극의 약 5배 이상의 예산이 소요되므로, 캐스팅의 실패는 전체 작품 제작에 큰 영향을 끼친다.

셋째, 부족한 시간 내에 원하는 캐릭터를 만들어내기 위해 연습과 분장, 의상 등의 보충수단을 적용하는 데에는 한계가 있다. 그러니 감독과 제작자가 등장인물과 인상과 이미지가 가까운 배우를 찾는 것은 당연하다.

넷째, 연극에서는 무대와 객석의 거리 때문에 기본적으로 실제보다 배우가 작게 보이며, 얼굴을 클로즈업할 수도 없다. 그러나 영상 작품에서는 배우의 얼굴을 클로즈업하는 경우가 많다. 이때 화면에 잡힌 배우의 모습이 배역의 성격과 거리가 있다면 관객으로부터 쉽게 신뢰를 얻기가 힘들다.

특히 연극과 영상의 등장인물은 상당한 차이가 있다. 연극의 경우는 대개 등장인물들이 각기 다른 캐릭터를 가진 배역일 때가 많다. 한편, 영화나 텔레비전의 경우 상대적으로 특별한 개성을 보일 필요가 없는 단역들이 많기 때문에 그 모든 사람들의 성격을 구축하고 말고 할 시간이 없다. 그러므로 영상 연출을 맡은 감독은 그렇게 보이는 인물을 캐스팅하게 된다. 예를 들어, 중국집 배달부가 와서 '자장면 시키셨죠?'라는 대사 한마디를 하는 데에 중국집 배달부처럼 보이는 것 이외에 특정한 캐릭터를 설정할 필요는 없다.

시작하는 배우들의 경우는 타입캐스팅을 자연스럽게 받아들이는 것이 좋다. 능력을 검증받은 적도 없고, 감독과 프로듀서로서는 수많은 신인배우들의 포트폴리오를 일일이 점검해볼 시간도 없으므로 외모와 이미지만으로 캐스팅된다 하더라도 문제될 것이 없다. 그리고 배우로서의 자존심보다 더욱 중요한 것은 화면에 얼굴을 비치는 일이다. 다시 말해서 시작하는 배우가 자기만의 독특한 외양, 느낌, 이미지, 캐릭터를 가지고 있다면 좋은 무기가 될 수 있다. 훌륭한 배우들도 대부분 처음에는 타입캐스팅으로 얼굴을 알리고 조금씩 능력을 검증받으며 성장한다.

타입캐스팅의 비밀[36]

- 대부분의 배역에는 그 역할을 할 수 있다고 작품으로 검증된 배우가 캐스팅된다.
- 배우의 얼굴에는 이미 새겨져 있는 연기가 있다.
- 타입의 이미지와 실제 자신의 성격이나 인간 됨됨이가 반드시 연관되어 있는 것은 아니다.
- 배우들의 투자 가치를 보호하기 위해서, 제작 관련자는 그들의 타입이 고수되기를 바라는 경우가 많다.
- 다양한 변신이 가능한 배우는 한 세대에 한 명 정도 탄생할까 말까다.
- 영상 작업에서 배우의 역할이 타입캐스팅으로 제한된 것은 오래된 하나의 전통 같은 것이다.
- 시작하는 배우의 경우 당신의 타입에 맞는 고정 배역을 맡아라. 그 후에 영역을 확장하라.
- 누군가 당신의 사진 자료를 보고 당신을 부른다면, 그들이 원하는 것은 사진 속의 그 사람이다.

모든 배우가 변화의 폭을 가지고 있지만 재능과 노력에 따라 그 크기는 배우마다 달라지며, 큰 의미로 볼 때 자신의 타입 안에서 다양성과 변신의 가능성을 찾아내는 것이다. 대다수의 배우들은 작품마다 다르게 연기를 하려고 노력하고 또 그렇게 하지만, 사실은 전부 그 배우의 타입캐스팅 범주 안에 있다고 해도 과언이 아니다. 20세기 중반에 활약했던 험프리 보가트의 예를 들어보자. 〈말타의 매〉와 〈카사블랑카〉에서 그의 심각한 표정연기 자체는 크게 다를 바 없었지만, 그 느낌은 작품의 분위기에 따라 전혀 다르다. 이것은 편집 편에서 설명할 '쿨레쇼프 효과'의 다른 형태라고 볼 수 있다.

04. 배우와 감독

영화나 무대, 텔레비전 작업에는 프로듀서, 작가, 디자이너, 감독, 촬영, 조명, 음향, 편집 등 다양한 사람들이 좋은 작품을 제작하려고 최선을 다해 노력한다. 그러나 대중들이 특정 작품을 보려고 돈을 내는 첫 번째 이유는 배우이다. 배우가 관객과 영화, 텔레비전, 연극이 접촉하는 데 기본이 되는 것이다. 배우들은 이야기를 진행시키고 그 속에 담긴 인간의 모습과 감정을 전달한다. 그러나 작품 전체의 예술적 표현에 대해 가장 많이 연구하고 제작의 모든 요소들을 관할하는 사람은 감독이다. 배우와 감독은 작품을 만들어가는 데 핵심이 되는 존재들이지만, 그 둘 사이의 관계는 복잡 미묘한 것들이 많다. 이들은 서로 충돌할 수도 있고 협력할 수도 있다.

연기와 연출은 아주 다른 별개의 작업이다. 감독과 배우는 각자의 일을 자유롭게 할 수 있어야 하지만, 감독은 배우와 연기에 대해 많이 알아야 하고, 배우는 감독의 일에 대해 더 많이 이해할수록 좋다. 배우와 감독의 협력은 정(正)과 반(反)에 의한 합(合)이 되는 것이 이상적이다. 배우와 감독은 각자 자기 몫의 작업을 준비하며 나름대로 최고의 작품 분석과 독특한 상상을 하게 마련이다. 그리고 그것을 주고받는 과정에서 새로운 아이디어가 생겨날 수 있다. 등장인물에 대해 각자가 생각했던 것보다 더 훌륭한 아이디어 같은 것 말이다.

배우들은 일생 동안 많은 감독들과 함께 작업을 한다. 주로 텔레비전에서 작업하는 배우들이라면 다른 어떤 매체보다 더 많은 감독들과 작업을 하게 될 것이다. 처음 만나는 감독들과 작업을 할 때, 배우들은 그 감독의 심미안, 지성, 지식을 믿어도 좋겠다는 판단이 설 때까지 유보적으로 행동하는 것이 좋다. 이는 감독마다 연출 방법(스타일)이 다르고 작품이나 장면을 해석하는 방법이 다르기 때문이다. 그러므로 감독의 연출 방법을 파악하는 일은 배우에게 매우 중요한 일이다. 여러 감독과 작업을 해봄으로써 배우는 감독마다 독특한 개성이 있음을 알게 되고, 적응 방법을 깨닫게 된다.

배우의 연기에 대해 특별한 지시사항이 많지 않은 감독들이 있다. 배우와 연기에 대한 이해가 많지 않아 연기지도를 할 수 없는 감독이 있고, 작품 전체의 이야기를 끌고 가는 감독도 있는가 하면, 연기는 배우의 몫이라고 생각해 배우들에게 모든 것을 맡기는 감독도 있다. 이러한 작업 방식이 배우로서는 연기하기 매우 편할 것이라고 생각하기 쉽지만, 오히려 자신의 연기에 확신이 서지 않아 혼란스러워질 수도 있다. 혼란을 느낄 때, 배우는 자신의 연기가 전체 흐름에 문제가 없는지, 부분적으로 요구사항은 없는지 감독과 협의하도록 노력해야 한다. 감독들은 대개 도움을 청하는 배우들에게 호감을 갖는다. 배우에게 아이디어를 제공함으로써 문제를 해결하는 실마리를 줄 수 있고, 감독 개인의 입장에서는 존경과 감사를 얻을 수 있기 때문이다.

감독이 아무 지시도 하지 않고 나를 무시하는 것처럼 느낀다면, 이것은 전혀 다른 문제다. 이럴 때는 나를 열외시킨 것이라고 간주해버리지 말고, 감독이 관할해야 할 영역이 너무나도 광범위하기 때문에 첫 촬영을 마칠 때까지는 배우의 연기에 집중할 수 있는 여력이 없을 수도 있다는 것을 이해해야 한다. 배우들은 촬영할 장면이 정해지고 리허설을 할 만한 여건이 갖춰지고 나서야 비로소 처음으로 그 장면의 세트와 로케이션이 어떠한가를 정확히 파악할 수 있다. 소도구, 의상, 분장에 대한 세부사항도 그런 연후에나 감독의 지시를 받게 된다. 감독들은 위에 열거한 모든 사항들을 사전에 점검하고 통제해야 하며, 경우에 따라서는 동원된 엑스트라들이 제대로 연기하고 있는지도 살피고 지도해야 한다. 이렇듯 감독이 신경 써야 하는 것들이 끝이 없기 때문일 수도 있다.

배우에게 요구사항이 많은 감독과 일할 때는 감독의 요구사항을 받아 적는 것이 좋다. 이 방법은 몇 가지 이점이 있는데, 우선 감독에게 그 자리에서 반대 의견을 내놓아 감정이 앞선 말다툼으로 번지는 일을 예방할 수 있다. 또한 배우가 처음 감독의 요구 사항들을 접했을 때의 거부감이나 흥분을 가라앉히고 다시 차근차근 읽어보며 감독의 의도를 확인할 수 있는 여유를 주기도 한다. 무엇보다 가장 중요한 것은 감독의 지적사항들을 적는 행위만으로도 감독에 대한 존중을 보여주는 것이 되므로 의사소통이 쉬워진다는 점이다.

05. 준비와 리허설

오디션이나 추천, 일방적인 선택 등을 통해 캐스팅이 되고 나면, 배우는 대본을 받고 리허설을 시작하게 된다. 리허설의 대체적인 단계는 대본 읽기, 블로킹(blocking, 동작선) 만들기, 카메라 리허설 등이다. 무대 연극의 경우 최소 1개월에서 6개월 정도 연습하는 것이 일반적이지만, 영상 작업의 경우 이러한 시간적 호사를 누릴 수 있는 경우는 거의 없다.

텔레비전 스튜디오 중심의 드라마에서는 배우들이 연습실에 모여 대본을 함께 읽고 동작선을 만드는 연습을 하고 스튜디오에서 카메라 리허설을 마친 후 녹화에 임하는 것이 일반적이다. 하지만 야외촬영이나 영화촬영의 경우 특정한 연습 장소에서 대본 읽기와 동작선 만들기를 하는 경우보다는 촬영 현장에서 이것들이 이루어지는 것이 현실이다. 심한 경우 촬영 현장에서 대본을 받는 경우도 있으며, 우리나라 텔레비전의 경우 아직도 전체 대본이 나오기보다는 부분적인 대본으로 촬영을 시작하는 것이 일반적이므로 배우는 그러한 환경에 적응하는 것이 필요하다. 영화의 경우 요즘은 그런 경우가 드물지만 과거에는 대본이 완성되기 전에 촬영에 들어가는 경우도 많았다. 예를 들어 영화 역사상 가장 사랑받는 작품 중 하나인 〈카사블랑카〉의 여주인공이었던 잉그리드 버그만은 한 인터뷰에서 "나는 이 영화가 이렇게 많은 사랑을 받는 명화가 될 줄은 몰랐어요. 우리는 촬영 현장에서 그때그때 대본을 받아가며 촬영을 했으니까요"라고 말했다. 〈카사블랑카〉 같은 명화도 대본이 완성되기 전에 촬영을 시작했다는 뜻이다.

영상 작업을 하는 감독의 경우에도 배우들에게 전체 대본을 주지 않고 시작하는 것을 선호하는 경우도 있다. 어떤 경우라도 배우는 자신의 연기에 대한 준비를 해야 하고, 리허설을 하고 촬영에 임해야 한다.

연기의 준비

배우는 연습장이나 촬영장에 도착하기 전에 개인적인 준비를 철저하게 해야 한다. 상대역들과의 합동 연습이 시작되기 전에 개인적인 준비를 하는 배우만이 팀워크에 참여할 수 있다. 배우가 개인적으로 준비해야 할 것들은,

첫째, 작품분석을 철저히 하고 작품의 주제를 파악하며, 작품의 구성, 즉 발단, 전개, 위기, 결말 등을 분석·파악한다.

둘째, 주요 등장인물의 상호관계를 밝힌다. 자신이 작품 속에서 어떤 위치를 차지하고 어떤 역할을 해야 하는지를 파악한다.

셋째, 대사를 세밀히 분석하고 자신의 역에 대해 정확히 인물분석(직업, 연령, 성격 등)을 해 인물에 동화되도록 한다.

넷째, 각 장면마다의 역의 행동, 역할, 상호관계를 파악, 구분해놓는다(특별히 액센트가 필요한 부분을 강조한다).

다섯째, 작품 속에서 특별한 지적이 없더라도 적당한 액션과

리액션, 팬터마임이 필요한 부분을 조사하고 연습한다.

여섯째, 등장인물의 이유를 연구하고 다른 역과의 균형, 대비를 액션, 톤, 템포 등으로 조절한다.

일곱째, 오늘 촬영할 부분이 전체 작품에서 어느 부분이며, 그것이 전체 작품의 전개에 어떤 영향을 줄 수 있는지 파악하고 준비한다. 촬영 부분의 전 장면과 뒤에 올 장면의 연결 관계를 고려해 연기 계획을 세운다.

프레임의 이해

프레임(frame)이란 영상의 가장자리를 이루는 틀을 의미한다. 연극 무대는 프로시니엄 아치가 프레임이라고 볼 수 있고, 영화는 크기와 가로-세로 비율이 다른 다양한 형태의 프레임이 있으며, 텔레비전의 가로-세로 비율은 16 대 9로 일정하며 크기는 다양하다. 영상 연기는 무대 연기와 달리 프레임이 바뀌므로 배우들은 프레임에 대한 기본적인 부분을 이해할 필요가 있다.

영상 작업에서 어느 부분을 프레임에 포함하고 어느 부분을 제외할 것인지를 판단하는 것은 감독이 영상 예술을 창작하는 데 매우 중요한 부분 중 하나이기 때문에 감독들은 프레이밍(framing)에 많은 시간과 공을 들인다. 한 예술가는 "멋진 경치는 신의 예술이지만, 그것의 일부분을 잘라서 전시장에 걸면 인간의 예술이 된다"라고 프레이밍의 중요성을 얘기했다. 작품의 내용과 메시지를 전달하기 위해서 프레임을 어떻게 구성하느냐에 따라 작품의 분위기와 감동에 큰 차이가 날 수 있다. 프레이밍이 감독의 작업인 것은 사실이지만 배우 또한 그것을 이해하고 거기에 맞추어 연기를 해야 한다. 프레임

의 중요한 점은,[37]

첫째, 프레임이 있음으로써 영상작가는 정신적으로 정서적으로 의미 있는 것만을 골라서 보여주기 위해 주제를 선택하고 고립시키고 제한시킬 수 있다. 불필요하고 부적절한 재료는 제거할 수 있으며, 카메라는 오직 핵심적인 것에만 집중할 수 있는 것이다.

둘째, 프레임은 장면구성을 위한 기초를 형성해준다. 즉 구도, 균형, 의미를 부여하는 것이다. 직사각형 스크린은 화면의 내용을 조직화하고 안내해줄 수 있는 틀을 구성한다. 이것은 연극의 무대처럼 극적 행위의 중심뿐 아니라 그 동작이 전개될 수 있는 구체적인 공간을 마련해주는 것이다.

셋째, 경계선이 뚜렷하게 분리된 화면은 어느 것이든 눈을 끄는 성질을 가지고 있다. 프레임은 다른 방법으로는 도저히 불가능한 통일성을 화면에 부여한다. 풍경의 일부분을 발췌해서 그것을 본래의 자연스러운 환경으로부터 다른 환경 – 집이나 미술관 – 으로 옮김으로써, 작가는 바로 이 현실의 일부분을 예술적 가치를 가져올 수 있는 새로운 영상조건에다 재현시키는 것이다. 이 예술적 가치는 자연스러운 환경에서는 숨겨지거나 중화되는 것이다. 관객은 새로운 눈으로 그것을 바라보게 된다. 이것은 바위를 깎아내서 그 속에 숨어 있는 아름다운 조각을 찾아내는 조각가의 작업과도 같다.

자연의 혼돈 속에서 현실의 단편을 추출해내어 그것을 화면 위에 비춤으로써, 영상은 우리들에게 그 속에 있는 아름다움과 의미를 분명히 볼 수 있게 해준다. 그렇지 않다면 그것은 일반적인 상식 속에 묻혀 있을 것이다. 이렇게 예기치 못한 기쁨을 느끼는 경우가 영상 작품에서는 얼마든지 있다. 예를 들어 더러운 도랑물 위에서 반짝이는 빛의 움직임, 줄에 걸린 빨래들, 연기 나는 굴뚝, 황폐한 벽의 무늬, 익숙하게 일하는 손, 빰의 곡선 등을 독립시키지 않고서 프레임 안에 넣고 그저 확대시키기만 해서는 이런 세속적이고 더러운 사물이 우리를 매혹시킬 수 없다. 이것들은 그 자체가 아름다운 것이 아니다. 이것을 아름답게 하는 것은 예술가가 자신의 눈으로 보고 관객이 그것을 보도록 하는 그 방법에 있는 것이다. 영상에서 현실성의 강도는 영상이 현실 대상과 세부적으로 얼마나 닮았느냐 하는 정확성에 있는 것이 아니라, 자아의 감각반응에 대한 영상의 호소력에 달려 있다.

다시 한 번 우리가 창조하는 영상 예술이란 자연과 다르며 또한 예술은 인간의 해석을 통해서만 존재한다는 사실로 돌아간다. 그것의 시작이 프레이밍이다. 배우는 리허설 과정에서 자신이 프레임 속에서 어떻게 보이는지를 파악하고, 거기에 맞는 최선의 연기를 찾아내야 한다.

블로킹의 이해

블로킹이란 우리말로는 동작선(動作線) 또는 동선(動線)이라고 부르며, 일반적으로 대사 연습이 어느 정도 되어 배우들이 대사에 익숙해진 다음 움직임을 만들어가며 대사와 동작을 합쳐 장면을 구축해가는 과정을 말하는데, 이 과정에서 감독과 배우가 협의해 효과적인 장면을 만들어낸다. 연습 과정에서 배우 한 사람의 움직임뿐 아니라 다른 사람들과의 관계를 통한 움직임의 설정, 그리고 카메라를 고려한 동작선을 섬세하게 설계해야 한다.

카메라 블로킹이란 카메라가 배우의 얼굴을 잡을 수 있는 동선이며, 때로는 상대방을 동시에 잡기도 한다는 사실을 잊지 말아야 한다. 블로킹이 비교적 자유로운 경우라면, 배우가 편안하게 움직이며 자신의 연기를 할 수 있지만, 그런 상황에서도 자신의 어느 부분까지 화면에 잡히는지 철저하게 기억해야 하며, 자신뿐 아니라 상대배역의 움직임까지 고려해가며 움직여야 한다. 대부분의 블로킹은 미리 철저하게 계산되어 있는 것이어서 계획된 대로 똑같이 해야 하지만, 블로킹의 숨은 의도를 이해하고 그 의도를 효과적으로 표현하고자 노력하는 것이 좋은 태도다.

연극에서는 블로킹을 통해 인물의 성격을 드러내기도 하고 분위기의 전환을 꾀하기도 한다. 이런 동작선들은 여러 종류의 가능한 것들을 종합해서 시도해보기 전까지는 굳히지 않는 것이 일반적이다. 영화와 텔레비전 프로그램의 리허설에서는 얼굴을 효과적으로 보이는 것뿐 아니라 스토리를 말해주는 화면의 구도를 잡기 위해서도 모든 것이 계획되어 있다.[38] 영화에서는 대개 이러한 블로킹을 스토리보드(story board)에 기록해서 촬영에 활용한다. 그러나 텔레비전에서는 스토리보드를 만들 시간적 여유가 없기 때문에 대본에 움직임에 관한 메모로 작업을 한다.

대사 외우기

배우들(특히 연극배우)이 자주 꾸는 악몽 중 하나는 공연 중 대사를 잊어버리는 것이다. 경험이 많은 배우들이라면 최소한 한두 번쯤은 무대나 촬영 현장에서 대사를 외우지 못하거나 잊어버려서 곤혹스러웠던 경험을 가지고 있다.

과거 무성영화 시절이나 영화의 대사를 후시녹음을 하던 시절에는 카메라 옆에서 감독이나 조감독이 대사를 읽어주면 배우가 따라 하는 방법을 쓰기도 했지만, 동시녹음이 일반화되면서 영상 배우들도 대사를 외워야만 하게 되었다. 최근 영화작업에서는 디지털 녹음기술의 발달과 더불어 예산과 촬영시간을 줄이기 위해 후시녹음이 다시 시도되고 있다. 하지만 아직도 대부분의 영상 작업은 동시녹음으로 진행되므로 배우들은 대사를 정확하게 외울 필요가 있다.

대사를 외우지 못하는 것에 대해 걱정할 필요는 없다. 정확한 순서를 밟으면 대사는 저절로 머릿속에 들어간다. 부담을 갖지 말고 대사가 자기에게 자연스럽게 다가오도록 하는 것이 먼저다.

중요한 것은 대사 그 자체가 아니라 무엇이 대사를 하도록 만드느냐 하는 것이다. 그러므로 배우가 언어 반응을 일으키는 자극에 적절하게 연관되고(그 자극이 누가 말하는 것이고, 누가 행동하는 것이며, 기후, 치통, 감정, 혹은 사고의 형태 등 어떤 것이든 간에) 자기에 대한 자극의 중요성을 인식하고 함축되어 있는 결과에 맞게 반응한다면 적당한 언어 반응은 필연적인 것이 된다. 다시 말하면 상대방 대사의 서브텍스트를 기억하고 반응하는 것이 중요하다는 말이다. 자신의 모든 감각을 통해 자극과 그것이 일으키는 반응 사이의 인과 관계를 기억한다면 대사를 잊어버릴 위험이 거의 없다.

배우가 배역에 대한 적합한 자극과 반응 양식을 갖출 때 비로소 훌륭한 연기가 가능하다. 사람은 온갖 감정과 태도를 가질 수 있다. 일상생활에서 우리의 위치는 우리가 처한 상황에 의해서 결정되지만, 적절한 훈련을 통해 다른 감정과 태도를 만들어낼 수 있다. 이를 위해 사고의 전 과정을 조용히 생각하며 배역에 적합한 상태로 몰입하는 훈련을 반복한다.

암기된 것은 자극, 몰입, 그리고 반응의 전체적인 결과여서, 배우는 필요한 수준으로 반응하고, 동시에 배역이 요구하는 대로 반응하도록 자신을 조절하기 시작한다. 이 순간부터 나머지 요소들도 이해하고 반응하기가 훨씬 쉬워진다.

배우는 자기가 완전한 연기과정을 밟고 있음을 확신해야 하고, 단지 '큐'에만 반응하는 일이 있어서는 결코 안 된다. 또한 절대로 대사 그 자체를 암기하려 하지 말고 언제나 자신의 역할과 상황의 인과관계, 그리고 흐름을 암기하라. 현실적인 방법으로는 주변의 친구나 누구와 대사를 주고받으며 암기하는 것이 좋으며, 자신의 대사뿐 아니라 상대방의 대사에도 주의를 기울여야 한다.

대사 외우기의 방법

사진기나 복사기 같은 기억력이 없는 배우라면 대사를 외우기 위해서 많은 노력을 기울여야 한다. 아래 내용들을 참고하면 도움이 될 것이다.

첫째, 가장 흥미 있는 사건을 형광펜으로 줄을 쳐라. 중요한 실마리들이 보일 때마다 각각 다른 색의 형광펜으로 표시해라. 배우의 행동에 대한 지문이나 지시들은 또 다른 펜으로 표시해라. 아니면 아예 지시사항들을 아무 색으로도 표시하지 말라.

둘째, 모든 대사들을 소리 내면서 읽어라.

셋째, 대사들을 하나하나 또박또박 읽어라. 천천히 순서대로 대본의 위에서부터 큰 소리로 읽으며 단어 하나하나마다 집중을 하고, 한 문장이 끝나면 대본을 보지 말고 외운다. 그 문장이 외워졌으면 다른 문장 외우기로 넘어간다. 그리고 지금까지 외운 대사를 소리 내며 외울 수 있는지 확인해보라. 이런 방식으로 계속 진행하면 대사를 외우는 문장들의 폭이 넓어질 것이다. 익숙하지 않은 단어들과 발음들을 찾아서 정확히 이해하고 정확히 소리 내어본다(한번 잘못

알면 다시 정확하게 외우기 어렵기 때문에 처음에 정확히 해두어야 한다). 이해하고 외우고 연기하는 것은 이 시점에서는 걱정할 필요가 없다. 그냥 하나로 길게 붙여 외워라.

넷째, 파트너를 구해서 다른 배역의 대사를 읽어달라고 요청한다. 때에 따라 다른 배역의 대사를 녹음기에 녹음하는 것도 좋은 방법이다. 나의 대사가 들어갈 자리에는 공간을 둔다. 녹음한 것을 듣거나 파트너와 자주 연습한다.

다섯째, 대사가 어느 정도 익숙해지면 실제보다 빠른 속도로 큰 소리를 내서 외워보라. 순서에 맞도록 단어를 정확하게 더듬대지 않고 말할 수 있다면 거의 다 된 것이다. 가능하다면 상대역과 함께 빨리 읽기를 해보는 것도 좋다.

여섯째, 연습, 연습, 연습. 많이 연습하면 더 쉽고 더 융통성 있게 그리고 더 자연스럽게 느껴질 것이다. 연습할 때 대사 하나하나에 뜻과 목적을 분명하게 불어넣어야 한다. 이것은 대사를 기억하는 데에도 도움이 된다. 이쯤에서 감독에게 보여주고 잘못이 있는지 확인을 받아야 한다.

기억하자. 대사는 입으로 외우는 것이 아니라 몸으로 익히는 것이다.

촬영을 잘하기 위해 리허설 과정에서 준비해야 할 일들[39]

첫째, 어떤 지시를 받게 되면 지시를 내린 사람에게, 그 지시 사항을 반복해서 들려주라. "네?"라든가, "다시 한 번 말씀해주실래요?"라는 말은 삼가라. 무슨 말인지 이해하지 못한 채 아무 말도 없이 촬영에 들어가서 제대로 하지 못하면 더 좋지 않은 결과를 초래

할 수 있다. 전달된 지시를 반복하는 것은 지시를 내린 이에게 내가 이해했다는 사실을 확인시켜줄 수 있는 기회이며, 나에게는 다소 납득이 가지 않는 사항이었다 할지라도 반드시 해야 한다는 확신을 가지게 해준다.

둘째, 동작선의 각 지점에 정확히 도달하기 위해서는 굳이 내려다보지 않고도 알 수 있는 감각을 기르는 것이 중요하다. 몇 발을 디뎌야 목표점까지 도달할 수 있는지 연습하거나, 가구를 기준으로 자신의 위치를 알아두거나, 두 물건(전등과 출입문 사이 같은 것)의 간격으로 따져놓거나 해서 거기까지 가면 목표점에 이르게 되는 것으로 방법을 모색해두어야 한다. 배우가 연습이 부족하면 동작선과 위치를 찾는 등의 기계적인 일에 신경을 쓰게 되어 자신이 전달해야 할 정서적인 부분에 집중할 수 없게 된다.

셋째, 카메라 쪽 손에 어떤 소품을 설정해서, 의도적으로 얼굴이 카메라를 향해 노출되도록 기교를 부려야 한다. 다시 말하자면 책을 보든, 뭘 마시든, 반지를 만지작거리든, 연필을 집어 들든 간에 그것은 아무것도 하지 않는 것보다 훨씬 손쉽게 얼굴을 보이게 할 수 있을 것이다. 유사한 방법으로, 상대 배우와 대화를 나누는 장면에서 상대방을 바라볼 때 카메라와 먼 쪽에 있는 눈으로 상대방의 카메라와 가까운 쪽 눈이나 귀를 바라본다면 내 얼굴을 좀 더 카메라 쪽으로 향하게 할 수 있다. 누군가와 마주보며 이야기할 때 현실에서는 두 사람이 평행되게 서지만, 영상 연기에서는 어깨선이 대체로 90도가 되도록 하고 카메라를 향해 열린 자세로 서는 것이 좋다. 그리고 화면 안에서 좌우로 움직일 때도 카메라로부터 멀리 있는 발을 먼저 떼도록 한다.

넷째, 샷의 시작 부분에서는 장면에 어울리는 행동을 만들어 움직임과 함께 장면이 시작할 수 있도록 계획하는 것이 좋으며, 샷의 마지막 순간에는 항상 어떤 표정을 얼굴에 남기도록 한다. '컷'이라는 감독의 외침이 들린 직후에 캐릭터가 어떤 말과 어떤 행동을 이어서 할 것인지도 항상 고려해두는 것이 좋다. 이렇게 하면 표정과 자세를 흐트러뜨리지 않고 끝까지 생기 있게 지속시킬 수 있기 때문이다(경우에 따라서는 상대방의 얼굴에서 끝나야 할 시퀀스의 마지막 샷이 나에게 돌아오게 될 수도 있다). 한 가지 방법은, 장면을 마무리할 때 적당한 크기로 숨을 내쉬는 것이다. 이것은 사실 아무 의미도 없는 행동이지만, 다음 장면으로 전환될 때까지 표정을 살아 있게 만들어주는 효과를 발휘한다. 이러한 표정을 5초 정도 유지해주는 것이 좋다.

멀티카메라 리허설

멀티카메라 작업이란 주로 스튜디오에서 이루어지는 작업으로, 여러 대의 카메라를 동원해 카메라들이 다양한 샷을 잡고 배우는 무대 연기처럼 최대한 순서대로 이어서 작업하는 것을 말한다. 이러한 작업은 싱글카메라 작업과 다른 몇 가지 유의할 사항들이 있다. 첫째, 대사를 너무 크게 하지 말라는 것이다. 스튜디오에 함께 있는 사람들이 관객이라고 생각해서 그들 전부를 향해서 말하지 말고, 지금 클로즈업으로 찍히고 있다고 간주하고 말하는 것이 좋다. 자기와 얼굴을 마주보고 있지 않은 인물의 입술이 언제 움직임을 멈추는지 그 얼굴을 자세히 봐야만 자기 대사를 치고 들어가야 할 시점을 알 수 있는 경우가 발생하기 때문이다. 경험 많은 배우들은 그렇게 한다.

둘째, 주어진 장면의 상황에서 내 생각과 감정에 적합한 것이라고 계획하고 있는 연기의 암시, 가능한 비즈니스와 리액션을 설정해야 한다.40)

셋째, 카메라가 바뀌는 것을 알고 연기를 그것에 맞추라. 멀티 카메라 작업은 여러 대의 카메라를 동시에 운용하며 부조정실에서 스위처로 동시에 편집하는 작업방식이기 때문에, 연기 도중 나를 촬영하고 있는 카메라가 수시로 바뀐다. 어느 시점에서 어느 카메라가 나를 잡고 있는지를 사전에 콘티 대본을 통해 확인하고 그 카메라가 잡고 있는 샷의 크기와 앵글에 맞는 연기를 해야 하며, 화면이 전환되는 순간에는 감정의 변화 없이 짧은 포즈(pause)를 줌으로써 감독이 화면을 전환할 시간을 주어야 한다.

리허설 시간은 하루에 다 끝나거나 기간이 더 연장될 수도 있다. 이때 배우의 역할은 일상적이면서도 그럴듯한, 그리고 감동적인 감정선을 모두 찾아내서, 정해놓은 프레임 안에 정확하게 접목시키는 일이다. 그러므로 감독이 계획하고 있는 샷의 종류를 이해하고 숙지해 리허설 과정에서 익숙해져야 한다. (아마도 감독은 미리 구상해놓은 자신의 생각들이 계획대로 적용되는지를 점검하려고 할 것이다.) 나의 연기를 감독이 선택한 샷에 맞게 조절하라. 만약 그것이 불확실하다고 판단되면, 언제나 자신이 클로즈업으로 찍히고 있다고 가정하고 연기하라. 차라리 대사를 조금 더 큰 소리로 하는 것이 더 쉽지, 연극적으로 지르던 발성을 텔레비전에 맞도록 낮추는 것은 상당히 어렵기 때문이다.

경험이 많은 배우들은 카메라 리허설이 무엇인지를 잘 이해하고 있으며, 이때를 이용해 어느 순간에 샷의 크기가 변화되고, 어떤 샷이 될 것인지 파악해둔다. 관찰력이 있는 배우라면 촬영 계획과 카메라 워킹을 미리 감지할 수 있을 것이다.

대단히 운이 좋은 경우라면, 카메라 리허설을 마치고 촬영에 들어가기 전에 의상과 분장을 모두 갖추고 드레스 리허설(dress rehearsal)을 하게 될 수도 있다. 그러나 대개의 경우 리허설을 하고 바로 녹화에 들어가는 것이 일반적이다. 만일 시간적 여유가 전혀 없는 상황이라면(이것이 일반적이긴 하지만), 배우들이 당연히 리허설 때와 똑같이 할 것이라고 가정하고 바로 촬영에 들어간다. 기억하라. 영상 작업에서는 리허설을 하고, 그 반복을 촬영하는 것이다.[41]

준비와 헌신

준비의 시작 단계부터 극중 인물의 내적 생활을 제대로 유지하기 위해 배우는 극중 인물을 자신의 분신으로 동화시키기에 앞서 자신이 배역 인물처럼 생각하는 방법이나 느끼는 방법 등을 찾아내고 자기의 신체를 단련해두어야 한다.

배역에 대한 마음의 준비는 촬영장으로 갈 때나 분장실에서 대기할 때 시작하면 늦다. 그날 잠에서 깨어난 순간부터 시작되어야 한다. 배역 인물을 실제 살아 있는 사람으로 만들기 위한 준비 작업은 자신의 주위를 둘러싸고 있는 생활 전반의 영향을 받게 되는 것이므로, 배우는 적어도 작업 시작 두 시간 전에는 현장에 도착해서 현장 분위기에 적응하고 컨디션을 조절하는 것이 좋다. 조각가는 조소 작업을 하기 전에 재료를 반죽하는 시간이 필요하며, 가수는 콘서트를 시작하기 전에 목소리를 가다듬고, 운동선수들은 경기 전 충분한 시간을 두고 준비운동을 하며, 연주자는 연주회가 시작되기 전에 악기를 조율한다. 배우도 자신의 표현 매체인 자신의 몸을 그날의 촬영에 필요한 만큼 조절하고 준비해야 한다.

등장인물의 새로운 진실을 발견하기 위해서는 생활의 여러 가지 사물을 이용하고 제시받은 상황에 등장인물이 어떻게 반응하는지를 항상 연구해야 한다. 실제 작업에서는 준비한 것 이상으로 시간이 많이 소요되고 몸을 바쳐야 한다. 예를 들어 만약 등장인물이 며칠 밤을 자지 않고 걸어 다닌 후에 등장한다면, 배우는 그 며칠 밤 사이에 등장인물에게 일어난 사건을 먼저 오감을 사용해서 정신적·육체적으로 전부 담아두어야 한다. 몸의 피로함, 다리나 손, 어깨의 아픔, 방이 갑자기 밝아져서 오는 눈부심, 정신적 기민성의 결여, 얼떨떨하고 나른한 대화 모습, 부자연스러운 걸음걸이, 넋 빠진 표정 등 실생활에서 배우가 겪은 일들 중에서 표현에 도움이 될 만한 것이라면 무엇이든지 끌어올려야 한다. 그리고 배역에 맞게 적절히 조절을 하는 것이다.

그러나 역할을 연구하는 방법 중 한 가지에만 구애되어서는 안 된다. 더스틴 호프먼은 영화 〈마라톤 맨〉을 찍을 때 배역에 충실하기 위해서 몇날 며칠을 뛰었다. 그러고는 기력이 빠진 모습으로 비틀거리며 분장실에 들어왔다. 그와 함께 연기했던 로렌스 올리비에는 피곤에 지쳐 눈까지 새빨갛게 충혈된 호프먼에게 "연기로서 하면 좀 쉽지 않을까요?"라고 했다. 더스틴 호프먼은 자신의 방식대로 역할을 위해 실제로 몸을 바쳐 연구했던 것이고, 로렌스 올리비에 역시 자기 방식대로 연기했던 것이다. 이처럼 자기에게 맞는 방식을 찾아내어 그 방식대로 연기를 해야 한다.

배우가 등장인물의 내적 성격을 만들어 표현하는 일은 배우에게는 즐거운 작업이지만 아무 때나 쉽게 할 수 있는 단순한 일은 아니다. 충분한 준비를 필요로 하며 촬영 전 5분 정도로 될 수 있는 것은 아니다. 그러므로 배우는 자기 자신의 개인적인 생활과 작업, 즉 일상인으로서의 생활과 배우로서의 작업과는 엄격히 구분해야 한다. 더구나 촬영 현장에 있는 동안만큼은 마음이 산만하게 되거나 문란해지는 것을 피하는 것이 좋다. 촬영 현장에 도착하면 개인적인 생각이나 작품과 관계없는 것들은 잊고 배역 그 자체에 몰입해서 등장인물로서 살아야 한다. 제발 휴대전화는 꺼주기 바란다.

연기 예술의 마지막 준비는 분장실에서 시작된다. 배우가 자기 자신에게 다른 이름, 다른 성격을 조금이라도 더 부여하려고 노력하는 곳이 분장실이다. 우리나라의 대표적인 배우 중 한 사람인 최불암 씨는 한 인터뷰에서 "나는 분장을 마치고 스튜디오로 들어가기 전에 분장실 거울에 대고 '최불암, 당신은 여기서 기다려'라고 말하고 스튜디오를 향한다"라고 말했다. 얼마나 배우다운 모습인가.

06. 발성과 사운드

연극 무대에서 대사를 전달할 때, 배우는 특히 발성에 신경을 많이 써야 한다. 자기와 가까운 거리에 있는 상대 배우와 대화할 때에도 수십 미터 떨어진 객석에서도 그 소리를 들을 수 있게 해야 하기 때문에 일상생활에서 대화할 때보다 더 큰 발성과 정확한 발음이 요구된다. 그러므로 무대 배우의 경우 발성에 대한 체계적인 훈련과 지속적인 연습이 필요하다. 그러나 영상 연기에서는 언어적 장애나 육체적인 기능 장애가 있는 특별한 경우를 제외하고는 발성 훈련에 지나치게 많은 시간과 에너지를 투자하는 것은 대부분 쓸모가 없으며, 자칫 배우의 개성을 죽이는 해로운 일이 될 수도 있다. 영상 연기에서는 마이크를 사용해 소리를 잡아내기 때문에, 배우의 대사 처리는 일상생활의 그것과 크게 다르지 않다. 이때 배우에게 필요한 것은 시원한 발성과 정확한 발음이면 충분하다.

출신 지역에 따른 배우의 사투리에 대해 발성 선생들은 예외 없이 얼굴을 찡그리지만, 사투리 역시 태어난 환경의 일부로서 배우의 개성과 매력을 표현하는 귀중한 한 부분인 것이다. 배우들이 표준어를 사용할 수 있어야 하는 것은 틀림없는 사실이고 심한 사투리는 어떤 종류의 역에서는 어울리지 않겠지만, 사투리를 완전히 없앤다는 것도 치명적인 영향을 끼칠 수 있다. 많은 발성 선생들은 뚜렷한 의도 없이 다만 표준적인 소리를 낸다는 목적 때문에 같은 말을 끊임없이 되풀이하도록 연습시키지만, 이것은 영상 연기에서는 확실히 잘못된 것이다.

연기는 소리만으로 하는 것이 아니다. 연기는 배우가 만들어내는 내적 생명력에서 나온다. 소리는 다만 그것을 전하는 감정을 실어나르는 역할을 할 뿐이다. 소리의 강약, 소리의 공명을 발달시키는 방법 등 발성의 기초적인 부분은 자격을 갖춘 선생에게 배울 필요가 있다. 그러나 선생은 소리의 개인적인 특징을 살리면서 명료하게 말하는 방법을 가르쳐주는 것으로 만족해야 한다.

특정한 감정 상태에서 소리를 내는 전형적인 방법이나 말의 기술적인 훈련보다 중요한 것은 배우 자신의 체험에 진실이 들어가도록 말하는 법을 배우는 것이다.

배우들의 목소리 관리

배우들에게 목소리는 중요한 작업 도구 중 하나다. 교사, 목사, 강연자, 가수, MC 등 목소리를 많이 사용하는 직업에 종사하는 사람들과 마찬가지로, 배우들도 자신의 중요한 표현 도구인 목소리를 잘 관리해야 한다.

자신의 목소리를 녹음해서 들어보자. 녹음된 자신의 목소리를 처음 듣는 순간 놀라고 당황할 것이다. 대부분의 사람들은 자신의 녹음된 목소리를 듣는 것을 매우 불편하게 느낀다. 그 이유는 말을 할 때 자신에게 들리는 목소리와 다른 사람들이 듣는 목소리가 다르기 때문이다. 내가 듣는 나 자신의 목소리는 실제로는 내 몸에서 공명된 소리가 내부 귀(inner-ear)를 통해 전달된 것이다. 반면에 다른 사람들은 녹음기에서 재생되는 나의 목소리와 거의 똑같은 목소리를 듣는다. 신문이나 잡지나, 소설의 일부분, 어떤 이야기들을 큰 소리로 말하며 자주 녹음해보면 자기 목소리와 어투를 스스로 파악하는 데 큰 도움이 된다. 그리고 다양한 캐릭터의 인물들을 읽어볼수록 자신의 소리를 관리하는 데 더 많은 도움을 받을 수 있다. 지속적으로 자신의 목소리를 녹음해보면 세월에 따른 자기 목소리의 변화와 어투의 변화를 알 수 있게 된다.

소리내기 연습

배우의 소리내기는 발성과 발음으로 나누어 생각해볼 수 있다. 발성은 목소리를 내는 것인데, 소리 내는 일은 우리 모두가 매일같이 하면서 살지만 별로 신경을 쓰지 않는 부분이다. 그러나 사람들의 목소리를 잘 들어보면 사람마다 목소리가 다르며, 듣기 좋은 목소리도 있고, 그렇지 못한 소리도 있는 것을 알게 된다. 목소리는 타고나는 것이라고 생각하는 사람이 많은데, 물론 타고나는 부분도 많지만 훈련을 통해 개발되고 좋아질 가능성도 크다.

발성훈련을 할 때는 우선 고음, 중음, 저음을 내는 연습을 기본으로 하면서 소리를 크게 내거나 작게 내는 연습을 구분해서 하는 것이 좋다. 그리고 소리를 멀리 보내는 것과 가까운 거리의 사람과 대화하는 것 등을 상상하면서 연습해야 한다. 요즘의 발달된 음향시스템은 거리감과 방향감에 매우 예민하기 때문에, 배우가 연기할 때 상대 배우와의 거리와 방향에 유의해 대사를 하면 더욱 생동감을 살릴 수 있다.

음성을 내는 것은 호흡 과정 중의 호기, 즉 숨을 내쉴 때 일어나는 일이다. 그러므로 발성훈련을 할 때는 호흡훈련도 함께 해야 하는데, 흔히 말하는 복식 호흡을 하면서 우리 몸에서 머리를 제외한 모든 부분을 소리의 공명기관으로 사용한다는 기분으로 소리를 낸다. 그리고 짧고 빠르게 많은 공기를 들이마시고 천천히 내쉬면서 말하기, 천천히 들이마시고 빠르고 강하게 내뱉기 등 다양한 방법으로 호흡하는 훈련을 해야 한다. 6개월 정도만 쉬지 않고 연습을 한다면 자신의 타고난 목소리가 훨씬 좋아지는 것을 느낄 것이다.

이제 발음에 관해 살펴보자. 발음이 불분명한 사람과 대화를 하는 것은 고역 중 하나다. 그리고 그런 사람들은 자신감이 없어 보이며 성격도 흐리멍텅하게 느껴진다. 배우에게는 더더욱 치명적인 문제가 된다. 미국 배우들이 연극 연습 중에 가장 흔히 듣는 말 중 하나가 "Bite the words"라는 말이다. 우리말로 하면 단어 하나하나를 꼭꼭 씹어서 뱉듯이 또박또박 발음하라는 뜻이 될 것이다. 발음의 기초는 알아듣기 쉽게 또박또박 말하는 것이며, 이것을 익히기 위해서는 평상시 말할 때보다 입술과 혀 등 발음기관을 과장되게 크고 정확하게 사용하면서 천천히 말하는 연습을 하는 것이 좋다. 또한 우리말의 발음법칙과 말투 등에도 관심을 가져야 하고, 각 지방의 방언들과 직업별, 신분별, 시대별 언어의 특성에 대한 공부도 게을리하지 말아야 한다.

영상 연기에서의 발성

우리는 일상생활에서 대화 상대가 얼마나 떨어져 있느냐에 따라서 음성의 크기와 높낮이를 다양하게 변화시키며 말을 한다. 연극 무대에서도 같은 방식이 적용되지만, 그때는 객석 끝자리의 관객에게까지 들리도록 하는 상태에서 목소리의 크기와 톤이 조절되어야 한다. 가까운 사람과 대화할 때도 객석 끝자리까지 들리도록 말을 한다는 것은 매우 부자연스러운 일이지만 연극의 특성상 불가피하다.

영상 작업에서는 과연 어떨까? 지금 내가 얘기를 하고 있는 상대방이 나와 같은 공간에 있다고 하더라도, 소리를 던져야 할 실제 거리는 샷의 크기에 따라 달라진다.

대부분의 영상 작업에서 음향 기사는, 그 작품 내에 '음향의 원근감(sound perspective)'을 부여하기 위해 샷의 크기에 따라 마이크와 배우 간의 거리를 다양하게 조절할 것이다. 관객은 롱 샷에 잡힌 배우의 목소리는 그 거리만큼 멀리서 들려오고, 반면 클로즈업이라면 밀착되고 가까이 들려야 한다고 단순하게 생각하기 때문이다. 이러한 효과는 배우의 입에서 마이크까지의 거리를 변화시킴으로써 가능하다. 이에 가장 으뜸이 되는 원리는 '대사를 할 때 붐 마이크가 떨어져 있는 만큼 상대방이 떨어져 있다고 생각하고 대사를 던지면 그 샷에 맞는, 거의 정확한 톤의 소리를 낼 수 있다'는 것이다.

그러나 그것을 배우고 터득하는 것은 그렇게 간단하지만은 않다. 처음에 대사를 아주 작은 소리로 하면 말의 전달 속도도 느려지고, 리액션도 감소하고, 에너지도 떨어지면서 갑자기 무척이나 권태롭고 의욕 없는 사람처럼 보일 것이다. 그렇기 때문에 소리의 실제 크기는 줄일지라도 에너지는 간직한 채로 연기를 해야 하는데, 이것이 그리 만만한 일이 아니다.

일상생활에서는 말이 빨라질수록 음성도 커진다. 말의 속도는 변화시키지 않고 소리의 높낮이만 다양하게 구사하는 것은 상당히 부자연스러운 일이다. 그럼에도 그것은 배우들이 해야 하는 일이다. 텔레비전을 켜고 소리를 키워서 배우들이 실제로 어떻게 하는지 유심히 한번 들어보라. 팔을 정력적으로 움직여가면서 큰 소리로 열렬히 떠들어대는 강연자는 화면상에서 지나치게 연극적으로 과장하는 배우처럼 보일 것이다. 그러나 그 사람이 목소리를 대폭 줄이면서도 변함없는 에너지와 열정을 보여준다면 그 사람은 훌륭한 배우로 보일 것이다.[42]

싱글카메라의 대사

영화와 텔레비전의 작업 과정의 차이 가운데 중요한 것이 있다. 그것은 소리의 크기에 관한 것이다.

영화배우는 같은 장면을 여러 번 찍게 된다. 영화에서는 같은 장면도 다양한 앵글과 다양한 크기의 샷으로 촬영할 경우가 많기 때문이다. 예를 들면 같은 장면을 다음과 같은 여러 가지 방법으로 촬영할 수 있다.

- 두 인물을 동시에 잡는 와이드 샷
- 주 인물의 오버 더 숄더 샷, 넓게
- 주 인물의 오버 더 숄더 샷, 타이트 하게
- 주 인물의 미디엄 클로즈업
- 주 인물의 클로즈업
- 상대의 오버 더 숄더 샷, 넓게
- 상대의 오버 더 숄더 샷, 타이트하게
- 상대의 미디엄 클로즈업
- 상대의 클로즈업

이렇게 한 장면을 아홉 가지 다른 방식으로 촬영하는 것을 좋아하는 감독이 있고, 처음부터 철저하게 계획해서 두어 가지 방식만 촬영하고 넘어가는 감독도 있다. 그런가 하면 그날의 상황에 따라 촬영이 반복되는 횟수가 달라질 수도 있다. 어쨌든 감독과 편집자는 그중 배우의 연기와 음성 크기가 가장 잘 맞아떨어지는 인상적인 장면을 고를 것이다. 다시 말하자면 배우는 본능적으로 맞다고 느끼는 것을 연기할 수도 있고, 자신의 이성으로 판단해서 옳다고 느끼는 것을 연기할 수도 있지만, 샷의 크기는 이미 감독에 의해 정해진 것이므로 감독과 편집자는 배우의 대사가 컸는지 작았는지에 따라 어떤 것을 편집할 것인지를 정하게 된다는 것이다.[43]

멀티카메라 촬영에서는 수시로 샷의 크기가 바뀌므로 배우들은 사전에 콘티를 숙지하고 자신이 잡힐 샷에 맞춰 목소리에 약간의 변화를 주어 연기하는 것이 좋다. 그럴 때는 소리의 크기보다는 에너지의 강약에 변화를 주어야 하는 경우가 많다. 영상에서는 멀리 떨어진 사람도 가깝게 보이도록 잡히는 경우가 많으므로(군중 연설 장면 등에서 군중의 리액션 샷을 잡을 때는 군중 전체를 잡을 때도 있지만 일부 또는 특정인물을 타이트 샷으로 잡는 경우가 많으므로), 배우가 큰 목소리로 멀리 있는 사람에게 연설하듯이 대사를 하는 것보다는 적절한 크기로 말하되 에너지가 전달되는 느낌을 담는 정도면 충분하다.

목소리와 몸 훈련[44]

목소리를 제대로 내기 위해서는 우선 편안하게 호흡하는 법을 익혀야 한다. 편안하게 호흡하며 좋은 소리를 내기 위해서 아래 내용들을 연습해야 한다.

첫째, 몸과 마음을 이완시킨다. 우선 조용한 곳에 앉아서 연습을 하는 것이 가장 좋다. 코로 깊은 숨을 천천히 들이쉬는 것부터 시작한다. 기관지를 확장시켜 최대한 공기를 들이마실 수 있게 하고, 어깨를 들썩이지 말고 가슴, 배, 옆구리 아래쪽 등을 확장시켜 횡격막을 아래로 끌어내림으로써 폐에 공기를 최대한 채운다. 몇 초간 숨을 멈추고 있다가 천천히 입을 통해 모든 공기를 내보낸다. 이러한 호흡을 하는 동안에는 편안한 것을 생각하거나 릴랙스라는 단어를 반복적으로 생각하며 최대한 조용한 상태를 유지해야 한다. 이 훈련은 충분한 시간 동안 행하는 것이 좋다.

이러한 호흡 연습을 10여 회 반복하면, 몸이 이완되는 것을 느끼고 마음이 예민해지고 어떤 것에 초점을 맞추어지는 것 같은 느낌이 드는 단계에 이를 수 있다. 연습을 하는 도중에 약간의 어지럼증을 느낄 수도 있는데, 이것은 뇌에 산소 공급이 증가하면서 일어나는 현상이므로 걱정할 것은 없다.

오디션이나 테스트 직전, 긴장되어 있는 상황에서 이러한 연습을 하면 긴장의 에너지를 생산적인 에너지로 바꿀 수 있으니, 스튜디오에 들어가기 전에 차 안에서 이 호흡 연습을 행하도록 한다.

둘째, 목의 긴장 풀기. 목소리와 목을 이완시키는 것은 목 전체를 이완시키는 것으로부터 시작한다. 원한다면 눈을 감고 하는 것도 좋다. 이 연습은 매우 천천히 진행해야 하며, 계속 바른 자세를 취할 수 있다면 서서 하든 앉아서 하든 상관없다. 그러나 목에 부상이 있다면 절대 해서는 안 되며, 목에 통증을 느끼면 즉시 멈추어야 한다.

머리 전체를 앞으로 천천히 구부려서 턱이 가슴에 닿게 한다. 목의 근육이 약간 늘어나면서 머리가 떨어지는 듯한 느낌이 들어야 한다. 천천히 머리를 돌려서 왼쪽 귀가 왼쪽 어깨에 닿게 한다. 머리를 뒤로 움직이면서 숨을 들이마신 후, 머리를 돌려 원래의 자리로 돌아올 때까지 숨을 내쉬며 진행한다. 계속 숨을 쉬면서 반대방향으로 머리를 돌린다. (처음부터 여기까지 반복한다.) 이 연습은 목구멍 근처의 근육과 목을 이완시켜주며, 긴장을 풀도록 도와준다.

셋째, 팔의 긴장 풀기. 이 연습은 뭉쳐 있던 긴장된 에너지를 생산적인 에너지로 바꾸어주고 몸을 지속적으로 움직이는 방법을 깨닫도록 해준다. 이러한 운동은 특히 마이크 앞에 오랫동안 서 있을 때 몸을 이완시키는 간단하고 좋은 방법이다. 몸을 움직이는 것은 대본의 흐름을 타는 데 매우 중요한 것임을 기억하라.

팔을 몸 쪽으로 편안하게 늘어뜨리고 바깥쪽으로 가볍게 흔들어줌으로써 팔과 상체를 이완시킨다. 이것은 다른 운동을 하기 전에도 쉽게 할 수 있는 일이다. 상체를 펼치고 전체를 흔들어주는 것도 좋은 방법이다.

넷째, 얼굴의 긴장 풀기. 얼굴의 근육들이 긴장해 있으면 풍부하고 세밀한 표현을 할 수 없으므로 캐릭터를 창조해내는 데 제약이 따른다. 작품의 깊이와 생동감을 효과적으로 전달하려면 얼굴의 근육들을 활용해야 하는데, 그러려면 우선 얼굴의 긴장부터 풀어야 한다. 얼굴의 긴장을 푸는 훈련은 몸을 이완시키는 것으로 시작된다.

몸이 충분히 이완되었다면, 얼굴을 최대한 찡그리고 긴장시켜 10초 정도 유지한다. 다음에 눈을 최대한 크게 뜸으로써 얼굴을 확장시키고 이완시킨다. 입을 최대한 크게 벌려 뺨과 입술을 확장, 이완시키고 턱을 위, 아래로 움직이게 한다. 입을 최대한 크게 벌려 아, 에, 이, 오, 우 하고 소리를 내며 천천히 5~10회 반복하면 얼굴 이완에 도움이 되고 발음에도 도움이 된다. 손가락을 이용해 뺨과 이마를 스트레칭할 수도 있다. 이러한 과정은 혈액순환을 증가시켜 얼굴에 활기를 불어넣기도 한다.

다섯째, 혀의 긴장 풀기. 이상하게 들릴지 모르지만 혀도 긴장할 수 있다. 간단한 스트레칭 동작으로 혀와 입술 뒤쪽 근육을 이완시키면 발성에 큰 도움이 된다.

혀를 최대한 길게 밖으로 내밀어서 왼쪽 뺨과 오른쪽 뺨에 각각 5초씩 닿게 한 후, 혀를 턱밑으로 길게 내리뻗었다가 코를 향해 최대한 길게 밀어올린다.

목구멍을 열어주는 데 도움을 주는 혀 스트레칭은 혀를 내밀고 손가락으로 혀를 가볍게 잡아주는 것이다. 깨끗한 수건이나 티슈를 활용하는 게 좋다.

숨을 깊게 쉬고 혀를 부드럽게 내밀며 서서히 숨을 내쉰다. 그리고 하품을 하듯이 길게 '하~' 하는 소리를 낸다. 이 연습을 하다가 실제로 하품을 할 수도 있는데, 그것은 좋은 일이다. 하품은 목구멍을 여는 데 도움을 준다.

여섯째, 말(horse)처럼 입술 털기. 숨을 깊이 들이쉬고 천천히 입술 사이로 공기를 내보내며 이완시킨다. 입술 사이로 공기가 빠져나가는 동안 입술이 떨리도록 투레질을 한다. 이런 연습은 혼자 있을 때 하는 것이 좋다. 바람을 강한 힘으로 몰아낼 때 입술의 한쪽 방향씩 번갈아 하면 효과적일 수 있고, 뺨까지 활용한다면 훨씬 더 큰 효과를 거둘 수 있다.

일곱째, 이 모든 스트레칭은 커다란 하품을 유발할 가능성이 높다. 앞에서도 말했지만, 만약 그렇다면 즐겨라. 하품은 좋은 것이다. 하품은 목구멍의 긴장을 풀어주며 목구멍을 열리게 해준다. 여기에 더해 하품은 더 많은 공기를 들이마시게 해서 뇌에 공급되는 산소의 양을 증가시켜 정신적 능력을 향상시켜준다.

이완감을 더 늘리려면 낮은 소리로 '하~' 하고 소리를 내며 하품을 한다. 목구멍의 뒤쪽이 열리는 것에 주의를 집중한다. 하품을 할 때 몸에 어떤 변화가 일어나는지 경험해보는 것이 중요하다.

여덟째, 코르크(또는 연필) 연습. 이것은 어쩌면 이상하게 들릴지 모르지만 그 결과는 놀랄 만큼 훌륭하다. 와인병을 막는 코르크 같은 것이 너무 크다면 볼펜이나 연필을 물고 할 수도 있다.

책이나 신문에서 적당한 문장을 고른다. 그리고 코르크를 물지 않은 상태에서 신문이나 잡지를 읽으며 녹음한다. 녹음이 끝나면 코르크를 앞니와 어금니 중간쯤에 가로로 문다. 볼펜을 사용할 경우, 너무 깊이 넣지 않도록 주의해야 한다. 그리고 녹음했던 것과 같은 문장들을 수차례 읽어보도록 한다. 매우 천천히 명료하게 모든 자음과 모음 그리고 모든 단어들을 강조하면서 읽어야 한다. 자신을 속이지 말고 단어의 끝까지 발음을 조심스럽게 정확하게 한다. 턱과 혀가 짧은 시간 내에 피곤해질 것이다. 10분 정도 연습을 한 후에 코르크를 빼고 이전에 읽었던 문장들을 다시 녹음해본다. 그런 후 코르크 연습을 하기 이전과 이후에 녹음한 것들을 재생해보면 목소리와 발음에 큰 차이를 발견하게 될 것이다. 코르크 연습을 한 후에 녹음한 것이 훨씬 더 명료하고 듣기에 편안할 것이다. 코르크 연습은 자신의 발음이 불분명하거나 어눌하다고 느낄 때 좋은 연습 방법이다. 오디션 장소나 일터로 운전을 하며 이동할 때, 라디오 소리를 들으며 이 연습을 할 수도 있다. 볼펜이나 연필을 사용할 수도 있지만 코르크를 사용할 때 입 주변 근육에 더 많은 힘을 주게 되므로 효과가 더 좋다.

목소리 보호를 위한 조언들[45)]

배우에게 목소리는 창작과 작업에 중요한 도구이므로 목소리가 잘 나오도록 목 상태를 잘 유지하는 것은 연기를 하는 데 매우 중요한 일이다. 이를 위해서는 다음의 열 가지 조언을 명심해야 한다.

첫째, 훈련하라. 좋은 배우는 공부와 훈련을 멈추는 법이 없다. 발성 수업을 듣도록 하라. 즉흥극 연습이나 노래를 배우는 것도 매우 도움이 된다. 텔레비전이나 영화, 라디오 등을 보고 들으면서 공부하라. 이를 통해 최근의 경향에 대해서도 공부하고 연습하라.

둘째, 커피, 흡연, 청량음료, 술, 약(drug) 등을 삼가라. 커피에 들어 있는 내용물들은 목소리 연기에 악영향을 주는 경향이 있다. 따뜻한 커피가 기분을 좋게 할지는 모르지만 카페인이 비강과 목구멍에 좋지 않은 영향을 줄 수 있다. 청량음료도 마찬가지다. 청량음료에 들어 있는 설탕 성분은 입을 마르게 할 수 있다. 흡연 또한 빨리 입을 마르게 하는 원인이 된다. 특히 장기간의 흡연은 성대에 악영향을 주어 목소리를 탁하고 낮아지게 하며 다른 건강상의 위험도 줄 수 있는, 전혀 가치가 없는 행동이다. 술과 약은 연기에 심각한 영향을 끼칠 수 있다. 술과 약에 빠져 있다면 전문적인 배우로서 자신의 일을 수행할 수 없다. 외국의 경우 배우가 술이나 마약에 빠져서 작업이 취소되는 경우가 가끔 있다. 그 후에 발생하는 일들은 상상에 맡긴다.

셋째, 물을 가까이 두라. 연습을 하거나, 작업을 하거나, 목을 쓰는 일을 할 때는 (너무 차거나 뜨겁지 않은 실내 온도와 비슷한) 물병을 옆에 두는 게 좋다. 물은 입이 마르지 않도록 도와준다. 입이 마르기 시작하면 음향 엔지니어들이 매우 싫어하는, 입안이 끈적거리는 것 같은 잡음이 나기 시작한다. 입이 마르면 입 주위에 작은 거품들이 생기기 시작하고, 그 상태에서 말을 하게 되면 거품이 튀게 된다. 때때로 물로 입을 헹구어주면 입이 마르거나 구강 잡음이 들리는 것을 방지할 수 있다. 물은 한 번에 조금씩 입안 전체를 적시는 정도로 마시는 것이 좋다. 물은 반드시 방안의 온도와 비슷한 것이어야 한다. 너무 차가운 물을 마시면 목구멍이 긴장할 수 있기 때문이다.

우리나라 성우들 중에는 도라지 차를 만들어 휴대하는 사람들이 있는데, 한의학에서 목에 좋은 것으로 추천하는 도라지를 차로 만들어 수시로 마신다면 목소리를 관리하는 데 도움이 될 것이다.

넷째, 주스를 조금 마셔라. 대부분의 주스는 입을 마르지 않게 해주고 목구멍을 깨끗하게 하는 데 도움이 되며, 한 잔의 물에 레몬 한 조각을 넣어 마시는 것도 도움이 될 수 있다. 작업 중에 마시는 주스로는 섬유소나 건더기 같은 내용물이 없는 맑은 주스가 좋다. (섬유소 같은 것이 첨가되어 있는) 과일 주스는 목구멍이나 입을 탁하게 만들 수 있으므로 조심해야 한다. 오렌지, 자몽, 당근 주스 같은 것들은 일부 사람들에게 문제를 일으킬 소지가 있으므로 주의해야 한다.

다섯째, 파란 사과 이론. 일부 성우들은 작업을 하러 갈 때 파란 사과를 가지고 가기도 한다. 파란 사과를 한 입 베어 물면 입안의 점액질 생성이 억제되며, 입술과 목구멍이 깨끗해진다. 입술의 문제나 입에서 나는 잡음들은 목소리를 사용하는 배우에게 매우 좋지 않은 일이다. 그런데 파란 사과는 이런 문제를 해결하는 데 도움을 준다. 빨간 사과가 맛있기는 하지만 똑같은 효과를 내지 않는다는 것은 재미있는 일이다.

여섯째, 유제품을 피하라. 우유나 치즈 같은 유제품은 구강과 비강에 좋지 않은 영향을 줄 수 있다. 우유는 또한 입 안쪽을 코팅하기 때문에 말을 명료하게 하는 데 영향을 줄 수 있다. 일을 하러 가기 전에는 우유나 치즈 같은 유제품을 피하는 것이 좋다.

일곱째, 목구멍을 시원하게 하라. 시끄러운 소리를 내면서 목을 시원하게 하려 하는 것은 성대를 다치게 할 수 있다. 목구멍에서 허밍(humming)을 시작해 서서히 기침까지 발전을 시킨다. 허밍의 떨림은 가끔 목구멍의 가래를 없애는 데에도 도움이 된다. 기침을 할 때는 성대로 공기가 통하도록 하고 소리를 내도록 하라. 입 안에 이물질이 생겨나는 것을 기침하기 전에 삼켜버리는 것도 도움이 될 수 있다. 소리를 크게 지르거나 고함을 치거나 강한 소리를 낼 때 성대가 다칠 수 있으므로 조심해야 한다.

여덟째, 작업을 하기 전에 배가 부르도록 음식을 먹는 것은 연기에 지장을 줄 수 있으므로 주의해야 한다. 식사를 해야 한다면 가볍게 하고, 일을 시작하기 전에 물로 입을 깨끗하게 헹궈주어야 한다. 소화에 문제가 생길 만한 음식을 피해야 한다.

아홉째, 목구멍을 건조하게 할 만한 것은 어떠한 것이라도 피하라. 에어컨디셔너도 목구멍을 건조하게 할 수 있다. 매우 건조하거나 차가운 공기가 성대에 바로 접촉하는 것을 피해야 한다. 흡연이나 먼지 또한 목구멍을 건조하게 할 수 있다. 목구멍이 건조한 상태에서 큰 소리를 지르는 것이 가장 치명적인 해가 될 수 있다.

열째, 본인 자신과 주변에 대해서 주의하라. 충분한 휴식을 취하고 육체적으로 편안한 상태를 유지하라. 목소리에 이상이 있다는 생각이 들면 즉시 병원에 가야 한다. 먼지나 연기, 공해 등 여러 가지 요인이 목소리에 영향을 줄 수 있는데, 만약 알레르기가 있다면 그것이 연기에 어떤 영향을 주는지 정확하게 알아두어야 한다.

07. 배우와 촬영

앞에서 설명했듯이, 무대 연기와 영상 연기의 가장 큰 차이점 중 하나는 배우의 신체 노출이다. 무대의 경우 특별한 경우를 제외하고 배우의 전신이 항상 노출되어 있지만 영상의 경우는 신체의 일부가 노출되는 경우가 많다. 영상 작업을 하는 배우는 자신이 화면에 어떻게 보이는지를 정확하게 알고, 샷의 크기와 카메라 앵글에 맞는 연기를 펼쳐야 한다.

배우가 촬영의 기술적인 운용에 직접 관여하는 것은 아니지만, 영상 연기를 효율적이고 효과적으로 수행하기 위해서 기본적인 내용들을 알아둘 필요가 있는 것이다.

샷 크기(Shot Size)

_ C.U(Close Up, 클로즈업)

얼굴이나 특정 신체 부위를 화면에 가득 차게 잡는 샷. 배우의 움직임이 지극히 제한되므로 배우는 얼굴 근육의 움직임이나 눈 깜박임이나 눈동자 움직임, 입모양의 변화 등의 작은 움직임으로 감정을 표현해야 하고, 그래서 그만큼 세심한 계획이 필요하다. 신체 특정 부위나 소품을 클로즈업할 경우, 예를 들어 손을 클로즈업했을 때 손만으로 희로애락의 정서를 표현할 수 있는 방법을 찾아야 한다. 손 근육과 손가락의 미묘한 움직임, 움직임의 크기와 속도 등으로 정서를 표현해야 하며, 특정한 소품을 사용할 경우에도 그 소품에 인물의 정서를 전이시켜서 표현해야 한다.

— E.C.U(Extreme Close Up)

클로즈업보다 대상을 더 확대해 잡은 샷. 눈이나 손과 같은 피사체의 일부가 세밀하게 화면에 노출되며, 다소 과장된 느낌을 주므로 매우 극적인 장면에 주로 사용된다.

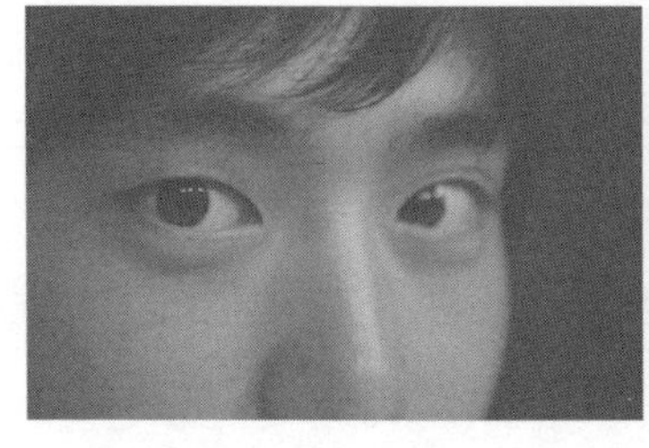
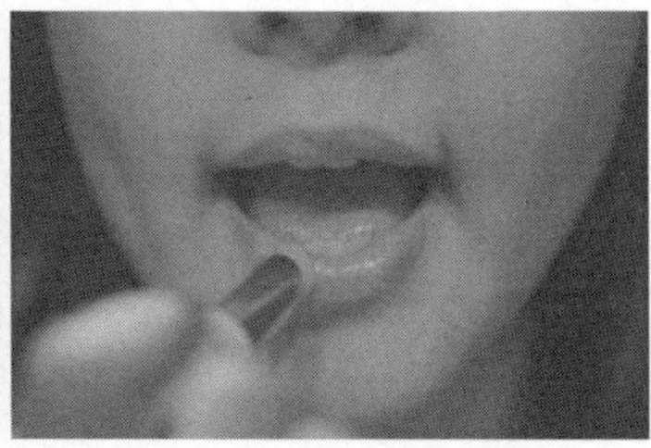

— C.S(Close Shot)

어떤 부분을 가까이 잡는 것을 의미하며 일반적으로 타이트 샷(Tight Shot)이라고 부르기도 한다. 인물의 어깨선 정도까지 화면에 담는다.

— B.S(Bust Shot)

가슴부터 머리까지를 잡는 샷. 텔레비전에서 가장 많이 사용하는 크기다. 움직임이 제한되므로 주의해야 하며, 몸을 돌리거나 돌아설 때는 좌우로 움직임이 적도록 척추를 중심으로 돌아야 한다.

— M.S(Medium shot)

중간 정도 크기의 샷을 의미하는 것으로, 주로 영화에서 쓰는 용어. 텔레비전에서 주로 사용하는 웨이스트 샷과 비슷한 샷.

— W.S(Waist Shot)

허리선부터 머리끝까지를 잡는 샷. 몸 전체의 움직임보다는 상반신을 활용한 제스처 정도로 연기를 한다.

— F.F.S(Full Figure Shot)

인물의 머리끝부터 발끝까지를 잡는 샷. 무용 장면과 같이 전신의 움직임을 보여줄 때 많이 사용된다.

— F.S(Full Shot)

영화의 경우 신(scene) 전체를 잡는 것을 의미할 때도 있으나 텔레비전의 경우 F.F.S과 같은 의미로 사용하는 경우가 많다. 몸 전체를 움직일 수 있으므로 자연스럽게 몸 전체를 활용하는 것이 좋다.

— L.S(Long Shot)

F.F.S이나 그것보다 조금 넓은 샷을 의미하며, 주로 영화에서 쓰는 용어로 전체적인 조망을 보여주는 샷. 충분한 공간이 있으므로 몸 전체로 큰 움직임을 마음껏 사용하며 연기할 수 있다.

— E.L.S(Extreme Long Shot)

롱 샷보다 더 넓게 잡은 샷. 배우가 누구인지 인식하기 어려울 정도로 작게 나오므로 큰 움직임이나 방향성 정도밖에 보이지 않는다.

촬영 각도

카메라의 앵글이란 말은 카메라와 피사체 사이의 수직적·수평적인 각도의 관계를 의미한다. 수직적 관계란 피사체와 카메라의 높이가 눈높이와 같은 수평 앵글(normal angle/eye level), 카메라 높이가 높아져 피사체를 내려다보는 부감(high angle), 카메라가 피사체보다 낮은 앙각(low angle) 등으로 구분된다. 수평적 관계는 카메라의 위치와 피사체의 관계를 방위(orientation)로 표시한다.

— 부감(high angle)

피사체의 눈높이보다 높은 위치에서 카메라가 하향촬영하는 것으로 군중 장면(mob scene)이나 장면 전체를 보여주는 유일한 방법이다. 부감 샷은 객관적 판단이나 설명 등에 유용하며, 앙각에 비해 피사체를 상대적으로 작고 외롭고, 나약하며 열등하게 보이게 한다. 이러한 각도를 얻기 위해서는 보통 카메라를 크레인에 얹거나 붐 업(boom up)을 하지만, 때에 따라 피사체를 바닥에 앉히거나 자세를 낮추게 하는 경우도 있다. 부감의 장점은 피사체의 움직임을 따라가기 좋다는 데에 있다.

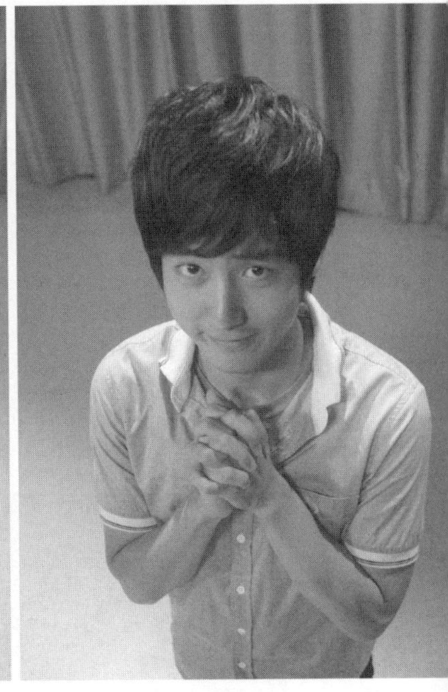

— 수평 앵글/눈높이(normal angle/eye level)

우리가 일반적으로 대상물을 보듯이 눈높이 정도에 카메라를 위치시키는 것을 말하며, 여기에서 눈높이는 대상에 따라 달라진다. 예를 들어 어른과 아이의 눈높이는 다르니 인물에 맞춰 카메라를 위치시키고, 피사체가 상하로 움직일 때에도 높이를 조절해야 한다.

풍경을 촬영할 때는 일반적인 인물의 눈높이로 카메라를 설치한다. 수평 앵글은 안정감 있고 편안한 화면을 만들기 때문에 모든 영상의 화면구성에서 가장 많이 사용된다.

— 앙각(low angle)

피사체의 눈높이보다 낮은 위치에 카메라를 위치시켜 상향 촬영하는 것을 말한다. 상대적으로 피사체를 크고, 강력하고, 지배적이고, 역동적이며 위압감 있게 보이게 한다. 앙각은 카메라를 낮추거나 피사체를 높은 곳에 위치시켜 얻을 수 있다. 앙각 촬영의 큰 단점은 피사체의 움직임을 따라가기가 어려워 행동범위를 제한하는 것이다. 배우는 카메라의 움직임과 정밀하게 맞추어 연기해야 한다.

경사 앵글(canted angle/dutch angle/tilted angle)

피사체에 대한 카메라의 수평각도를 좌 혹은 우로 기울여 촬영한 앵글이다. 역동적이고 흥미롭지만 평형이 깨진 느낌을 주어 불안하고 불편한 느낌을 줄 수 있으므로 남용하는 것은 좋지 않다. 카메라 받침대 헤드를 조작해 쉽게 만들 수도 있고, 특수한 경우에는 세트를 기울어지게 설치하기도 한다.

오버헤드 샷(overhead shot)

가끔 톱 샷(top shot) 또는 맞부감 샷이라고 부르기도 한다. 카메라를 피사체의 머리 위에 거의 수직으로 위치시킨 극단적인 부감 샷을 말한다. 사람들이 둥글게 모여 카드놀이를 하는 장면에서 오버헤드 샷을 이용해 촬영하면 놀이 장면과 주변의 상황들을 한꺼번에 보여줄 수 있다. 화면의 방향 감각이 일상의 감각과 매우 다르기 때문에 혼란스럽거나 흥미로운 장면을 만들 수 있다는 특징이 있지만 카메라를 고정시키기가 어렵다는 문제가 있다.

— 방위(orientation)

이것은 카메라가 대상인물을 어느 방향에서 보는지를, 즉 정면, 측면, 후면 등 수평적인 각도를 일컫는다. 화면 속 인물의 방위는 정면(full front), 좌/우 3/4, 좌/우 측면(profile), 좌/우 1/4, 후면(full back) 등의 여덟 가지로 나눌 수 있다.

정면 샷은 화면 속의 인물이 카메라를 똑바로 쳐다보고 대화해 관객에게 직접 말하는 것과 같다고 해석할 수 있으며, 이것은 관객에게 강력하고 직접적으로 의사소통하려는 인상을 주지만, 때에 따라 관객을 뚫어지게 쳐다보는 결과가 되어 대결하는 것 같은 느낌을 줄 수도 있다. 따라서 정면 샷으로 보여지는 인물은 시선 처리가 매우 중요하다. 영화나 텔레비전 드라마에서는 배우가 카메라를 직접 보고 연기하는 경우가 드물다. 하지만 때에 따라 관객과 직접 대화하는 것 같은 느낌을 주므로 적절히 사용하면 강력한 표현 수단이 될 수 있다.

3/4샷이란 정면과 측면의 중간으로 얼굴의 3/4 정도가 화면에 노출되는 것으로, 영상 작업에서 많이 사용된다. 관객이 객관적으로 인물을 바라보는 형태지만 얼굴 표정을 거의 다 볼 수 있어서 다양한 표현이 가능한 장점이 있다.

측면 샷은 정면 샷에 비해 인물의 표정을 1/2밖에 볼 수 없어 미묘한 감정 변화를 표출하는 표정 변화를 읽을 수 없는 흠이 있지만 정면 샷이 줄 수 있는 부담감은 없어지며, 화면에 시선에 의한 방향성이 좌, 우로 생겨 화면 밖에 있는 어떤 것에 대한 기대감을 줄 수도 있다. 측면 샷은 관객과 화면 속의 인물 사이에 객관적인 관계가 성립된다. 또한 타이트 샷(B.S, C.U)은 특별한 경우가 아니면 큰 의미를 갖지 못하므로, 측면 샷은 표정보다는 몸짓이나 움직임을 나타내는 데 효과적이다.

1/4이란 후면과 측면의 중간 샷이라고 할 수 있다. 이러한 샷들은 측면과 후면 샷의 단점을 보완하는 샷으로 해석하면 된다. 그 효과도 중간 정도다. 가끔 무언가를 감추는 듯한 연기를 보여주는 데 효과적이다.

후면 샷은 등장인물의 뒷모습을 잡는 것으로, 이 순간 등장인물의 극적 에너지는 거의 제로(zero) 상태라고 볼 수도 있다. 그러나 이러한 모습도 배경 또는 측면과 상호 연관관계를 통해 강력한 힘을 갖고 시선을 집중시킬 수 있다.

주관적 앵글/객관적 앵글(subjective angle/objective angle)

카메라와 피사체인 등장인물과의 객관적/주관적 상호 관계를 주관적 시점과 객관적 시점으로 나누어 부른다. 객관적 시점은 연출이나 카메라가 등장인물의 움직임에 직접 관여하지 않고 객관적 관찰자의 입장에서 보여주는 것을 말하며, 주관적 시점은 카메라가 움직임에 직접 참가해 등장인물의 시점을 대신하는 것을 말한다. 따라서 주관적 앵글이란 카메라를 등장인물의 시선을 대신하도록 위치시켜 등장인물의 시점에서 대상을 보도록 하는 것이다. 이것을 시점 샷(point of view shot)이라고 표현하기도 한다.

드라마에 적절히 사용하면 관객들이 직접 드라마 속의 인물과 동일한 경험을 하게 해 충격적인 효과를 줄 수 있고, 자동차 경주나 낙하산 점프 등에서 경주 중인 자동차 안이나 낙하하는 사람의 헬멧에 소형카메라를 장착해 큰 효과를 볼 수도 있다.

— 역사(逆寫, reverse angle shot)

이것은 이전 화면의 약 180도 정도의 반대쪽으로 촬영 각도를 변화시키는 것을 가리킨다. 이 방법은 두 사람이 마주보고 대화할 때 가장 많이 쓰이는데, 인물 A의 어깨 너머로 인물 B를 잡고(오버 더 숄더 샷: over the shoulder shot), 다음 장면에서 B의 어깨 너머로 A를 잡는 방법으로 많이 사용된다. 역사는 대개의 경우 쌍으로 쓰이며, 이 샷의 쌍들은 인물의 위치가 반대로 바뀌기는 하지만 동일한 구도를 갖게 된다. 장면이 부드럽게 연결되려면 앞과 뒤의 샷들이 서로 조화를 이루어야 한다.

카메라의 움직임

카메라의 움직임은 두 가지로 구분된다. 첫째, 카메라 헤드(camera head)만을 움직이고 받침대(pedestal 또는 tripod)를 움직이지 않는 것이며, 둘째, 받침대를 포함한 카메라 전체를 움직이는 것이다.

배우는 카메라가 움직임을 들키지 않고 함께 따라올 수 있도록 동작의 속도를 카메라와 맞추어야 한다. 예를 들어 일어나는 동작 같은 경우에는 카메라 연기에서의 속도와 일상생활의 속도가 전혀 다르다. 일상생활에서는 우리가 일어나고 싶은 속도로 일어나면 되지만, 카메라 앞에서는 상체를 살짝 숙여 일어난다는 신호를 주고 의자를 살짝 밀면서 천천히 똑바로 일어나야 카메라가 배우를 따라 올 수 있다. 배우가 타이트한 샷으로 보이고 있을 때라면, 배우가 프레임 밖으로 빠지지 않도록 배우의 움직임이 카메라의 움직임과 정밀하게 맞아야 한다. 특히 움직임의 속도가 일정하지 않을 때 배우의 움직임과 카메라의 움직임이 맞지 않으면 관객은 극의 흐름보다는 기술적인 면에 주의를 신경을 쓰게 되므로 특별히 주의해야 한다. 더불어 배우는 동작의 속도 변화와 대사의 속도 변화를 일치시키도록 해야 한다.

_ 팬(pan left/right)

우리가 일상생활에서 좌우로 고개를 돌려 대상을 보는 것처럼 카메라 헤드를 좌우로 수평으로 움직이는 것을 일컫는다. 팬은 가장 흔히 쓰이는 움직임의 하나이며, 배우가 좌우로 이동할 때 인물을 따라가거나 주변 환경 전체를 보여주기 위해 사용하는 경우가 많다.

_ 틸트(tilt up/down)

카메라 헤드를 위, 아래 수직으로 움직이는 것을 일컫는다.

기본적으로 카메라 헤드만을 움직이므로 팬 업(pan up), 팬 다운(pan down)이라 부르기도 한다. 배우가 일어나거나 아래에서 위까지를 보여주는 경우 일반적으로 사용한다.

_ 페데스탈(pedestal up/down)

텔레비전의 스튜디오에서 주로 사용하는 카메라 받침대(페데스탈)의 높낮이를 높이고 낮추는 움직임으로 붐(boom up/down)이라 부르기도 한다. 페데스탈 움직임은 틸트와 혼동할 수 있으나, 틸트가 앉은 채로 고개만 드는 것에 비유한다면 페데스탈은 앉은 자세에서 몸 전체를 일으켜 피사체를 보는 것과 비교될 수 있다.

_ 달리(dolly in/out)

카메라 전체를 피사체 가까이 또는 멀리 앞뒤로 이동시키는 것을 일컫는다. 텔레비전의 경우 카메라 밑에 바퀴장치(dolly)가 고정 장착되어 있기도 하고, 야외촬영에서는 레일을 깔고 이동차를 얹어 카메라를 앞뒤나 좌우로 이동시키기도 한다.

_ 트럭(truck left/right)

카메라 전체를 좌우로 이동시키는 것을 일컫는 말이다. 움직이는 피사체를 따라가는 경우가 많으므로 트래킹 샷(tracking shot)이라 부르기도 한다.

_ 아크(arc left/right)

달리와 트럭 움직임을 합친 것으로, 피사체를 중심으로 일정한 거리를 유지하며 둥글게 움직이는 것을 말한다.

— 줌(zoom in/out)

카메라는 움직이지 않고 줌 렌즈(zoom lens)를 조작해 촬영범위를 좁게 또는 넓게 잡는 것을 말한다. 결과로 얻는 화면이 달리와 비슷하지만, 달리의 경우는 화각이 변하고 줌은 화각이 변하므로 배경과 움직임에 차이가 있다.

촬영할 때 배우가 해야 할 일

- ☑ 자기의 대사 암기는 물론 해야 할 비즈니스를 계획하고 연습해서 촬영장에 오도록 한다.
- ☑ 장면에 아이디어와 비즈니스를 내면서도, 무엇이 가능하고 또 그렇지 않은지 이해하도록 노력한다.
- ☑ 테이크(take) 때마다 매번 같은 비즈니스를 같은 단어에 붙인다.
- ☑ 투 샷 또는 스리 샷에 맞게 스크린을 적절하게 채우는 구도에 위치를 잡고 편안하게 적응하도록 한다.
- ☑ 영상 연기의 특성을 이해하고, 기술적인 측면과 시간을 고려한 틀 안에서 가능한 것들을 제안하고 보탤 수 있도록 노력한다.
- ☑ 무대 감독 또는 감독이 "컷!" 하지도 않았는데 맘대로 연기를 멈추지 않도록 주의한다.
- ☑ 테이크 때마다 각기 다르게 하다가, 카메라를 뒤집어서 '반대'의 앵글을 찍으면 자신이 어떻게 했는지 기억하도록 한다.
- ☑ '리얼한' 연기를 하되, 카메라 쪽으로 얼굴을 향하도록 교묘히 계산해 움직인다.
- ☑ "이게 아닌 것 같은 느낌이 들어서 그랬다"며 양해를 구하지도 않고 마음대로 바꾸지 말도록 한다.
- ☑ 카메라를 나의 가장 중요한 관객처럼 생각한다.
- ☑ 리허설 다음엔 그대로 반복한다.
- ☑ 배우도 전체 작업 팀의 일원이라는 것을 염두에 두고 협조하는 자세로 촬영에 임한다.
- ☑ 콘티를 계획하고 감독에게 확인한 후 연습한다.

08. 배우와 편집

연극 출신 배우들이 영상 작업에 참여할 때 가장 당혹스러워하는 부분 중 하나가 편집이다. 연극의 경우 막이 오르면 배우는 막이 내릴 때까지 연속되는 사건과 스토리 속에서 인물을 표현하고 성격을 드러내며, 순서대로 전개되는 배우들의 연기와 연극의 진행에 그 누구도 간섭할 수 없다. 그러나 영상 작업의 경우는 대부분 작품 속의 시간 흐름과 상관없이 촬영을 하고, 촬영이 끝난 후 감독과 편집자의 선택에 따라 작품의 구성이 결정되며, 최종 완성 역시 프로듀서와 감독의 결정에 따른다. 이러한 차이점이 '연극은 배우의 예술이고, 영화는 감독의 예술'이라고 부르는 이유 중 하나다.

연극 무대에 익숙한 배우들이 영상 작업을 할 때에는 촬영이 작품의 흐름과 상관없이 부분적으로 진행되므로 감정의 흐름을 잡아가는 데 매우 어려움을 겪게 된다. 같은 장면을 수차례 반복해서 촬영한 후, 편집이 끝난 작품을 볼 때 만족하지 못하는 경우도 많다. 영상 연기에서는 배우가 자신이 만족스럽게 연기한 장면이 편집에서 잘려나갈 수도 있으므로 이를 받아들이는 데 익숙해져야 한다. 편집을 하다보면 감독이나 편집자도 어떤 장면의 연기나 기술적인 부분들이 만족스럽기는 하지만 작품의 흐름 때문에 아쉽더라도 그 장면을 버리는 경우가 종종 있다. 예를 들어 앞서 '몰입'에서 얘기했던 〈밀양〉에서 배우 전도연의 연기는 훌륭했지만, 작품 전체를 구성해가는데 그 장면이 문제가 될 수도 있다는 감독의 판단으로 최종 편집에서 제외되었다고 한다.

샷의 배치

영상 연기는 연극처럼 많은 부분을 대사에 의존하지는 않는다. 작은 동작이나 제스처, 눈빛 하나까지 모두 담을 수 있기 때문에 대사를 하지 않고도 많은 의미를 전달할 수 있고, 관객과 소통할 수 있다. 그러므로 타이트 샷이 많은 영상의 경우 특정한 감정을 나타내는 표정이 편집을 통해 적절히 배치되면 연극과는 전혀 다른 효과를 낼 수 있다. 영상을 보는 사람들이 연극에 비해 배우들의 말보다도 이미지에 더 관심을 가지게 되는 것도 이러한 이유 때문이다. 또 연극을 영상으로 찍어놓으면 처음 영상작품을 기획했던 것과는 엄청난 차이를 보이는 것도 같은 이유이다. 영상 작업에서 배우는 작품 전체의 흐름과 촬영하는 흐름의 전후관계를 고려해서 부분적인 촬영에 임해야 한다.

편집과 영상 연기를 이해하기 위해 아래의 예를 기억해둘 필요가 있다.

1920년대 러시아의 영화감독이며 이론가인 프도프킨과 쿨레쇼프는 매우 흥미로운 실험을 했다. 이들은 먼저 남자 배우[러시아 혁명 전의 유명한 배우 이반 모즈킨(Ivan Moszkin)]의 무표정한 얼굴을 클로즈업으로 찍은 다음 세 개의 다른 장면, ① 스프 한 접시, ② 어린 여자아이의 노는 모습, ③ 관 속에 누워 있는 늙은 여인의 시체를 찍어 남자 배우의 클로즈업 사이에 편집해 다음 장면들을 만들었다.

① 남자 얼굴 – 스프 한 접시 – 남자 얼굴
② 남자 얼굴 – 어린 여자아이 – 남자 얼굴
③ 남자 얼굴 – 관 속의 여인 – 남자 얼굴

이렇게 편집된 것을 각기 다른 집단의 사람들에게 보여주고 어떻게 보였는지 물었다. 첫 번째 편집을 본 사람들은 남자가 매우 굶주려 보였다고 말했고, 두 번째 편집을 본 사람들은 남자가 딸을 몹시 사랑한다고 말했으며, 세 번째 편집을 본 사람들은 슬픔에 잠긴 남자를 보았다고 말했다.

여기에서 우리는 이들이 본 것을 어떻게 지각하는지가 샷의 배치에 따라 크게 달라진다는 것을 알 수 있다. 모든 경우 관객들은 전혀 다른 두 개의 샷을 심리적으로 연결 지어 둘 사이에 의미를 부여하고 관계를 성립시키려 한다. 이것이 감독이 자신의 메시지를 관객에게 받아들여지도록 하기 위해 장면을 선택하고 배열하는 편집의 기본개념이며 몽타주 이론의 기초다.

샷의 절묘한 배치는 관객들에게 자신들이 실제로 보지 않은 것을 본 것처럼 느끼게 한다. 한 예로 히치콕(Hichcock) 감독의 〈사이코〉(1960) 중에서 샤워실에서 범인이 여주인공을 칼로 찌르는 잔혹한 장면이 있다. 이 영화가 개봉되었을 때 많은 관객들은 그 장면이 난생 처음 보는 폭력적이고 잔혹한 장면이라고 입을 모았다. 그러나 자세히 살펴보면 실제로 여자가 칼에 찔리는 장면은 한 컷도 없다. 히치콕 감독의 촬영과 편집 능력이 그 장면을 영화사에 길이 남을 공포장면으로 만든 것이다.

샷의 배치는 작품의 방향에 매우 중요한 역할을 한다. 똑같은 자료라 해도 감독이나 편집자에 따라 전혀 다르게 편집될 수도 있다. 또한 샷의 배치는 영화나 드라마뿐 아니라 다큐멘터리와 텔레비전 뉴스 등에서도 전체 프로그램에 큰 영향을 줄 수 있는 중요한 요소로 작용한다.

편집을 고려한 연기

영상 작업을 하는 배우는 편집자가 부분적으로 촬영된 장면들을 붙여갈 때 작품의 흐름을 유지하고 기술적인 문제도 겪지 않을 수 있도록 아래 사항들을 주의하며 촬영에 임해야 한다.

첫째, 동시에 여러 사람들이 출연하는 장면에서 편집자는 어느 누구의 얼굴에서 다른 누구로 전환할 때에 동기를 유발하는 순간에 컷하고자 하며, 이런 의도로 가장 쉽게 쓰이는 것이 바로 극 중한 캐릭터가 다른 배우를 '순간 응시'하는 그 시점이다.

이런 '순간 응시'는 편집자를 상당히 배려해주는 것이다. 자연적으로 편집자는 다른 사람의 얼굴을 잡기 위해 당신의 얼굴을 기점으로 이용하므로, 당신의 얼굴이 화면에 더 자주 나타나게 된다. 배우에게 이것은 절대 이기적인 행동이 아니라 작품의 편집을 돕는 실질적인 행동이다.[46] 자신의 대사가 끝나고 약 5초 정도 '응시'한다.

둘째, 영상 연기에서 배우가 자신의 연기가 만족스럽다 해도 편집에서 그 부분이 잘려나갈 수 있다. 그렇기 때문에 배우는 항상 감독과 상의해 동작, 표정, 대사의 크기, 거리, 느낌 등을 조율하고 리허설 과정에서 약속한 대로 연기해야 한다.

셋째, 같은 장면을 다양한 방법으로 연기하기를 요구받았다 해도 동작은 가능한 한 동일하게 해주는 것이 좋다.

넷째, 영상 작업에서는 다양한 앵글과 크기로 샷을 찍는 경우가 많으므로 앵글과 크기가 바뀌어도 항상 같은 동작을 해주어야 한다. 소리는 화면의 크기에 따라 바뀔 수 있다. 배우의 동작, 특히 (무엇을 마신다든지, 책을 넘긴다든지 하는) 특정한 행동의 순간은 다른 앵글에서 찍을 때에도 반드시 일치해야만 한다. 가끔 경험이 없는 배우들은 와이드 샷에서 왼손을 사용해서 어떤 연기를 하고 타이트 샷으로 다시 찍을 때 같은 동작을 오른손으로 해서 편집자를 곤혹스럽게 만들기도 한다. 이것을 영상 연기의 기술적 콘티(continuity, 연속성)라고 한다. 이러한 연속성의 중요성을 인식하고 이해하게 되면, 배우는 그것을 자기에게 유리한 방향으로 얼마든지 활용할 수 있다.

다섯째, 연기하는 과정에서 리액션을 적절하게 사용하도록 한다. 연극에서 상대방이 대사를 하는데 내가 지나치게 크고 극명하게 리액션을 해버리면 그의 연기를 방해했다는 혐의를 쓰게 되고, 연극이 끝난 후 분장실에서 피차 곤혹스럽고 껄끄러워지게 되기가 쉽다. 그렇다 해도 연극의 리액션은 전달의 필요성 때문에 영상의 리액션보다 크게 해야 하는 경우가 많다. 사실 실생활이나 연기에서 다른 사람이 얘기를 하는데 리액션을 한다는 것은 '비사실적인' 일이라고 볼 수 있다. '사실적'이려면, 아주 절제된 약간의 얼굴 표정으로 그쳐야 하는데, 영상 연기에서는 연극처럼 과장되지는 않아도 분명한 리액션을 해주어야 하며, 편집 과정에서 작품의 흐름과 액센트를 주기 위해 리액션을 활용하는 경우가 의외로 많다.[47)]

여섯째, 자신의 연기가 끝나고 감독의 '컷' 하는 소리가 들려도 즉시 몸의 긴장과 감정을 풀지 말고 약 5초 정도 유지해주는 것이 좋다. 편집자가 다음 장면과의 연결에서 디졸브(dissolve)나 와이프(wipe) 등의 화면 전환 방법을 사용할 때는 여유 시간이 필요하기 때문이다.

NG에 대처하는 배우의 자세

영화나 텔레비전 촬영에서 배우들은 대사가 잘못되거나 블로킹이 잘못되었을 경우 다시 연기를 해야만 한다. 그러나 연기 도중 배우 스스로 연기를 중단하는 일은 배우로서 좋은 자세가 아니다. 할리우드의 일반적인 관례에서 촬영 중 NG를 부를 수 있는 사람은 감독과 오디오 엔지니어 두 사람뿐이다.

현장에서 배우가 NG를 내는 이유도 다양하고 NG가 났을 때 반응하는 태도도 여러 가지다. 수없이 '미안합니다, 죄송합니다'를 되뇌는 배우도 있고, 상대 배우나 촬영 환경을 탓하는 사람도 있다. 영화나 텔레비전 촬영에서 반복은 큰 문제가 되는 것이 아니므로 배우는 간단하게 사과하고 연기를 정확하게 다시 해주면 된다. 때에 따라서는 NG 장면이 사람들에게 즐거움을 주는 경우도 있지만, 배우가 사전 준비를 철저하게 해 NG를 최소화하는 것이 프로덕션의 시간과 예산을 절감하는 일이다.

09. 의상과 분장

니콜 베드레는, 감독은 배우에게 가장 잘 어울리는 옷이 아니라 '이미지를 창조할 수 있는 옷'을 입혀야 한다고 주장한다. 에드가 모렝(Edgar Morin)은 "영화스타라는 특수한 경우에는 의복은 장식이며, 현실이 아무리 저급하다고 하더라도 현실을 이상화시켜야 한다"고 지적한다. 서부 개척시대를 배경으로 하는 영화일지라도 스타는 가운을 시퀀스마다 바꾸어 입었다. 우아한 것이 사실과 비슷한 것보다 중요하다. 스타는 때때로 레인코트나 누더기를 입을 수도 있다. 그러나 그 레인 코트와 누더기는 최고의 디자이너가 만든 것이라야 한다.48)

배우가 배역 인물에 맞는 의상을 입거나 분장을 하는 것은 등장인물의 성격 묘사에 매우 중요하며, 내적 성격 분석과 캐릭터 만들기 등을 통해 배우의 내부에 만들어진 등장인물의 외형을 결정하는 것이다. 또한 의상과 분장은 배우 개인을 숨겨주는 가면 역할을 하기 때문에, 배우들은 의상과 분장 뒤에서 인물을 연기하는 데서 자유로움을 느낄 수 있다. 그리고 분장과 의상은 작품 전체의 분위기와 현실성을 살려주는 역할을 하고, 그 자체로 등장인물의 성격을 규정짓기도 한다.

영상 작업에서 의상과 분장은 무대에 비해 훨씬 더 자연스럽고 정교하게 계획되고 표현되어야 한다. 영화는 대부분 극적인 내용을 담고 있는 드라마 형태이기 때문에 배역의 인물들은 그 성격에 맞는 분장과 의상을 갖추어야 한다. 텔레비전의 경우는 드라마 이외에도 다양한 형태의 프로그램들이 있으므로 상황에 따른 다양한 의상과 분장에 신경을 써야 한다. 여기에서는 텔레비전을 중심으로 기본적인 의상과 분장에 대한 내용을 알아보겠다.

의상

텔레비전에 출연하는 사람들은 일상생활에서 입는 옷보다 TV 출연용 의상을 선택하는 데 더욱 세심한 주의를 기울여야 한다. 의상 스타일, 색채, 천의 종류, 질감 등은 일상복에서는 자신의 취향이 선택 기준의 전부겠지만, 일상생활에 전혀 문제가 없는 의상도 TV에서는 이상하게 보일 수도 있으므로 주의해야 한다.

출연자가 TV 화면에 등장해 이야기를 시작하기 전에 관객들은 출연자의 표정, 자세, 의상 등에서 많은 것을 읽게 된다. 그것은 순식간에 출연자의 이미지를 결정하고 어떤 특정한 느낌을 갖게 만든다. 사람들은 일상생활에서도 분위기에 맞고 역할에 알맞은 의상을 입으려고 노력하며, 그렇지 못하면 불편함을 느낀다. 의사가 찢어진 청바지에 꽃무늬 셔츠를 입고 환자를 진료한다거나 야구선수가 도포에 갓을 쓰고 경기하는 것이 적절하지 않게 느껴지는 것처럼, TV에 출연하는 사람은 모두 자기 역할에 맞는 의상을 갖추어야 한다.

의상은 프로그램의 성격, 진행방식 그리고 자신이 전달하고자 하는 이미지에 따라 선택해야 한다. 모든 프로그램에 정장 차림을 할 필요는 없지만, 다큐멘터리 프로그램의 진행자가 쇼 프로그램 진행자처럼 (라임스톤 등의) 반짝이가 잔뜩 붙은 의상을 입는 것은 어울리지 않다. 또 더운 여름날 야구 중계를 하는 아나운서나 해설자가 넥타이를 조여 매는 것도 답답해 보인다. 가장 중요한 점은 자신이 전달하고자 하는 메시지와 프로그램의 목적에 맞는 의상을 선택하는 것이다.

의상의 색

의상의 색은 화면에 비치는 출연자의 얼굴에 커다란 영향을 준다. 또 TV 화면에 재현되어 나타나는 색은 육안으로 보는 것과 다소 차이가 있으므로 사전에 점검하고 주의해야 한다.

TV에서는 대체로 옅은 색상의 옷은 더욱 옅게, 진한 색상의 옷은 더욱 진하게 재현되는 특성이 있다. 의상의 색에 대한 고려는 조명, 세트, 그래픽 등의 주의사항을 적용할 수 있다. 색상 선택은 자신의 취향에 따르지만 지나치게 진하거나 밝은 색, 채도가 높은 색은 피하는 것이 좋다. 이러한 색들은 제대로 재현되지 않는 경우가 많으며, 출연자의 모습을 돋보이게 하기보다는 관객의 집중을 방해하는 요소로 작용하기 쉽다. 대개 적당히 높은 채도의 중간색이 출연자를 돋보이게 한다. 사전에 몇 벌의 의상을 준비해 세트의 색에 맞추어 입는 것도 좋다. 세트와 동일한 색의 의상은 출연자를 세트에 붙어 보이게 한다.

의상은 상의와 하의 그리고 셔츠와 양복의 색 대비가 중요하다. 지나치게 콘트라스트를 주거나 또 명도 차이가 심하게 나는 의상은 서로를 분리시키는 듯한 인상을 줄 수 있다. 어두운 색의 의상은 출연자의 피부를 실제보다 밝게 할 수 있고, 지나치게 밝은 색의 의상은 반대로 얼굴을 어둡게 한다. 만약 크로마키(chroma-key)를 사용할 때는 크로마키 보드의 색상과 가까운 색의 의상은 절대 금물이다.

— 무늬와 옷감

적절한 무늬와 옷감을 선택하는 것은 매우 중요하다. 명암 차이가 크고 간격이 촘촘한 선을 가진 무늬는 모아레(물결무늬) 효과를 일으킬 수 있으므로 피해야 한다. 모아레 효과는 의상의 무늬가 카메라의 정상적인 작동을 방해해서 화면에 무지개 비슷한 다양한 색깔들이 어른거리는 것으로, 시각적 방해요소가 된다.

작고 복잡하며 섬세한 무늬가 있는 의상도 되도록 피한다. TV카메라의 해상력은 작고 섬세한 무늬들을 뭉개버릴 수 있으며, 복잡한 무늬는 출연자보다 의상에 더 눈길이 가도록 할 수도 있다. 간단한 무늬가 있는 의상이나 단색 의상에 액세서리를 더해 변화를 주는 것이 좋다. 옷감들 중에서도 지나치게 빛을 반사하는 합성섬유 종류나 지나치게 빛을 흡수하는 벨벳 같은 옷감은 피하도록 한다.

수직선 위주로 되어 있는 무늬나 옷감은 사람을 마르고 키가 커 보이게 하며, 수평선은 사람을 뚱뚱하고 크게 보이게 만든다. 텔레비전은 프레임의 가로와 세로의 비율 때문에 실제 사람이 약간 뚱뚱하게 보이는 특성이 있으므로 무늬와 옷감을 고를 때 참고해야 한다. 또한 헐렁한 스타일의 옷은 대개 사람들을 뚱뚱하게 보이게 하며, 전체적인 선이 흐트러져 좋지 않다. 물론 몸에 너무 꼭 끼는 느낌을 주는 의상도 보는 이에게 불편함을 줄 수 있다.

많은 TV 프로그램은 여러 대의 카메라를 써서 다양한 각도에서 촬영하므로, 어느 방향에서 화면에 잡히더라도 전체적인 선이 맵시가 나도록 살펴야 한다.

액세서리

넥타이, 스카프, 보석류, 기타 장신구들은 의상에 다양함을 주고 화면에 비치는 출연자를 돋보이게 할 수 있지만, 너무 지나치지 않도록 주의해야 한다. 지나치게 크거나 번쩍이는 장신구는 관객들의 주의를 자신이 아닌 장신구에 쏠리게 한다. 특별한 이유가 없는 한 이런 과도한 장신구나 보석류는 피하는 것이 좋다.

프로그램별 의상선택 방법

- **보도 프로그램**: 카메라가 대부분 상체를 중심으로 잡기 때문에 얼굴, 상의, 옷깃에 중점을 둔다. 어깨가 처진 사람이나 지나치게 좁은 사람들은 왜소해 보이거나 우스꽝스러운 모습으로 보일 수 있는데, 이 경우 보도 내용 자체의 신뢰성을 떨어뜨릴 수 있으므로 의상을 보완하는 것이 좋다.

- **공개 오락프로그램**: 진행자들은 기타 출연자들과 구분될 수 있는 의상을 선택하는 것이 좋으며, 프로그램 분위기에 맞도록 밝은 색을 선택한다. 이때 배경 세트와의 조화를 고려해야 한다.

- **버라이어티 쇼**: 전체적인 분위기가 화려하고 율동적이기 때문에 장식적인 디자인과 조명에 따라 다양하게 변화해 보이는 의상이 효과적이다. 과감한 액세서리 사용도 가능하며, 독특하고 개성 있는 의상을 선택할 수 있는 폭이 넓다.

- **드라마**: 드라마에 출연하는 배우들은 자신의 개성이나 나이와 상관없이 극중 인물로 재탄생해야 하므로 역할에 맞는 의상을

찾아야 한다. 시대적 문화적 배경에 맞는 의상은 관객들이 드라마의 분위기를 파악하는 데 많은 도움을 준다. 드라마 의상을 고를 때 고려할 사항은 첫째, 색상 선택이다. 드라마의 분위기와 목적에 맞는 계열의 색을 선택한다. 둘째, 등장인물의 신분적 배경을 표시할 때는 고정관념에서 출발한다. 드라마에 등장하는 인물의 직업과 연결 지어 양복, 작업복, 유니폼, 치마, 바지 등의 종류를 선택하고, 색깔은 이를 기준으로 선택한다. 셋째, 상황 전개에 도움이 되는 의상을 선정한다. 예를 들어 여성을 상대로 하는 범죄 장면에서 피해 여성의 의상을 지극히 호화스러운 것으로 하느냐 그렇지 않으면 순진하고 얌전한 스타일로 하느냐에 따라 느낌이 크게 달라진다. 넷째, 의상의 색이나 스타일로 인물의 성격을 표현한다.

체형에 따른 의상선택

- **키가 작은 체형:** 색상은 엷은 색 계통이 좋으며, 간격이 좁은 세로줄 무늬나 작은 무늬가 좋다. 사선을 언밸런스로 이용하면 사선의 불안정한 느낌에 율동적인 움직임이 더해져 키를 더 커 보이게 할 수도 있다. 여자의 경우 긴 스커트가 짧은 스커트보다 키가 더욱 커 보이게 하며, 이때 벨트도 되도록 매지 않는 것이 좋다. 또 똑같은 길이의 옷이라도 하이 웨이스트가 키를 커 보이게 한다.

- **키가 큰 체형:** 진한 색상이 무난하다. 가로줄 무늬의 의상이나 절개선이 가로로 들어간 의상을 선택하면 균형 있는 체형으로 보일 수 있다. 위아래를 다른 색상으로 입는 것도 효과적이다.

- **뚱뚱한 체형**: 색상은 짙은 색 계통을 선택한다. 무늬는 일반적으로 선명한 줄무늬가 무난하다. 재질도 축 처지는 천이나 부드러운 천을 피하고, 천의 탄력이 단단한 것을 고르는 것이 좋다. 약간 광택이 있는 것은 별 문제가 없으나, 광택이 많으면 체형을 더 커 보이게 하므로 의상에 조금이라도 광택이 있다면 안감을 대어 천의 탄력을 높여주도록 한다.

- **마른 체형**: 색상은 따뜻하고 밝은 색으로 하며, 무늬는 직선보다 사선을 택하고 콘트라스트가 심하지 않은 것으로 한다. 탄력성이 있는 천이 좋으며, 되도록 풍성한 디자인이 야윈 체형을 보완해준다.

얼굴형에 따른 옷깃 형태

타원형 얼굴	옷깃의 장식을 피하고 옷깃의 선을 너무 얼굴 가까이 하지 않는 것이 얼굴 자체를 돋보이게 한다.
세모형 얼굴	뾰족한 턱이 둥글게 보이도록 둥근 옷깃이나 둥근 목둘레를 사용하며 끝이 뾰족한 것도 피해야 한다.
둥근형 얼굴	뾰족한 형태의 옷깃이나 V형 목둘레를 이용한다.
네모형 얼굴	선이 부드럽게 처리된 의상을 선택하고, 둥근 옷깃, 둥근 목둘레를 사용해 턱의 각이 둥글게 보이도록 한다.
긴형 얼굴	둥근 옷깃이나 둥근 목둘레 등 부드러운 선을 얼굴 가까이에 놓는다.
큰 얼굴	너무 크거나 너무 작은 옷깃은 피하고 적당한 크기의 것을 선택한다.

옷깃은 보통 단추를 채우는 의상의 네크라인에 사용되며 가장 강한 악센트 효과를 가지므로 주로 버스트 샷이 많은 텔레비전 프로그램에 출연할 때에 자신의 얼굴을 돋보이게 하는 좋은 요소가 될 수 있다.

분장

― 분장술의 발달

역사의 초기에는 지도자나 지배계급들이 위엄을 갖추기 위한 수단으로 얼굴이나 몸에 식물성 색소와 백납 등을 채색해 민중 위에 군림하는 데 이용해왔다. B.C 3000년 경 이집트인들은 공작석의 가루를 눈 가장자리에 칠해 오늘날 여성들이 즐겨 사용하는 녹색의 아이섀도 효과를 나타냈다. 메소포타미아인들은 그들의 자연스러운 머리카락을 섬세하게 결발(머리를 묶음)하고 오렌지색이나 붉은색을 얼굴에 칠했다. 또한, 크림류(우유나 식물성 영양제)를 사용해 피부 손질을 하기도 했다. 귀족이나 상류계급은 머리칼을 띠로 붙들어 매었으며 노인들은 수염을 길게 길렀다.

초기 연극에는 가면이 이용되었다. 가면은 그 현란한 색조와 세밀한 성격 표현으로 극적 갈등이라든가 인물 간의 대비를 충분히 표현해주었다. 그런데 실내 극장이 발달하면서 빛을 인공적으로 쏘아 줌으로써 상황은 새롭게 변했다. 조명은 배우에게서 관객을 분리시켰고, 자연광에 비해 빛의 세기가 약해지면서 가면의 정교한 표현을 통한 효과 역시 줄어들었다. 그리고 가면을 사용한 연극은 분장을 이용한 연극에 점차 자리를 내어주게 된다.

근대 분장술의 발달은 조명에 커다란 영향을 받아왔다. 빛의 강도와 조명 색채의 발달에 맞춰 분장 역시 변화한 것이다. 그리고 현재에 이르러 매체와 기술이 발달하면서 분장은 또 다시 새로운 시대를 맞고 있다. 초기 영화의 분장은 주로 인물의 성격을 확연하게 드러내주는 수단으로 이용되었기 때문에 연극 분장과 흡사했다. 텔레비전이 등장하고 컬러 영화가 발달하면서 분장은 자연스러워지기 시작했고, 클로즈업을 사용하면서 성격 분장보다는 자연스러운 분장을 강조하게 되었다.

전자 공학의 발달과 컴퓨터의 발달은 오늘날 혁명이라는 말이 어울릴 정도로 급격히, 그리고 대규모로 방송 환경을 변화시키고 있다. 특히 다른 어떤 매체보다 영향력이 강하기 때문에 그 중요성은 더욱 부각되고 있다. 1956년 HLKZ 텔레비전 개국과 함께 시작한 우리나라 텔레비전은 흑백시대에서 컬러시대를 거쳐 현재는 많은 프로그램들을 HD로 제작하고 있으며, 2012년 이후에는 모든 방송이 디지털 HDTV로 바뀔 예정이다. 따라서 분장의 중요성은 더욱 강조될 것이 틀림없다.

분장의 목적

극중 인물 성격은 배우의 동작이나 언어를 통해 관객에게 전달되며, 인물의 성격을 더 명확히 보여주려는 목적이 분장 행위다. 즉 자연인(배우)이 극적 인물화하는 과정에서 시각적 표현수단을 얻는 것을 의미한다.

분장은 배우의 모습을 정확하게 배역에 맞게 변화시켜 관객들로 하여금 필요한 성격적 사실을 이해시킨다. 그렇기 때문에 배우가 극적 인물의 성격을 자세하고 명확하게 묘사하는 데 매우 효과적인 수단이 되는 것이다. 또한, 분장은 조명이나 텔레비전 카메라와 그 재현색의 차이 등으로 인해 생겨나기 쉬운 얼굴의 부자연스러움을 보완해주는 중요한 역할을 한다. 여기에 배우들의 심리적 부담을 감추어주는 데에도 큰 도움이 된다.

분장의 기초

분장의 사전적 정의는 "몸을 치장함. 몸을 매만져 꾸밈. 무대에 출연하는 배우가 등장인물로 꾸미기 위해 그 인물 역에 어울리도록 특징, 성격, 나이를 얼굴, 몸, 옷에 맞추어 꾸며 차리는 일"이다. 얼굴뿐 아니라 몸 전체를 치장하기 위한 수단이라는 뜻이다. 분장은 얼굴과 머리를 위주로 해서 인물의 성격 표현을 도와야 하며, 의상, 장신구, 배경 세트, 소도구, 대도구 등과 조화를 이루도록 색채와 형태에 주의를 기울여야 한다.

사람의 피부색은 조명의 밝기를 비롯한 여러 가지 요소에 따라 민감하게 변화한다. 그래서 의상 밖으로 노출되는 피부에는 모두 분장을 하지 않으면 안 된다. 얼굴의 피부색은 환경, 생활의 조건, 물리적 · 심리적 조건, 연령, 종족, 성별에 따라서 다르다. 이처럼 미묘하게 변하는 피부색을 잘 살펴 그때그때 알맞은 분장을 해야 한다.

인물 주위의 세트나 배경의 색은 분장에 많은 영향을 준다. 세트가 밝은 붉은색이라면 피부색에 붉은색이 스며들어 어둡게 보이므로 기본색을 밝은 황색 톤으로 바꾸는 것이 좋다. 그와 반대로 배경색이 녹색일 경우 피부색이 황색으로 보이게 되므로 분장 기본색을 붉은 톤으로 사용해야 효과적이다. 세트나 조명의 색이 지나치게 밝을 때는 강하거나 어두운 분장은 피하고, 배경색이 어두울 때는 기본 바탕색을 진한 색으로 분장하는 것이 효과적이다. 분장의 바탕이 되는 기본색은 분장을 하기 전에 특별히 신경을 써야 할 부분이다.

깨끗한 맨 피부에 알맞은 바탕색을 고르는 것과 베이스 컬러를 고르게 펴 바르는 기술은 매우 중요하다. 바탕색을 바를 때 어느 한 부분이 두껍게 또는 얇게 발라지게 되면 피부색이 얼룩져 전체적인 균형을 잃게 된다. 너무 얇게 바른 부분은 윤기와 생기가 없어 보이기도 한다. 파우더는 번들거림을 막을 뿐 아니라, 분장을 오래 지속시켜주고, 바탕색의 색상을 수정하거나 보충한다.

얼굴을 입체적으로 보이게 해 윤곽을 뚜렷하게 드러내려면 섀도와 하이라이트를 사용해야 한다. 또한 감정 표현이나 새로운 인물 창조에서 눈썹은 얼굴 전체에 빼놓을 수 없는 역할을 한다.

영상매체인 텔레비전에서 인물의 눈 분장은 다른 어느 부분보다 중요하다. 눈은 작품 속의 역할, 인물의 성격, 인격 등을 모두 나타낼 정도로 역할 전체의 분위기와 특징을 주는 부분이므로 특별히 신경을 써야 한다.

입술 색과 볼터치 색은 같은 계열의 색조로 가는 것이 이상적이다. 입술 분장에서 텔레비전에 잘 받는 색은 낮은 채도의 색으로 만들어진 오렌지와 핑크 색조다.

기본 분장의 필요성은 첫 번째, 맨 얼굴 자체에서 나오는 땀과 기름 등의 분비물이 조명에 반사되어 얼굴 윤곽이 관객의 눈에 들어오지 못하는 것을 방지하는 것이다. 두 번째는 고르지 못한 본래의 피부색과 텔레비전이 원하는 피부 색상과의 차이를 보정하는 것이다. 잡티 부분은 파운데이션을 두껍게 바르기보다는 컨실러를 이용해 커버하고, 파운데이션은 자연스럽고 가볍게 바르는 것이 좋다. 세 번째로는, 얼굴의 비대칭이나 결점을 분장으로 보완해 깨끗한 이미지를 주고자 하는 것이다.

피부를 표현하는 분장용품은 인공적으로 색을 만들어 각 목적에 따라 사용하지만, 분장의 색상을 조화시키려면 먼저 인물의 고유색상을 파악하는 과정이 필요하다.

드라마 외에도 쇼, 교양, 보도 프로그램의 경우에는 출연자인

앵커, MC, 기자, 그 밖의 일반 출연자들의 본래 피부색과 가장 유사한 (근접한) 피부 표현을 해줌으로써 화면 속의 인물들이 모두 돋보이도록 미화할 수도 있다. 얼굴의 피부색은 단일하지 않으며, 언제나 똑같은 색으로 고정되어 있지 않고 환경이나 생활의 조건에 따라서 끊임없이 변한다. 다시 말해 생활수준이 변하거나 햇빛에 노출된 정도, 피로도에 따라 안면에 그 피부색이 나타나는 것이다.

영상 분장은 출연자의 모습이 자연스러워야 한다. 보통 사람의 이해와 상식을 벗어나지 않아야 한다. 특히 드라마의 경우 멋이나 아름다움만을 추구하기보다는 작품에서 설정된 각 인물들에 대한 분석에 중점을 두어야 하고, 인물들 간에 이질감이 생기지 않는 범위에서 각 인물의 개성을 살려 새로운 인물을 만들어내야 한다. 그리고 촬영이 지속되는 동안에도 최적의 분장 상태가 그대로 유지되도록 하는 것도 중요하다.

분장과 영상과의 관계

드라마는 인물 중심의 영상으로 구성된다. 그 인물을 아름답게 보이도록 한다든가 인물에 성격(character)을 부여해 극적 흐름에 상승효과를 나타내 보이는 등, 화면 속에 인물을 좀 더 돋보이게 하는 영역이 분장이다. 이때 인물과 배경과의 거리감, 카메라의 방향, 조명의 강도나 방향, 특히 미술의 여러 색채가 얼굴에 영향을 주지 않는 배열로 이루어져야 한다.

아날로그 텔레비전은 해상도가 낮아 화면이 살짝 뭉개져 보이기도 했기 때문에 배우가 분장을 두껍게 하거나 강하게 해도 화면에는 잘 나타나지 않았다. 피부의 잡티를 감추거나 피부를 보호하려고 분장을 두껍게 하는 경우라도 직광 위주의 조명이 그런 부분들을 가려주는 역할을 했다. HDTV는 해상도가 육안과 유사할 정도로 좋아진데다 조명 역시 반사광이나 확산광을 사용해 피부 표현이 더욱더 잘 되므로 분장에 유의해야 한다. HD모니터가 4 대 3에서 16 대 9로 화면비가 변한 것도 고려해야 할 사항이다. HDTV에서는 좌우에 여백이 생기고, 입체감 표현이 좋아지면서 출연자의 얼굴이 갸름해 보이게 된다. 따라서 볼이나 코 등을 너무 강하게 섀도를 해 윤곽을 살리는 것보다는 피부색과 유사한 컬러를 사용해 가급적 섀도 없게 해야 한다.

HDTV는 색 재현 기술이 발달해 120인치 정도의 화면 확대에도 영상의 세밀함이 그대로 살아 있다. 그렇기 때문에 HDTV 시대의 드라마에서 분장은 보이는 피부 전체를 고르고 섬세하게 표현해야 하며, 배우의 땀구멍이나 흉터 등 세밀한 부분을 조절하기 위해 HDTV 메이크업을 위한 새로운 소재의 고운 입자와 다양한 컬러 파운데이션을 사용해야 한다.

HDTV는 구현해야 될 색상의 스펙트럼을 개선해 대형 스크린에서도 피사체를 거의 원색에 가깝게 재현하는 특징이 있다. 그래서 HDTV의 분장에서 무엇보다도 중요시되는 것은 분장을 했지만 안 한 것처럼 보이는 분장, 즉 최대한 자연스러워 보이는 분장술이 되어야 한다는 점이다. 따라서 배우의 피부색에 가장 근접한 파운데이션을 고르는 것이 중요하다. 파운데이션도 두껍지 않게, 가능하면 배우의 피부가 보일 정도로 투명하게 하는 것이 훨씬 효과적이다. 분장을 한 얼굴과 하지 않은 목 부분이 촬영 후 모니터를 하는 과정에서 두드러져 애를 먹이기도 한다. 결국 목과 손도 분을 발라 촬영에 임해야 한다. HDTV에서는 한 곳을 강조하면 강조한 부분만 튀어 보여 어색하게 보이게 된다는 점을 잊지 말아야 할 것이다.

분장과 조명

조명은 분장을 크게 지배한다. 조명의 위치, 조명의 강도나 조사 방향을 어떻게 짜놓느냐에 따라 분장에 많은 도움을 줄 수 있다. 같은 피부도란(Dohran: 무대화장에 쓰이는 지방성 분) 색을 칠한 얼굴에 붉은색이나 푸른색 조명을 비추면 전혀 다른 피부처럼 보이게 된다. 무채색과 광원색이 서로 섞여 그러한 결과를 빚는 것이다. 색상을 혼합하는 데에는 많은 방법이 있고, 조명을 받았을 때 분장이 어떠한 변화를 일으키는지 아는 것은 경험이 제일 중요하다.

분장을 할 때에는 조명과 배경, 의상색이나 카메라의 위치, 영상의 재현 색까지도 염두에 두어야 한다. 조명이나 텔레비전 카메라에 재현되는 피부색은 실물의 피부색을 부자연스럽게 보이거나 왜곡시키기도 한다.

HDTV는 구현할 수 있는 색상이 많아서 색에 윤기가 있고 밝다. HDTV시대의 드라마에 적합한 조명은 자연 그대로의 색상을 화면에 재현할 수 있는 조명이 되어야 한다. 또한 HDTV 카메라는 색 재현이 뛰어나 시각적으로 잘 느낄 수 없는 조명 광원의 색온도 차이에도 영상이 미묘하게 차이를 보이므로, 일반 컬러텔레비전보다 더 많은 광원이 필요하고, 조명 색깔의 변화는 상대적으로 적게 하고 보조 라이트를 많이 활용하는 조명 방법과 인물에 캐치 라이트(catch Light)를 활용한다. 또 HDTV의 경우 직접광으로 조명을 했을 때 배우의 얼굴선이 더욱 날카로워 보이기 때문에 이전에 비해 서너 배나 되는 반사광을 사용한 간접광으로 얼굴을 부드럽게 보이게 한다.

HDTV 카메라를 이용해 촬영할 때에는 조명의 광원을 조절하는 디머(dimmer)나 종류가 다른 확산용 필터의 사용, 확산 아크릴판을 통한 외부조명 광원 등에서 발생되는 약간의 색온도 변화에도 주의해야 한다. 촬영 현장에서 겉보기에는 느낄 수 없더라도 영상에서 피부 색조가 붉거나 노랗게 되므로 인물에 사용되는 조명기구의 색온도 변화에 각별한 주의가 필요하다. 그러나 이것은 짧은 시간에 적은 인력으로 많은 분량의 녹화를 하는 현재의 스튜디오 제작 여건으로는 매우 어려운 일이니, 조명의 주 광원을 반사시켜 보조광원으로 사용해 색온도 변화를 상대적으로 줄이는 것이 차선책이다.

— 분장의 종류

분장은 색의 변화와 형의 변화, 이 두 가지로 집약된다. 명암에 의해 불확실한 윤곽을 바로잡거나 선, 색, 점에 따라 분장을 하는 기법은 이러한 변화의 특성을 이용한 것이다. 입체효과를 위한 특수 분장재료에 의한 형의 변화는 솜씨 여하에 따라서는 그 효과에 상당한 차이가 나타날 수 있다.

■ 사실적 분장

분장술의 근간은 사실적 신체묘사에 있다. 인물의 심리상태를 안면 근육의 움직임을 계산해 심리학적 · 해부학적으로 연구하는 것이 필수적인 과제가 되고 있다.

◆ 보통분장

보통분장은 조명, 배경, 의상색이나 카메라의 위치, 영상의 재현색까지 계산해서 피부색을 결정해야 한다. 여드름, 면도자국, 수염자국, 피부 얼룩 등 피부의 여러 결함을 확실하게 감추어주는 데 이용된다.

정치인, 아나운서, 앵커맨, 좌담 프로그램에 출연하는 유명인사 등은 화면 효과에 상응하는 분장을 하게 되는데, 이때 피부의 자연스러운 상태를 유지하는 보통 분장을 하게 된다.

피부도란의 색은 본인의 피부색에 따라 결정되는데, 이때에도 명암에 의해 어떤 순으로 변화하는지가 계산되어야 한다. 모든 분장 행위는 조명 색에 영향을 받기 때문이다.

얼굴에 바르는 화장품 색은 자연색에 가까워야 하며, 눈으로 본 색이나 기억색이 텔레비전 수상기에 재현되었을 때 반드시 본래 색으로 나타나도록 해야 한다.

◆ 성격분장

배역 인물이 지닌 시대적 배경이라든가 환경, 연령이나 외양의 특징, 작품 속에서 다른 인물과의 관계 등을 면밀히 조사해 외양에 따른 용모 변화의 폭을 결정하게 된다. 인물을 분석할 때 육체적인 겉모습을 결정하는 기본요소들에는 유전, 종족, 환경, 기질, 건강, 연령 등이 있다. 영양상태, 기분, 병의 유무 등은 배역의 건강을 표현하는 데 중요하다.

성격분장은 대본에 나타난 인물의 여러 상황을 면밀히 검토하고 분석해 배우의 얼굴 위에 분장술로 그 외모를 바꾸어내는 작업이다. 낡은 사진이나 오래된 초상화, 신문에 실린 범인이나 깡패, 정치가나 노학자 등 유명인과 무명인 등을 막론하고 성격분장에 어울릴 만한 사진을 스크랩하거나 기억해두는 것이 좋다.

성격 분장의 경우는 색에 대한 절제와 함께 세부를 살려야 한다. 상처 자국 같은 경우는 색으로만 표현하는 것은 한계가 있기 때문에 실질적인 입체 분장이 필요하며, 실감나는 재료(핫 폼, 젤폼, 실리콘)를 사용해야 하고, 분장을 할 충분한 시간이 필요하다. 특히 특수 분장의 경우 제작하고 붙이는 것보다 착색에 훨씬 많은 시간이 들어간다. 이러한 특수 분장의 경우는 조명과 카메라와 공조하는 일이 더욱더 필요하며, 후반 작업을 할 때에는 CG를 활용할 필요도 있다. 영화 〈더 캣〉의 경우는 카메라, 조명이 갖춰진 상황에서 약 한 달 정도 분장 리허설이 이뤄졌다고 한다. 물론 분장을 준비하는 기간은 그보다 더 길어서, 몇 개월이나 된다. 따라서 촬영 현장에서 분장이 이뤄질 때에도 시간적인 여유를 가질 수 있어야 한다. 자는 장면과 같이 편안한 느낌을 표현할 때는 립스틱이나 아이섀도, 볼터치를 확실히 지워야 되며, 특히 아이라인은 신경을 써야 할 부분이다.

사극의 경우 수염이나 머리카락 한 올 한 올까지도 자세히 보이기 때문에 가급적 세워서 붙여야 한다. 지나치게 번들거리는 재료는 피해야 하며, 붙이는 재료 역시 번들거림을 방지하기 위해 알코올, 유성 점토 등을 붓이나 면봉에 묻혀 번들거리는 부위에 칠한다. 망을 사용할 때에는 망을 최대한 피부에 밀착해 붙이고 그 위에 직접 덧붙이는 것이 좋다. 미국에서는 대부분 이런 방법을 택하고 있다. 일본에서도 사극의 경우 가스라의 망 부분을 CG작업으로 보정한다. 우리도 사극에서 가발의 망 부분 처리를 연구해야 할 것이다.

■ 양식분장

극중 인물의 성격표현을 하나의 전형으로 양식화해서 그 형에 의해 대본의 유사 인물 성격을 표현해내는 방법인데, 일본의 가부키나 중국의 고전극인 경극이 이에 속할 것이다.

양식분장은 극적 인물의 성격을 전달하는 데 상당히 효과적인 방법으로 논의되고 있고, 상당히 오랜 역사를 가지고 있다.

■ 상징적 분장

이상화된 표현에 의해서 그 성격을 묘사하는 것으로, 가면이 이에 속한다.

— 분장의 준비

분장준비는 대개 대본을 읽은 후에 감독과 논의를 거치고 분장에 필요한 시간을 충분히 가지지 않으면 안 된다. 리허설을 통해 필요한 분장 정보는 그때그때 메모해두어야 하며, 감독이 분장에 관해 자기 견해를 말하는 것도 참고로 적어두어 활용하는 습관을 길러야 한다.

— 분장의 응용과 순서

분장용구를 어떻게 응용하는가는 배역의 성격, 조명의 강도에 따라 달라지며, 세트나 의상색도 얼굴색에 영향을 줄 수 있다. 특히 TV에 출연하는 배우나 가수의 피부 색조는 배경색과 의상 색에 심한 영향을 받는다.

분장의 차례는 피부색의 착색 요령이나 선을 그리는 차례인데, 이 순서는 꼭 지켜야 한다. 순서를 지키지 않았을 때는 분장 시간도 오래 걸리고 색채나 선이 명확하지 않게 될 수 있다.

- **세안:** 클렌징크림으로 얼굴을 깨끗이 한다.

- **피부색 바르기:** 피부색 도란은 그리스 페인트나 펜스틱의 유지성으로 피부보호제가 함유된 분장용품인데, 얼굴에 바르기 전에 색이 배역에 적당한지 아닌지를 조사해야 한다. 그리고 언제나 적당량의 도란을 바르는 훈련이 있어야 한다. 코를 중심으로 상하좌우로 골고루 펴주어야 하며, 목 부위까지 연결해 펴주는 것도 잊지 말아야 한다.

- **혈색 표현:** 혈색을 나타내는 붉은색 도란을 필요한 부위에 둥글게

펴서 발라준다. 붉은색은 젊은이의 분장을 위해 바르는데, 혈색과 윤곽을 돋보이게 하는 데 필요하다.

- **윤곽화장:** 필요에 따라 굴곡을 좀 더 명확히 하려 할 때는 그림자 효과의 분장용품을 눈 가장자리와 코나 턱 부위에 발라준다.

- **분 바르기:** 번쩍거리는 분장용품을 사용한 분장은 꼭 분을 발라야 한다. 분 바르기는 분장을 고정시켜주고 조명에 의한 반사를 방지하는 최선의 방법이다.

- **눈썹과 아이라인 그리기:** 아이라인은 눈의 선명도를 높이고 눈의 교정을 위해 많이 쓰인다.

- **입술 그리기:** 분장을 완료한 후에 입술을 그려야 하는 이유도 그 색을 얼굴에 맞추어야 하기 때문이다.

- **점검:** 목이나 손 분장은 소홀히 지나칠 수가 있으니 주의해야 한다.

- **분장 지우기:** 정기적으로 분장을 하는 사람들은 피부 관리에 특별한 관심을 가져야 한다. 제작이 끝나는 즉시 분장을 지우는 것이 좋다. 콜드크림과 질이 좋은 화장지를 이용해 얼굴과 피부의 분장을 지우는데, 세게 긁거나 거친 재료를 사용하면 피부에 이상이 생기므로 주의해야 한다. 눈 화장은 베이비오일을 화장지나 면봉에 묻혀 지울 수 있다. 분장을 지우고 나면 순한 비누와 물로 세안한다. 세안 후 땀구멍을 닫아주기 위해 수렴 화장수(astringent)를 바르는 것도 좋다.

주석

1) 콘스탄틴 스타니슬라프스키, 『배우수업』, 오사량 옮김(성문각, 1970), 31쪽.
2) 로버트 루트번스타인 · 미셸 루트번스타인, 『생각의 탄생』, 박종성 옮김(에코의 서재, 2007), 30쪽.
3) 같은 책, 103쪽.
4) 같은 책, 102쪽.
5) 같은 책, 217쪽
6) Judith Weston, *Directing Actors*(Michael Wiese Productions, 1999), p.150.
7) Charles J. McGaW, *Acting is believing: A basic method for beginners*(Rinehart and Winston, 1955), pp.13~21.
8) 한국문화예술진흥원 엮음, 『연기』(한국문화예술진흥원, 1981), 186쪽.
9) Judith Weston, *Directing Actors*, p.150.
10) 로버트 루트번스타인 · 미셸 루트번스타인, 『생각의 탄생』, 70쪽.
11) 같은 책, 71쪽.
12) 같은 책, 74쪽.
13) 같은 책, 242~248쪽.
14) 같은 책, 261~266쪽.
15) Judith Weston, *Directing Actors*, p.144.
16) 같은 책, p.154.
17) Patrick Tucker, *Secrets of Screen Acting*(Routledge, 1994), p.102.
18) Judith Weston, *Directing Actors*, p.77.
19) 같은 책, p.79.
20) 같은 책, p.83.
21) 같은 책, p.89.
22) 같은 책, p.58.
23) Charles J. McGaW, *Acting is believing*, p.26.
24) 같은 책, p.26.
25) 같은 책, p.32~35.
26) 로버트 루트번스타인 · 미셸 루트번스타인, 『생각의 탄생』, 232쪽.
27) 같은 책, 996쪽.
28) 같은 책, 222쪽.
29) 한국문화예술진흥원 엮음, 『연기』, 189쪽.
30) 같은 책, 213쪽.
31) Patrick Tucker, *Secrets of Screen Acting*, p.29.
32) 같은 책, p.114.

33) Renèe Harmon, *How To AUDITION For MOVIES And TV*(Walker & Company, 1992), pp.11~12.
34) 같은 책, pp.42~43.
35) Judith Weston, *Directing Actors*, p.236~238.
36) 같은 책, p.92.
37) 랄프 스티븐슨 · 장 데브릭스, 『예술로서의 영화』(열화당, 1973), 91~92쪽.
38) Patrick Tucker, *Secrets of Screen Acting*, p.129.
39) 같은 책, p.164~165.
40) 같은 책, p.128.
41) 같은 책, p.129.
42) 같은 책, p.68.
43) 같은 책, p.72.
44) James R. Alburger, *The Art of Voice Acting*(Focal Press, 1999), pp.53~69.
45) 같은 책, p.53~69.
46) Patrick Tucker, *Secrets of Screen Acting*, p.173.
47) 같은 책, p.172.
48) 랄프 스티븐슨 · 장 데브릭스, 『예술로서의 영화』, 167쪽.

참고문헌

Abbott, Leslie. 1994. *Acting for Films & TV.* Star Pub Co.

Adler, Stella. 1988. *The Technique of Acting.* Bantam.

Alburger, James R. 1999. *The Art of Voice Acting.* Focal Press.

Armer, Alan. 1986. *DIRECTING TELEVISION AND FILM.* Wadsworth Pub Co.

Atkins, Greg. 1994. *IMPROV!.* Heinemann Drama.

Babson, Thomas W. 1996. *The Actor's Choice: The Transition From Stage to Screen.* Heinemann Drama.

Barr, Tony. 1982. *Acting for the Camera.* Allyn & Bacon.

Benedetti, Robert. 2001. *ACTION! Acting for Film and Television.* Longman.

Bernard, Ian. 1998. *Film and Television Acting: From Stage To Screen.* Focal Press.

Bernardi, Philip. 1985. *IMPROVISATION STARTERS.* Betterway Books.

Boal, Augusto. 2002. *Games for Actors and Non-Actors.* Routledge.

Boleslavsky, Richard. 1994. *ACTING: The First Six Lessons.* Theatre Arts/ Routledge.

Bruder, Melissa et al. 1986. *A Practical Handbook For The Actor.* Vintage.

Caine, Michael. 1990. *Acting In Film.* Applause Books.

Comey, Jeremiah. 2002. *The Art Of Film Acting.* Focal Press.

Crisp, Mike. 1998. *Directing Single Camera Drama.* Focal Press.

Gordon, Sandra R. 2002. *ACTION!: Establishing Your Career In Film & Television Production.* Applause Books.

Harmon, Renèe. 1992. *How To AUDITION For MOVIES And TV.* Walker & Company.

Hooks, Ed. 1996. *The Audition Book: Winning Strategies for Breaking into Theater, Film and Television.* Back Stage Books.

Jory, Jon. 2000. *TIPS: Ideas for Actors.* Smith & Kraus.

Kipnis, Claude. 1974. *The Mime Book.* Meriwether Publishing.

Malkin, Michael R. 1979. *Training the Young Actor: An Idea Book.* A S Barnes & Co.

Marion, H. & B. Acker. 1997. *The Vocal Vision: Views on Voice by 24 Leading Teachers, Coaches and Directors.* Applause Books.

McGaw, Charles J. 1955. *Acting Is Believing: A basic method for beginners.* Holt, Rinehart and Winston.

Meisner S. & D. Longwell. 1987. *ON ACTING.* Vintage.

Morris E. & J. Hotchkis. 1977. *No Acting Please.* Spelling Publications.

Naremore, James. 1998. *Acting In The Cinema.* University of California Press.

Novelly, Maria C. 1985. *Theatre Games For Young Performers.* Meriwether Pub.

Potter, Nicole(ed.). 2002. *Movement for Actors.* Allworth Press.

Rodenburg, Pasty. 2001. *The Actor And The Alexander Technique.*

Salvi, Delia. 2003. *Friendly Enemies: The Director-Actor Relationship*. Billboard Books.
Tucker, Patrick. 1994. *Secrets of Screen Acting*. Routledge.
Wollen, Peter. 1969. *Signs and Meaning in the Cinema*. Indiana University Press.
Zaporah, Ruth. 1995. *Action Theater: The Improvisation of Presence*. North Atlantic Books.

골드버그, 로스리(RoseLee Goldberg). 1989. 『행위예술: 퍼포먼스 아트』. 심우성 옮김. 동문선.
로버트슨, 워렌(Warren Robertson). 1994. 『당신의 인생을 연기하라』. 김석만 옮김. 도서출판 한울.
루트번스타인, 로버트 · 미셸(Robert Root-Bernstein & Michèle Root-Bernstein). 2007. 『생각의 탄생』. 박종성 옮김. 에코의서재.
바, 토니(Tony Barr). 1996. 『영화연기』. 이승구 · 김학용 옮김. 집문당.
스타니슬라프스키, 콘스탄틴(Konstantin Stanislavsky). 1970. 『배우수업』. 오사량 옮김. 성문각.
스타니슬랍스키, 콘스탄틴(Konstantin Stanislavsky). 1985. 『배우의 성격구축』. 오사량 옮김. 한국프뢰벨사.
스트라스버그, 리(Lee Strasberg). 1993. 『연기의 방법을 찾아서』. 하태진 옮김. 현대미학사.
스티븐슨(Ralph Stephenson) · 데브릭스(J. R. Debrix). 1973. 『예술로서의 영화』. 열화당.
알머, 앨런(Alan A. Armer). 1995. 『텔레비전 연출론』. 김광호 · 김영록 옮김. 나남.
에슬린, 마아틴(Martin Esslin). 1980. 『드라마의 해부』. 원재길 옮김. 청하.
워커, 존(John A. Walker). 1987. 『대중매체 시대의 예술』. 정진국 옮김. 열화당.
웨스턴, 주디스(Judith Weston). 1999. 『감독을 위한 영화 연기 연출법』. 오세필 옮김. 시공사.
이스티, 에드워드(Edward Dwight Easty). 1993. 『메소드 연기』. 이강렬 옮김. 경서원.
체홉, 안톤(Anton Chekhov). 1991. 『스타니슬라프스키 연출노트: 갈매기』. 오사량 옮김. 예니.
칙센트미하이, 미하이(Mihaly Csikszentmihalyi). 2003. 『몰입의 기술』. 이삼출 옮김. 더불어책.
코다마, 미츠오(Mitsuo Kodama). 2003. 『승자의 심리학』. 김재열 옮김. 물푸레.
터커, 패트릭(Patrick Tucker). 1999. 『스크린 연기의 비밀』. 방은진 옮김. 시공사.
투르니에, 미셸(Michel Tournier). 1995. 『상상력을 자극하는 110가지 개념』. 이용주 옮김. 한뜻.

김연진. 1995. 『TV 드라마 ABC』. 유림.
심길중. 1996. 『텔레비전 제작론』. 한울.
안민수. 2001, 『연극적 상상 창조적 망상: 안민수의 체험연극론』. 연극과 인간.

임학송 편. 1998. 『TV드라마 연출개론』. 집문당.
한국문화예술진흥원 편. 1981. 『연기』.
한국방송프로듀서 연합회. 1991. 『어제 그 프로 봤어?: PD들이 털어놓는 방송이야기』. 친구.
한국방송협회 편. 1994. 『방송현장 실무편람』.

찾아보기

【ㄱ】
가면 21, 22, 112, 113, 172, 235, 242, 251
감각 16~18, 21, 33~39, 53, 60, 61, 64, 72, 74, 94, 97, 99, 108, 109, 119, 125, 126, 134, 189, 191, 194, 221
감각기억 38, 39, 53
감각반응 189
감각의 영역 108, 109
감각적 체험 37, 38, 53
감정기억법 78
감정이입/감정전이 57, 62, 71~75
거울 훈련 121
게리 마셜 106
경사 앵글 221
경청 97, 116, 118, 119, 166
곰브리치 127
공감각 33, 34, 61
과잉 연기/과장된 연기 44, 86, 101, 137, 129
관찰 21, 37~39, 41, 49, 51, 53, 55~61, 66, 73, 74, 79, 119, 122, 133, 134
관찰행위 55, 59
관통행동 93
교감 34, 68, 70, 75, 96~98, 100, 101, 103~109, 113, 116, 119, 125, 151, 158
구도 188, 190, 225, 228
군중 장면 219
근접촬영 샷 147
기계적 연기 137
기호 23~28, 108
김혜자 62

【ㄴ】
내부 귀 202
내적 성격 63~73, 91, 94, 198, 235
내적 주의력 73
니콜 베드레 235
니콜라 테슬라 25, 26

【ㄷ】
단막극 160
단역 87, 88, 180
달리 227, 228
대니얼 데이루이스 72
대본 읽기/독회 153, 185
대조점 134
대체작업 53
더스틴 호프먼 198
데니스 프란츠 100
데미 무어 108
도란 248, 250, 252
독백 67, 119
동기(motivation) 31, 51, 52, 56, 84, 128, 136, 232
동작선/동선 185, 189, 190, 194
드레스 리허설 197
듣기 96~98, 101~106, 134
디머 248
디졸브 233

【ㄹ】
레일 227
레퍼토리 극단 179
로댕 64, 126, 127
로렌스 올리비에 198
로케이션 184
롱 샷 217, 218, 204
리 스트라스버그 77, 78
리듬 7, 32, 111, 122, 165, 166
리액션 145, 153, 169, 187, 196, 204, 233
리허설 111, 152, 153, 178, 184~186,

189, 190, 193, 195~197, 228, 232, 251, 252

【ㅁ】
마거릿 드래블 25
마스터 샷 102
마이즈너 77
막스 라인하르트 79
막스 빌 15
말론 브랜도 78, 86, 87
맞부감 샷 221
매너리즘 110
멀티카메라 103, 195, 196, 206
멈춤/포즈 124, 196
메소드 연기 77~79, 108, 109, 130
메시지 23~25, 187, 231, 237
모건 프리먼 101
모스크바 국립극장 79
모아레 효과 238
몰입 31, 65, 75, 78, 98, 101, 102, 107, 109~111, 114, 119, 137, 151, 191, 199, 230
몽타주 이론 231
무대 연기 146, 163, 178, 187, 195, 214
무대 오디션 162, 163
무성영화 190
미니 시리즈 160
미켈란젤로 15

【ㅂ】
바흐 72
반복 27, 28, 31, 45, 53, 77, 121, 145~147, 152, 173, 177, 191, 193, 194, 197
발레 19, 131
발성 16, 79, 132, 144, 154, 196, 200~203, 209, 211
발성훈련 202, 203
발음 193, 200, 202, 203, 208, 210
방백 119
방위 218, 222
버스트 샷(Bust Shot) 148, 216, 242
버지니아 울프 73
베벌리 페퍼 59
변신 21, 75, 113, 179, 181
변증법 93
복식 호흡 203
부감 218, 219, 221
부조정실 196
분장 79, 155, 180, 184, 197~199, 233, 235, 236, 242~253
붐 업 219
블라디미르 소코로프 79
블로킹 152, 153, 189, 190, 234
블루 스크린 39
비발디 34
비즈니스 98, 163, 196, 228

【ㅅ】
사극/시대극 139, 160, 251
사실적 분장 249
상상력 17, 37, 45, 53, 62, 64~66, 85, 89, 94, 98, 109, 126, 129
상징 23, 126, 145, 150, 151, 251
상징적 분장 251
상호 교감 104, 105
샷의 크기 148, 149, 196, 204, 206, 214
서브텍스트(subtext) 178, 191
성격 분석 63, 64, 91, 235
성격 창조 134, 135
성격분장 250
성격의 씨앗 20, 62
소도구/소품 184, 244
수평 앵글 218~220
스위처 196
스젠트 기요르기 60
스타덤 173
스태프 87, 158, 163
스텔라 애들러 77, 78
스토리보드 190

스튜디오 103, 111, 152, 153, 162, 185, 195, 199, 207, 227, 249
스포츠 28~32, 83, 108
시드니 폴락 111
시리즈 드라마 159
시점 샷 224
시츄에이션 코미디 160
시퀀스 195, 235
신빙성 39, 58, 139
신체 노출(의 차이) 147~149, 214
심신이원론 30
싱글카메라 103, 195, 205

【ㅇ】

아르키메데스 59
아메리칸 컨서버토리 138
아크 227
앤서니 홉킨스 106
알 파치노 91
알퐁스 도데 72
암시(subtext) 41, 99, 196
앙각 218~220
앙상블 만들기 152
앙상블 연기 146
앙상블 캐스팅 177
액세서리 238, 239
앵글 196, 205, 214, 218~228, 233
야외촬영 152, 185, 227
양식분장 251
언어 반응 191
에드가 모렝 235
에이전트 164
엑스트라 184
엘리아 카잔 149
역사(reverse angle shot) 225
연기 계획 146, 149, 187
연기력 164, 176
연기적 표현 125
연속성/콘티 93, 145, 233
영감 42, 43, 45, 49, 60, 130
영매 75, 108
영상 매체 27
영상 연기 76, 98, 103, 104, 111, 145~149, 151~153, 162, 163, 187, 194, 200, 201, 203, 214, 228~230, 232, 233
영적 교류 101
예후디 메뉴인 125
오감 33, 53, 61, 89, 97, 109, 129, 131, 166, 198
오감의 기억 89, 109
오디션 155, 162~175, 185, 207, 210
오버 더 숄더 샷 205, 225
오버헤드 샷 221
와이드 샷 146, 150, 151, 205, 233
와이프 233
외적 주의력(external attention) 74
우디 앨런 152
우피 골드버그 108
원 샷 103
월매 57, 58
윌리엄 볼 138
유기체적인 느낌 73
유익한 광기 21
유형적 배역/상투적 배역 155
유희(본능) 14, 15, 29
육감 27, 33, 42
음향 기사 204
의상 79, 167, 171, 172, 180, 184, 197, 235~244, 248~251
이동차 227
이미지 16, 25~28, 35, 36, 41, 64, 76, 86, 126, 135, 144, 149, 169, 176, 178, 180, 230, 235, 236, 245
이사도라 던컨 72
이유 붙이기 84, 85, 132, 133
인간관계 26, 156
인물묘사 52, 88
일상성 145, 148, 150, 151, 158
일일극 154, 159

잉그리드 버그만 186

【ㅈ】
자극 24, 33, 34, 39, 40~42, 50, 52, 60, 66, 68, 72, 97, 98, 100, 118, 132, 166, 167, 177, 178, 191
자기 현시욕 14
자의식 21, 116, 123, 124
잠재의식 43
재능 15, 101, 120, 129, 131, 145, 155, 163, 165, 176, 181
전도연 110, 230
전속단원 164
절대목표 91~94, 111, 177
절대몰입 109~111
정면 샷 222
정서 15~17, 20, 23, 24, 26, 27, 30, 31, 33, 34, 40~58, 65, 67~69, 73~75, 85, 92, 94, 97, 100, 101, 103~106, 108, 119, 123, 125, 132, 134, 138, 188, 194, 215
정서적 기억 41, 42, 43, 45~48, 53
정신분열 21, 126
제스처 24, 117, 150, 166, 178, 216, 230
조감독 190
조셉 아발로 157
조안 미첼 73
조지 C. 스콧 21
존 듀이 15
존 앨런 106
존(zone) 108
주간극 159
주관적 앵글/ 객관적 앵글 223, 224
줌(zoom) 228
즉흥연기 145, 153, 154
지각(perceiving) 18, 28, 46, 50, 74, 97, 231
지문 79, 80, 192
직관 42, 76, 97, 127, 176
직관력 176

【ㅊ】
착란상태 126
채널 23, 26
체득 89, 90
초목표 91
초점화 121, 122
촬영 계획 196
최불암 199
측면 샷 222
치환 89, 90

【ㅋ】
카리스마 173, 174
카메라 리허설 185, 196
카메라 블로킹 189
카메라 헤드 226, 227
카메라의 움직임 88, 220, 226
캐릭터 21, 38, 47, 55, 59, 76, 79~81, 84, 87, 148, 152, 159, 160, 163, 176, 177, 180, 195, 202, 208, 232, 235
캐릭터 탐구 38
캐스팅 디렉터 157, 162, 163, 165, 166, 170, 174
캐치 라이트 248
캔디스 버겐 106
커뮤니케이션 23~28
코르크 210
코크랑 56
콘스탄틴 스타니슬랍스키 16, 60, 72~74, 76, 77, 79, 94, 101, 112, 118, 120, 130, 132
콘티 대본 196, 206
쿨레쇼프 (효과) 181, 230
큐(cue) 100, 192
크레인 219
크로마키 237, 238
클로즈업 99, 102, 146, 148~150, 157, 169, 180, 195, 196, 204, 205, 214, 215, 230, 231, 243

【ㅌ】
타이트(한) 샷 149, 153, 206, 215, 222, 226, 230, 233
타입캐스팅 87, 155, 179~181
테네시 윌리엄스 126
테이크 228
톱 샷 221
투 샷 102, 103, 228
트래킹 샷 227
트랜스(trans) 108
트럭 227
틸트 226, 227
팀워크 29, 186

【ㅍ】
패트릭 스웨이지 108
팬 업/팬 다운 227
팬터마임 187
페데스탈 227
펠레 107
편집 86, 99, 103, 110, 153, 182, 196, 206, 229~233
편집자 99, 206, 229, 232, 233
포트폴리오 170, 180
프도프킨 230
프레이밍 187
프로듀서 100, 158, 162~164, 166~182, 229
프로시니엄 아치 187
프로이트 136
피타고라스 59

【ㅎ】
험프리 보가트 181
협업 능력 177
호흡 138, 139, 203, 206, 207
호흡훈련 203
확장된 몸 125
후면 샷 223
후시녹음 190
휴 그랜트 92
흉내 19, 55, 58, 70, 72, 123, 126, 128, 129, 141
히치콕 231

Bite the words 203
Extreme Close Up 215
Extreme Long Shot 218
Full Figure Shot 216
Full Shot 148, 217
HDTV 243, 246~248
Long Shot 217
Medium shot 148, 216
NG 88, 145, 146, 156, 234
shot by shot 103
soap opera 159
Waist Shot 216
『국부론』 14
『배우수업』 60, 79, 94
『배우의 성격 구축』 79
〈네 번의 결혼식과 한 번의 장례식〉 92
〈대부〉 78, 91
〈마라톤 맨〉 198
〈말타의 매〉 181
〈밀양〉 110, 230
〈사랑과 영혼〉108
〈사이코〉 231
〈생각하는 사람〉 64, 126, 127
〈워터프론트〉 86
〈춘향전〉 57
〈카사블랑카〉 181, 186

지은이

_ 심길중

서울예술대학을 졸업하고 연극배우로 활동하다가 교육방송에 입사하여 교육 프로그램과 청소년 드라마를 연출했다. 로스앤젤레스의 컬럼비아 대학(Columbia Collage)에서 TV와 영화제작을 공부하고 NYIT 대학원에서 커뮤니케이션(Communication Art)과 TV제작을 공부했으며, 뉴욕의 TBC에서 프로듀서/디렉터로 활동했다. 『미디어 제2의 신』, 『비디오촬영기법』, 『매스커뮤니케이션의 역사』 등을 번역했고, 『텔레비전 제작론』을 집필했으며, KBS 영상사업단에서 〈TV 프로덕션〉이라는 TV프로그램 제작을 위한 시청각 교재를 제작했다. 1990년부터 서울예술대학 방송연예과 교수로 재직 중이다.

표지 디자인 및 본문 레이아웃

_ 구환영

홍익대학교 응용미술과와 동 대학원 미술학과를 졸업했다. 대한민국 산업 디자인전 초대 디자이너 및 심사위원으로 활동하고 있다. 서울예술대학 시각디자인과 교수로 재직 중이다.

한울아카데미 1168

영상 연기, 이해와 실천

지은이 | 심길중
펴낸이 | 김종수
펴낸곳 | 도서출판 한울

편집 책임 | 김현대
편집 | 문용우

초판 1쇄 인쇄 | 2009년 8월 21일
초판 1쇄 발행 | 2009년 9월 7일

주소 | 413-832 파주시 교하읍 문발리 507-2(본사)
121-801 서울시 마포구 공덕동 105-90 서울빌딩 3층(서울 사무소)
전화 | 영업 02-326-0095, 편집 02-336-6183
팩스 | 02-333-7543
홈페이지 | www.hanulbooks.co.kr
등록 | 1980년 3월 13일, 제406-2003-051호

Printed in Korea.
ISBN 978-89-460-5168-3 03680(양장)
ISBN 978-89-460-4127-1 03680(학생판)

* 가격은 겉표지에 있습니다.
* 이 도서는 강의를 위한 학생판 교재를 따로 준비하였습니다.
강의 교재로 사용하실 때에는 본사로 연락해 주십시오.